主 编｜谢曙光｜王文军｜蔡继辉　　副主编｜丁阿丽｜袁 翀｜吴 丹

中国智库
成果名录

No. 1

DIRECTORY OF CHINESE
THINK TANK REPORTS No.1

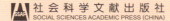
社会科学文献出版社
SOCIAL SCIENCES ACADEMIC PRESS (CHINA)

社会科学文献出版社皮书研究院

南京大学中国社会科学研究评价中心

联合编制

智库报告是中国特色新型智库
实现创新价值的重要抓手

——写在《中国智库成果名录 No.1》出版之际

"当代中国正经历着我国历史上最为广泛而深刻的社会变革，也正在进行着人类历史上最为宏大而独特的实践创新。这种前无古人的伟大实践，必将给理论创造、学术繁荣提供强大动力和广阔空间。"2016 年 5 月 17 日，习近平总书记在哲学社会科学工作座谈会上的重要讲话不仅为构建中国特色哲学社会科学指明了方向和路径，也为推动中国特色新型智库的创新发展注入了强劲的思想动力。

党的十九大报告进一步提出要"深化马克思主义理论研究和建设，加快构建中国特色哲学社会科学，加强中国特色新型智库建设。"治世兴邦、强国富民，作为现代国家治理体系中的重要角色，中国特色新型智库的作用日益凸显。当前，各级各类智库建设如火如荼。科学的智库建设既需要实践经验，也需要理论研究。与智库实践同步的是，围绕智库所进行的基础研究，比如智库概念的厘清、智库分类的明晰、智库成果的专业化等成果也越来越丰富。

笔者带领团队自 2014 年起开始对中国智库进行全面调查和研究，通过确定智库认定标准，全方位采集公开信息资料，建立中国智库数据库，推动智库信息化建设，增强智库作为单个机构和整体的社会影响力。通过持续编辑出版《中国智库名录》，为智库产品需求者提供信息，促进智库交易市场发育；为智库研究人员提供基础性研究资料，推进中国特色新型智库研究进展。

能够体现智库价值，充分发挥智库作用的重要抓手就是智库成果。智库成果是智库研究人员智力成果的集中体现，也是服务党和政府、服务社会、服务行业科学决策的主要载体。智库成果既包括公开出版、发行的报告，也包括以"内参"等内部报告形式提交的报告。但从成果评价的角度来看，内部报告的影响力数据很难获取，也难以确立统一的标准对其进行测量，而相比之下，公开出版的研究报告，尤其是能够定期、持续出版的年度性研究报告，不仅能够通过积累数据、不断发声，建立起持久的影响力，而且容易建立统一的指标测度和评价。因此，本书所收录的智库成果限定于由专业智库撰写，基于公共事务领域，对政治、经济、外交、国防、科技、社会等宏观或微观问题进行专题研究，旨在为决策机构评估形势、确定目标、制定政策提供建设性的决策依据和行动建议的正式出版的研究性文献。

伴随着中国特色新型智库的发展，智库成果近年来也取得了长足的进步。笔者带领研究团队自 2015 年起，对我国公开出版的智库报告做了持续研究。研究结果显示，2014 年正式出版的智库报告共 797 种，占 2014 年全年新书品种（25.58 万种）的比例仅为 0.3%，占当年学术图书品种（1.6 万种①）的比例也不足 5%。可见，正式出版、发布的智库报告数量在当年的正式出版物及学术图书中的占比都很少。而我们这本智库成果名录采集的是 2016 年正式出版的智库报告信息，总数为 1954 个，涉及出版社共有 301 家，涉及作者 3000 多位（包括个人、机构或课题组），涉及作者单位 1500 多家。可见，短短两年的时间，从数量来看，公开出版的智库成果发展迅速。

当然，即便是发展迅速，智库每年公开发布的成果数量也并不算多，占每年新书总量（25 万种左右）的比例还不到 0.8%。还有大量报告是以内部报告等非公开出版物的形式创作的。公开发表的出版物数量不足、质量不高制约了智库的公共性。而智库报告正式发表方能更广范围地影响行业、影响公众、影响社会。正式公开发表的智库报告质量是衡量智库创新水平和社会影响力的主要标准。

把年度性智库报告打造为反映我国经济社会各领域年度发展状况的权威出版物，并使其成为分析预测未来中国各领域发展趋势的重要工具书，这将推动智库进一步发挥"思想库""智囊团"的作用。仅以笔者所在的社会科学文献出版社出版的"皮书系列"为例，作为智库类报告，不仅得到了各级政府的高度重视，也受到了媒体的广泛关注。现在，平均下来，几乎每隔一天就有一部皮书发布，就有智库发声，实现了智库的社会影响力。也因此，皮书得到了全国智库研究和哲学社会科学研究机构的广泛重视，很多智库都将其放在为党和国家的大局服务、为中国特色社会主义建设服务、为传播我国哲学社会科学成果服务的战略位置。

社会科学文献出版社皮书研究院是服务于中国智库建设与学术出版的独具特色的社会智库，致力于为皮书研究、智库分析、学术出版等各项事业提供全方位的智力支持。2017 年，社会科学文献出版社与南京大学中国社会科学研究评价中心联合，成立了"南京大学－社会科学文献出版社学术出版测评联合实验室"，双方将在学术出版和学术成果评价方面展开深度合作。

---

① 谢曙光等：《学术出版研究——中国学术图书质量与学术出版能力评价》，社会科学文献出版社，2018。

作为国内第一本对智库成果进行全方位梳理的成果，本书力图解决以下问题。

第一，全面整理智库成果出版信息，为智库成果评价提供数据支持。由于对智库成果的界定不明晰，学术界对历年出版的智库成果的数量并没有明确的统计。本研究在对智库成果内涵进行界定的基础上，通过数据采集以及实证研究，以 2016 年中国大陆出版社出版的图书为样本，对 2016 年智库成果的整体出版情况进行了分析，这为了解目前我国智库成果的出版现状，乃至后续的智库成果评价、内容质量提升提供了基础数据支撑。书中收录了 300 多家出版社 2016 年出版的近 2000 种公共政策类研究报告，内容涉及政治、经济、文化、国际问题与全球治理、生态等领域。

第二，将智库成果及其作者、作者单位等基础信息进行串联，为未来智库评价提供基础数据信息。本书采集的基础信息包括书名、丛书名、ISBN、著（编）者、研创机构、出版社、出版日期。为方便读者检索，书中提供了出版社索引方式。本书不仅提供智库成果的书名、出版时间，而且也提供智库成果的编著者及研创机构信息，这将为进一步科学评价智库，从成果上衡量智库的创新能力，从实践中总结智库建设的成果经验，提供基础信息库。

未来，我们会遴选连续出版三年以上的重点智库成果，通过联络重点出版机构、重点研创机构，逐步构建智库成果全文数据库。我们将把智库成果评价作为重要研究领域，不断探索、开创科学的智库成果评价体系，为推动中国智库发展及智库评价事业提供基础信息平台，并进而在实践上推动智库进行内容创新，为中国特色新型智库建设提供智力支持。

2018 年 10 月

（作者系中国社会学会秘书长、社会科学文献出版社社长）

出版说明

一、编写宗旨

本书的编写旨在为科研机构特别是智库提供比较全面的智库成果出版信息，也希望以此促进中国智库成果的规范化，提高中国智库成果的质量和影响力，并希望通过本书的出版，为智库成果的文献计量研究以及智库成果的社会价值评估奠定基础。

二、收录标准

本书收录的智库成果是中国大陆出版社以研究报告形式公开出版发行的中文原创智库成果，这些智库成果的内容涉及政治、经济、社会、法律、文化、生态文明以及国别区域与全球治理等多个领域。非中国大陆出版机构出版的或未公开出版的各类智库报告以及公开出版的政府工作报告、自然科学类报告、学科研究报告、翻译出版的研究报告等不在本书收录的范围内。

本书收录的智库成果的出版时间为 2016 年 1 ~ 12 月。

三、ISBN、出版日期的确定标准

ISBN、出版日期均以图书版权页为准。

四、出版社、著（编）者的确定标准

出版社、著（编）者均以图书版权页或封面信息为准。

五、研创机构的确定标准

研创机构的信息来源为当当网、京东商城、亚马逊中国网、国家图书馆网站、百度网及作者单位官网，并以图书封面信息为准；以上网站及封面中无研创机构信息的，研创机构按缺失处理。

六、缺失信息处理方式

公开渠道无法采集到的信息或者原书中未包含的条目信息显示为空白。

七、排序方式

智库成果按照书名汉语拼音排序，书名首字为阿拉伯数字的排在前列。

八、索引制作方法

按照出版社设置索引。

目　　录

1 2010~2014 中国综合交通运输体系发展评估报告

著（编）者／贾鹏、匡海波、汪寿阳

研创机构／大连海事大学、中国科学院

出版社／人民交通出版社股份有限公司

ISBN／9787114134913

出版日期／2016 年 11 月

2 2010~2015 年电子文件管理发展与前沿报告

著（编）者／刘越男

研创机构／中国人民大学

出版社／电子工业出版社

ISBN／9787121299889

出版日期／2016 年 9 月

3 2011~2015 交通运输行业重点科研平台发展报告

著（编）者／交通运输部

研创机构／

出版社／人民交通出版社

ISBN／9787114133626

出版日期／2016 年 9 月

4 2011~2015 年辽宁高等教育改革发展研究报告

（辽宁教育省情研究丛书）

著（编）者／刘国瑞、王少媛

研创机构／辽宁教育研究院

出版社／辽宁人民出版社

ISBN／9787205087159

出版日期／2016 年 9 月

5 2011~2015 年辽宁基础教育改革发展研究报告

（辽宁教育省情研究丛书）

著（编）者／于月萍、罗英智

研创机构／辽宁教育研究院

出版社／辽宁人民出版社

ISBN／9787205087166

出版日期／2016 年 9 月

6　2011~2015 年辽宁职业教育改革发展研究报告

（辽宁教育省情研究丛书）

著（编）者／高鸿、高红梅

研创机构／辽宁教育研究院

出版社／辽宁人民出版社

ISBN／9787205087173

出版日期／2016 年 8 月

7　2011~2015 年中国纺织服装电子商务发展报告

著（编）者／中国纺织工业联合会

研创机构／

出版社／东华大学出版社

ISBN／9787566911247

出版日期／2016 年 9 月

8　2011~2015 年中国广告业发展报告

著（编）者／国家广告研究院

研创机构／

出版社／中国工商出版社

ISBN／9787802158672

出版日期／2016 年 5 月

9　2013~2015 年：中国性别平等与妇女发展报告

（妇女绿皮书，皮书序列号：PSN G－2006－073－1/1）

著（编）者／谭琳、姜秀花

研创机构／全国妇联妇女研究所

出版社／社会科学文献出版社

ISBN／9787520100434

出版日期／2016 年 12 月

10　2013~2014 年度麻类产业经济分析报告

著（编）者／国家麻类产业技术体系产业经济研究室

研创机构／

出版社／湖南大学出版社

ISBN／9787566711939

出版日期／2016 年 11 月

11 **2013～2014年青海教育形势分析与发展研究**
著（编）者／中共青海省委教育工作委员会、青海省教育厅
研创机构／
出版社／青海民族出版社
ISBN／9787542026194
出版日期／2016年2月

12 **2013～2015年陕西历史博物馆观众调查报告（上、下）**
著（编）者／陕西历史博物馆
研创机构／
出版社／陕西人民出版社
ISBN／9787224118773
出版日期／2016年6月

13 **2013和2014年度企业年报分析报告**
著（编）者／中国市场监督管理学会
研创机构／
出版社／中国工商出版社
ISBN／9787802158399
出版日期／2016年2月

14 **2013年度黑龙江省矿产资源战略信息研究**
著（编）者／浦宏国
研创机构／
出版社／哈尔滨工程大学出版社
ISBN／9787566113511
出版日期／2016年8月

15 **2014～2015国家麻类产业技术发展报告**
著（编）者／熊和平
研创机构／中国农业科学院
出版社／中国农业科学技术出版社
ISBN／9787511628848
出版日期／2016年12月

16 2014~2015 河北经济形势分析与展望

著（编）者／郭洪波

研创机构／

出版社／河北人民出版社

ISBN／9787202111420

出版日期／2016 年 1 月

17 2014~2015 年度全国住房公积金发展评价报告

著（编）者／于维洋、王战洪

研创机构／

出版社／燕山大学出版社

ISBN／9787811423518

出版日期／2016 年 12 月

18 2014~2015 年度数字货币发展报告

著（编）者／长铗、沙钱

研创机构／

出版社／上海社会科学院出版社

ISBN／9787552010961

出版日期／2016 年 12 月

19 2014~2015 年度中国城市住宅发展报告

著（编）者／邓卫、张杰、庄惟敏 等

研创机构／清华大学建筑学院

出版社／中国建筑工业出版社

ISBN／9787112189854

出版日期／2016 年 4 月

20 2014~2015 年石家庄市文化改革发展蓝皮书

著（编）者／中共石家庄市委宣传部、石家庄市社会科学院

研创机构／

出版社／河北人民出版社

ISBN／9787202111048

出版日期／2016 年 3 月

21　2014～2015 上海人力资源和社会保障热点探析

著（编）者／上海市公共行政与人力资源研究所（上海市社会保险科学研究所）

研创机构／

出版社／上海社会科学院出版社

ISBN／9787552016970

出版日期／2016 年 12 月

22　2014～2016 年创新研究发展报告

著（编）者／中北大学创新研究中心

研创机构／

出版社／科学技术文献出版社

ISBN／9787518922833

出版日期／2016 年 12 月

23　2014 年度浙江科技研究报告

著（编）者／周国辉

研创机构／

出版社／浙江科学技术出版社

ISBN／9787534172670

出版日期／2016 年 11 月

24　2014 年杭州市民公共文明指数调查分析报告

著（编）者／董悦、沈翔、张祝平

研创机构／中共建德市委、杭州市社会科学界联合会、杭州市社会科学院社会
　　　　　学研究所

出版社／社会科学文献出版社

ISBN／9787509788233

出版日期／2016 年 3 月

25　2014 年中国公共文化服务发展报告

著（编）者／孙逊

研创机构／上海师范大学人文学院

出版社／商务印书馆

ISBN／9787100119771

出版日期／2016 年 3 月

26　2014 年中国旅游景区发展报告

著（编）者／国家旅游局规划财务司

研创机构／

出版社／中国旅游出版社

ISBN／9787503254895

出版日期／2016 年 1 月

27　2014 年中国学生体质与健康调研报告

著（编）者／中国学生体质与健康研究组

研创机构／

出版社／高等教育出版社

ISBN／9787040466218

出版日期／2016 年 11 月

28　2014 商务经济发展研究

著（编）者／王水平

研创机构／江西省宜春市政府

出版社／江西人民出版社

ISBN／9787210089100

出版日期／2016 年 11 月

29　2014 中国花卉产业发展报告

著（编）者／中国花卉协会

研创机构／

出版社／中国林业出版社

ISBN／9787503886720

出版日期／2016 年 10 月

30　2014 中国新型城市化报告

著（编）者／牛文元

研创机构／中国科学院

出版社／科学出版社

ISBN／9787030472076

出版日期／2016 年 2 月

31 2015/2016 中国人本发展报告：何以养老

著（编）者／李宝元、于然、仇勇、蒯鹏州、肖祖刚、张静

研创机构／北京师范大学人文发展与管理研究中心

出版社／经济科学出版社

ISBN／9787514175691

出版日期／2016 年 12 月

32 2015/2016 中国纺织工业发展报告

著（编）者／中国纺织工业联合会

研创机构／

出版社／中国纺织出版社

ISBN／9787518026364

出版日期／2016 年 6 月

33 2015～2016 年中国旅游发展分析与预测

（旅游绿皮书，皮书序列号：PSN G－2002－018－1/1）

著（编）者／宋瑞、金准、李为人、吴金梅

研创机构／中国社会科学院旅游研究中心

出版社／社会科学文献出版社

ISBN／9787509789100

出版日期／2016 年 4 月

34 2015～2016 东南亚报告

（云南蓝皮书）

著（编）者／赵姝岚

研创机构／云南省社会科学院

出版社／云南大学出版社

ISBN／9787548226529

出版日期／2016 年 9 月

35 2015～2016 南亚报告

（云南蓝皮书）

著（编）者／杨思灵

研创机构／云南省社会科学院

出版社／云南大学出版社

ISBN／9787548227403

出版日期／2016 年 8 月

36 **2015～2016 年河北省经济形势分析与预测**

　　著（编）者／河北省社会科学院

　　研创机构／

　　出版社／河北人民出版社

　　ISBN／9787202109687

　　出版日期／2016 年 3 月

37 **2015～2016 年河北省农村经济形势分析与预测**

　　著（编）者／河北省社会科学院

　　研创机构／

　　出版社／河北人民出版社

　　ISBN／9787202109748

　　出版日期／2016 年 3 月

38 **2015～2016 年河北省社会形势分析与预测**

　　著（编）者／河北省社会科学院

　　研创机构／

　　出版社／河北人民出版社

　　ISBN／9787202109724

　　出版日期／2016 年 3 月

39 **2015～2016 年厦门发展报告**

　　著（编）者／徐祥清

　　研创机构／厦门市发展研究中心

　　出版社／厦门大学出版社

　　ISBN／9787561561836

　　出版日期／2016 年 8 月

40 **2015～2016 年厦门市经济社会发展与预测蓝皮书**

　　著（编）者／厦门市社会科学界联合会、厦门市社会科学院

　　研创机构／

　　出版社／厦门大学出版社

　　ISBN／9787561558652

　　出版日期／2016 年 1 月

41 **2015～2016 年山西旅游发展分析与展望**

著（编）者／张世满

研创机构／

出版社／山西经济出版社

ISBN／9787557700218

出版日期／2016 年 4 月

42 **2015～2016 年世界电子信息产业发展蓝皮书**

（2015～2016 年中国工业和信息化发展系列蓝皮书）

著（编）者／中国电子信息产业发展研究院、王鹏

研创机构／

出版社／人民出版社

ISBN／9787010165073

出版日期／2016 年 8 月

43 **2015～2016 年世界工业发展蓝皮书**

（2015～2016 年中国工业和信息化发展系列蓝皮书）

著（编）者／中国电子信息产业发展研究院、樊会文

研创机构／

出版社／人民出版社

ISBN／9787010165080

出版日期／2016 年 8 月

44 **2015～2016 年世界信息化发展蓝皮书**

（2015～2016 年中国工业和信息化发展系列蓝皮书）

著（编）者／中国电子信息产业发展研究院、樊会文

研创机构／

出版社／人民出版社

ISBN／9787010165066

出版日期／2016 年 8 月

45 **2015～2016 年武汉国家中心城市建设发展报告**

著（编）者／武汉市发展和改革委员会、武汉行政学院

研创机构／

出版社／武汉出版社

ISBN／9787558210389

出版日期／2016 年 12 月

46 2015～2016 年新疆经济社会形势分析与预测

著（编）者／阿不都热扎克·铁木尔、刘仲康、苏成

研创机构／新疆维吾尔自治区社会科学院

出版社／新疆人民出版社

ISBN／9787228190010

出版日期／2016 年 6 月

47 2015～2016 年中国安全产业发展蓝皮书

（2015～2016 年中国工业和信息化发展系列蓝皮书）

著（编）者／中国电子信息产业发展研究院、樊会文

研创机构／

出版社／人民出版社

ISBN／9787010165257

出版日期／2016 年 8 月

48 2015～2016 年中国北斗导航产业发展蓝皮书

（2015～2016 年中国工业和信息化发展系列蓝皮书）

著（编）者／中国电子信息产业发展研究院、樊会文

研创机构／

出版社／人民出版社

ISBN／9787010165271

出版日期／2016 年 8 月

49 2015～2016 年中国产业结构调整蓝皮书

（2015～2016 年中国工业和信息化发展系列蓝皮书）

著（编）者／中国电子信息产业发展研究院、王鹏

研创机构／

出版社／人民出版社

ISBN／9787010165295

出版日期／2016 年 8 月

50 2015～2016 年中国电子信息产业发展蓝皮书

（2015～2016 年中国工业和信息化发展系列蓝皮书）

著（编）者／中国电子信息产业发展研究院、卢山

研创机构／

出版社／人民出版社

ISBN／9787010165165

出版日期／2016 年 8 月

51 2015～2016 年中国工业发展蓝皮书

（2015～2016 年中国工业和信息化发展系列蓝皮书）

著（编）者／中国电子信息产业发展研究院、卢山

研创机构／

出版社／人民出版社

ISBN／9787010165097

出版日期／2016 年 8 月

52 2015～2016 年中国工业发展质量蓝皮书

（2015～2016 年中国工业和信息化发展系列蓝皮书）

著（编）者／中国电子信息产业发展研究院、王鹏

研创机构／

出版社／人民出版社

ISBN／9787010165110

出版日期／2016 年 8 月

53 2015～2016 年中国工业技术创新发展蓝皮书

（2015～2016 年中国工业和信息化发展系列蓝皮书）

著（编）者／中国电子信息产业发展研究院、刘文强

研创机构／

出版社／人民出版社

ISBN／9787010165127

出版日期／2016 年 8 月

54 2015～2016 年中国工业节能减排发展蓝皮书

（2015～2016 年中国工业和信息化发展系列蓝皮书）

著（编）者／中国电子信息产业发展研究院、刘文强

研创机构／

出版社／人民出版社

ISBN／9787010165134

出版日期／2016 年 8 月

55 2015～2016 年中国机器人产业发展蓝皮书

（2015～2016 年中国工业和信息化发展系列蓝皮书）

著（编）者／中国电子信息产业发展研究院、王鹏

研创机构／

出版社／人民出版社

ISBN／9787010165240

出版日期／2016 年 8 月

56 **2015～2016 年中国集成电路产业发展蓝皮书**

（2015～2016 年中国工业和信息化发展系列蓝皮书）

著（编）者／中国电子信息产业发展研究院、王鹏

研创机构／

出版社／人民出版社

ISBN／9787010165172

出版日期／2016 年 8 月

57 **2015～2016 年中国汽车产业发展蓝皮书**

（2015～2016 年中国工业和信息化发展系列蓝皮书）

著（编）者／中国电子信息产业发展研究院、王鹏

研创机构／

出版社／人民出版社

ISBN／9787010165233

出版日期／2016 年 8 月

58 **2015～2016 年中国软件产业发展蓝皮书**

（2015～2016 年中国工业和信息化发展系列蓝皮书）

著（编）者／中国电子信息产业发展研究院、樊会文

研创机构／

出版社／人民出版社

ISBN／9787010165189

出版日期／2016 年 8 月

59 **2015～2016 年中国网络安全发展蓝皮书**

（2015～2016 年中国工业和信息化发展系列蓝皮书）

著（编）者／中国电子信息产业发展研究院、樊会文

研创机构／

出版社／人民出版社

ISBN／9787010165196

出版日期／2016 年 8 月

60 **2015～2016 年中国无线电应用与管理蓝皮书**

（2015～2016 年中国工业和信息化发展系列蓝皮书）

著（编）者／中国电子信息产业发展研究院、樊会文

研创机构／

出版社／人民出版社

ISBN／9787010165264

出版日期／2016 年 8 月

61 2015～2016 年中国消费品工业发展蓝皮书

（2015～2016 年中国工业和信息化发展系列蓝皮书）

著（编）者／中国电子信息产业发展研究院、刘文强

研创机构／

出版社／人民出版社

ISBN／9787010165202

出版日期／2016 年 8 月

62 2015～2016 年中国信息化发展蓝皮书

（2015～2016 年中国工业和信息化发展系列蓝皮书）

著（编）者／中国电子信息产业发展研究院、卢山

研创机构／

出版社／人民出版社

ISBN／9787010165158

出版日期／2016 年 8 月

63 2015～2016 年中国原材料工业发展蓝皮书

（2015～2016 年中国工业和信息化发展系列蓝皮书）

著（编）者／中国电子信息产业发展研究院、刘文强

研创机构／

出版社／人民出版社

ISBN／9787010165219

出版日期／2016 年 8 月

64 2015～2016 年中国战略性新兴产业蓝皮书

（2015～2016 年中国工业和信息化发展系列蓝皮书）

著（编）者／中国电子信息产业发展研究院、卢山

研创机构／

出版社／人民出版社

ISBN／9787010165103

出版日期／2016 年 8 月

65 2015～2016 年中国中小企业发展蓝皮书

（2015～2016 年中国工业和信息化发展系列蓝皮书）

著（编）者／中国电子信息产业发展研究院、刘文强

研创机构／

出版社／人民出版社

ISBN／9787010165141

出版日期／2016 年 8 月

66 2015~2016 年中国装备工业发展蓝皮书

（2015~2016 年中国工业和信息化发展系列蓝皮书）

著（编）者／中国电子信息产业发展研究院、王鹏

研创机构／

出版社／人民出版社

ISBN／9787010165226

出版日期／2016 年 8 月

67 2015~2016 全球投资市场蓝皮书

著（编）者／FX168 金融研究院

研创机构／

出版社／上海财经大学出版社

ISBN／9787564224035

出版日期／2016 年 3 月

68 2015~2016 云南经济发展报告

（云南蓝皮书）

著（编）者／康云海、宣宜

研创机构／云南省社会科学院

出版社／云南大学出版社

ISBN／9787548227410

出版日期／2016 年 9 月

69 2015~2016 云南农村发展报告

（云南蓝皮书）

著（编）者／郑宝华

研创机构／云南省社会科学院

出版社／云南大学出版社

ISBN／9787548226932

出版日期／2016 年 9 月

70 2015~2016 云南政治文明建设报告

（云南蓝皮书）

著（编）者／黄小军

研创机构／云南省社会科学院

出版社／云南大学出版社

ISBN／9787548227755

出版日期／2016 年 10 月

71 **2015~2016中国出版业发展报告**
（中国出版蓝皮书）
著（编）者／范军、庞沁文
研创机构／中国新闻出版研究院
出版社／中国书籍出版社
ISBN／9787506858373
出版日期／2016年10月

72 **2015~2016中国电视媒体融合发展报告**
著（编）者／何宗就
研创机构／
出版社／中国广播影视出版社
ISBN／9787504377265
出版日期／2016年7月

73 **2015~2016中国服装行业发展报告**
著（编）者／中国服装协会
研创机构／
出版社／中国纺织出版社
ISBN／9787518029273
出版日期／2016年9月

74 **2015~2016中国数字出版产业年度报告**
著（编）者／张立、王飚、李广宇
研创机构／中国新闻出版研究院
出版社／中国书籍出版社
ISBN／9787506856812
出版日期／2016年7月

75 **2015~2016中国信息通信业发展分析报告**
著（编）者／中国通信企业协会
研创机构／
出版社／人民邮电出版社
ISBN／9787115420541
出版日期／2016年4月

76 2015～2018 中国灯饰照明行业发展趋势与投资重点分析

著（编）者／曹利晖

研创机构／

出版社／广东经济出版社

ISBN／9787545444025

出版日期／2016 年 1 月

77 2015 安徽商贸流通业发展报告

著（编）者／《2015 安徽商贸流通业发展报告》编委会

研创机构／

出版社／合肥工业大学出版社

ISBN／9787565030482

出版日期／2016 年 11 月

78 2015 安徽文化发展蓝皮书

著（编）者／刘飞跃、刑军

研创机构／

出版社／安徽大学出版社

ISBN／9787566412669

出版日期／2016 年 1 月

79 2015 保定社会发展研究报告

著（编）者／赵其国

研创机构／

出版社／河北大学出版社

ISBN／9787566610041

出版日期／2016 年 5 月

80 2015 成都市服务业发展报告

著（编）者／成都市商务委员会、成都市经济发展研究院

研创机构／

出版社／四川科学技术出版社

ISBN／9787536483538

出版日期／2016 年 5 月

81　2015 成都市义务教育校际均衡监测年度报告

　　著（编）者／成都市人民政府教育督导委员会办公室、成都市教育科学研究院

　　研创机构／

　　出版社／科学出版社

　　ISBN／9787030472922

　　出版日期／2016 年 2 月

82　2015 创新发展服务转型——媒体视角下的财务公司

　　著（编）者／中国财务公司协会

　　研创机构／

　　出版社／中国金融出版社

　　ISBN／9787504985170

　　出版日期／2016 年 5 月

83　2015 抚顺经济社会发展研究

　　著（编）者／抚顺市社会科学工作领导小组办公室

　　研创机构／

　　出版社／辽宁民族出版社

　　ISBN／9787549713202

　　出版日期／2016 年 5 月

84　2015 广东省"互联网＋"现状及发展大数据分析报告

　　著（编）者／广东省网络文化协会

　　研创机构／

　　出版社／广东人民出版社

　　ISBN／9787218107516

　　出版日期／2016 年 3 月

85　2015 海外中国企业声誉报告：应对"一带一路"多重挑战

　　著（编）者／傅潇霄、冯晞

　　研创机构／英国曼彻斯特大学、零点国际发展研究院

　　出版社／浙江大学出版社

　　ISBN／9787308155052

　　出版日期／2016 年 1 月

86　**2015 横店影视文化产业年度发展报告**

　　著（编）者／浙江省横店影视文化产业实验区管委会、浙江师范大学文化创意
　　　　　　　　与传播学院

　　研创机构／

　　出版社／中国电影出版社

　　ISBN／9787106046088

　　出版日期／2016 年 11 月

87　**2015 湖南文学蓝皮书**

　　著（编）者／吴正锋

　　研创机构／

　　出版社／湖南文艺出版社

　　ISBN／9787540476779

　　出版日期／2016 年 7 月

88　**2015 华侨华人与国际移民研究报告**

　　著（编）者／林勇

　　研创机构／福建社会科学院

　　出版社／光明日报出版社

　　ISBN／9787511296214

　　出版日期／2016 年 1 月

89　**2015 江苏省中小企业发展报告**

　　著（编）者／江苏省经济和信息化委员会、江苏省中小企业局

　　研创机构／

　　出版社／江苏凤凰科学技术出版社

　　ISBN／9787553772943

　　出版日期／2016 年 1 月

90　**2015 江苏文物艺术品拍卖市场研究报告**

　　著（编）者／顾颖

　　研创机构／南京长风堂博物馆

　　出版社／江苏凤凰美术出版社

　　ISBN／9787558004032

　　出版日期／2016 年 12 月

91　2015 江西文情报告

著（编）者／夏汉宁

研创机构／

出版社／江西美术出版社

ISBN／9787548051077

出版日期／2016 年 12 月

92　2015 江阴临港开发区发展蓝皮书

著（编）者／徐冬青

研创机构／

出版社／广陵书社

ISBN／9787555405269

出版日期／2016 年 3 月

93　2015 交通运输行业企业社会责任发展报告

著（编）者／大连海事大学综合交通运输协同创新中心

研创机构／

出版社／人民交通出版社股份有限公司

ISBN／9787114134418

出版日期／2016 年 11 月

94　2015 决策研究报告

著（编）者／内蒙古自治区人民政府研究室

研创机构／

出版社／内蒙古人民出版社

ISBN／9787204141296

出版日期／2016 年 6 月

95　2015 辽宁沿海经济带发展研究报告

著（编）者／渤海大学辽宁沿海经济带发展研究院

研创机构／

出版社／经济科学出版社

ISBN／9787514169607

出版日期／2016 年 6 月

96 2015 年山西经济金融运行分析与预测

著（编）者／赵志华

研创机构／

出版社／山西人民出版社

ISBN／9787203097860

出版日期／2016 年 1 月

97 2015 年北京市社区发展报告

著（编）者／中共北京市委社会工作委员会、北京市社会建设工作办公室

研创机构／

出版社／北京出版社

ISBN／9787200121292

出版日期／2016 年 6 月

98 2015 年北京市中等职业教育质量年度报告

著（编）者／《北京市中等职业教育质量年度报告》编委会

研创机构／

出版社／北京出版社

ISBN／9787200128420

出版日期／2016 年 12 月

99 2015 年餐饮行业会员管理指数报告

著（编）者／雅座餐饮数据研究院

研创机构／

出版社／电子工业出版社

ISBN／9787121285837

出版日期／2016 年 4 月

100 2015 年成都旅游经济形势分析与 2016 年趋势预测
（成都旅游经济蓝皮书）

著（编）者／成都市旅游局、中国旅游研究院

研创机构／

出版社／旅游教育出版社

ISBN／9787563734184

出版日期／2016 年 7 月

101　2015 年成都市软件和信息技术服务产业发展报告

著（编）者／施跃华

研创机构／成都市中小企业局

出版社／电子科技大学出版社

ISBN／9787564727000

出版日期／2016 年 8 月

102　2015 年度北京地区股权投资行业报告

著（编）者／北京股权投资基金协会

研创机构／

出版社／首都经济贸易大学出版社

ISBN／9787563825028

出版日期／2016 年 5 月

103　2015 年度北京市卫生与人群健康状况报告

著（编）者／北京市人民政府

研创机构／

出版社／人民卫生出版社

ISBN／9787117228480

出版日期／2016 年 6 月

104　2015 年度广东省房地产企业社会责任报告

著（编）者／广东省房地产行业协会

研创机构／

出版社／广东经济出版社

ISBN／9787545446234

出版日期／2016 年 7 月

105　2015 年度国家信息安全态势评估

著（编）者／中国信息安全测评中心

研创机构／

出版社／时事出版社

ISBN／9787519500238

出版日期／2016 年 8 月

106 2015 年度江苏教育现代化建设监测报告

著（编）者／江苏省教育厅

研创机构／

出版社／江苏凤凰教育出版社

ISBN／9787549962570

出版日期／2016 年 12 月

107 2015 年度全国企业发展分析报告

著（编）者／国家工商行政管理总局企业注册局（外商投资企业注册局）

研创机构／

出版社／中国工商出版社

ISBN／9787802158856

出版日期／2016 年 9 月

108 2015 年度中国建筑业双 200 强企业研究报告

著（编）者／中国建筑业协会

研创机构／

出版社／中国建筑工业出版社

ISBN／9787112201013

出版日期／2016 年 11 月

109 2015 年度中国水利信息化发展报告

著（编）者／水利部网络安全与信息化领导小组办公室

研创机构／

出版社／中国水利水电出版社

ISBN／9787517050568

出版日期／2016 年 12 月

110 2015 年度中国写字楼及经纪行业报告

著（编）者／杨乐涛

研创机构／北京乐工场资产管理有限公司

出版社／新华出版社

ISBN／9787516624104

出版日期／2016 年 3 月

111　2015 年度重庆行业科技竞争力评价报告

著（编）者／陈勇、刘斌、张欣

研创机构／重庆科技发展战略研究院

出版社／北京燕山出版社

ISBN／9787540243869

出版日期／2016 年 12 月

112　2015 年度重庆区县科技竞争力评价报告

著（编）者／李政刚、徐翔、刘兰

研创机构／

出版社／北京燕山出版社

ISBN／9787540243715

出版日期／2016 年 12 月

113　2015 年俄罗斯财经研究报告

（中央财经大学俄罗斯东欧中亚研究中心财经研究院文库）

著（编）者／童伟 等

研创机构／中央财经大学俄罗斯东欧中亚研究中心

出版社／经济科学出版社

ISBN／9787514169638

出版日期／2016 年 6 月

114　2015 年广西环境与发展报告

著（编）者／广西壮族自治区环境保护厅

研创机构／

出版社／广西人民出版社

ISBN／9787219099018

出版日期／2016 年 5 月

115　2015 年广州会展业发展报告

著（编）者／广州市商务委员会、广州市社会科学院

研创机构／

出版社／广州出版社

ISBN／9787546222783

出版日期／2016 年 1 月

116　2015 年贵阳就业报告

　　著（编）者／莫荣、刘军、杨宇、潘红霞、刘锡秋

　　研创机构／人力资源和社会保障部、贵州省贵阳市劳动和社会保障局

　　出版社／中国劳动社会保障出版社

　　ISBN／9787516724613

　　出版日期／2016 年 3 月

117　2015 年国内外油气行业发展报告

　　著（编）者／孙贤胜、钱兴坤、姜学峰

　　研创机构／中国石油经济技术研究院、中国石油天然气集团公司经济技术研究院、威海正华建工集团

　　出版社／石油工业出版社

　　ISBN／9787518311354

　　出版日期／2016 年 1 月

118　2015 年杭州旅游经济形势分析及发展趋势

　　著（编）者／杭州市旅游委员会

　　研创机构／

　　出版社／天津科学技术出版社

　　ISBN／9787557620134

　　出版日期／2016 年 1 月

119　2015 年杭州人才发展报告

　　（人才蓝皮书）

　　著（编）者／张仲灿

　　研创机构／

　　出版社／杭州出版社

　　ISBN／9787556505586

　　出版日期／2016 年 12 月

120　2015 年河北法治发展报告

　　著（编）者／河北省社会科学院

　　研创机构／

　　出版社／河北人民出版社

　　ISBN／9787202111079

　　出版日期／2016 年 3 月

121　2015 年河北人才发展报告
（河北发展蓝皮书）
著（编）者／河北省社会科学院
研创机构／
出版社／河北人民出版社
ISBN／9787202109755
出版日期／2016 年 3 月

122　2015 年河北省城镇化发展报告
著（编）者／河北省城镇化工作领导小组办公室
研创机构／
出版社／河北人民出版社
ISBN／9787202115275
出版日期／2016 年 12 月

123　2015 年黑龙江省教育经济发展报告
著（编）者／尹晓岚、刘惠林
研创机构／黑龙江省教育厅、黑龙江大学教育学院
出版社／黑龙江人民出版社
ISBN／9787207107442
出版日期／2016 年 6 月

124　2015 年黑龙江文化发展报告
（黑龙江文化蓝皮书）
著（编）者／张效廉
研创机构／
出版社／黑龙江人民出版社
ISBN／9787207108142
出版日期／2016 年 8 月

125　2015 年湖北省新闻出版广电发展报告
著（编）者／湖北省新闻出版广电局、武汉大学国家文化发展研究院
研创机构／
出版社／武汉大学出版社
ISBN／9787307181892
出版日期／2016 年 6 月

126 2015 年健康中国研究报告

（中社智库年度报告）

著（编）者／鲍宗豪

研创机构／上海华夏社会发展研究院

出版社／中国社会科学出版社

ISBN／9787516192658

出版日期／2016 年 11 月

127 2015 年江苏人口发展研究报告

（江苏人口蓝皮书）

著（编）者／江苏省卫生和计划生育委员会、江苏省人口学会

研创机构／

出版社／南京大学出版社

ISBN／9787305179860

出版日期／2016 年 12 月

128 2015 年江苏沿海沿江发展研究报告集

著（编）者／成长春、周威平

研创机构／南通大学沿海沿江发展研究院

出版社／苏州大学出版社

ISBN／9787567218451

出版日期／2016 年 10 月

129 2015 年江西经济社会发展透视

著（编）者／江西省统计局

研创机构／

出版社／中国统计出版社

ISBN／9787503778742

出版日期／2016 年 7 月

130 2015 年江西民营经济发展报告

著（编）者／江西省工商业联合会、江西省社会科学院、江西省民营经济研究会

研创机构／

出版社／江西人民出版社

ISBN／9787210086123

出版日期／2016 年 7 月

131 2015 年辽宁省金融运行报告

著（编）者／中国人民银行沈阳分行货币政策分析小组

研创机构／

出版社／经济科学出版社

ISBN／9787514173949

出版日期／2016 年 12 月

132 2015 年民间金融法治发展报告

（两江经济法治文丛）

著（编）者／岳彩申、万江

研创机构／西南政法大学

出版社／法律出版社

ISBN／9787511897589

出版日期／2016 年 9 月

133 2015 年内蒙古反腐倡廉建设研究

著（编）者／张志忠、孙凯民、李玉贵

研创机构／

出版社／内蒙古大学出版社

ISBN／9787566510464

出版日期／2016 年 8 月

134 2015 年山东省情研究报告

著（编）者／苏建华

研创机构／

出版社／山东友谊出版社

ISBN／9787551603447

出版日期／2016 年 12 月

135 2015 年上海教育发展报告：激发创新潜能

著（编）者／上海市教育决策咨询委员会秘书处、上海市教育科学研究院

研创机构／

出版社／华东师范大学出版社

ISBN／9787567544765

出版日期／2016 年 3 月

136　2015 年失业动态监测数据分析报告

著（编）者／中国就业培训技术指导中心

研创机构／

出版社／中国劳动社会保障出版社

ISBN／9787516726204

出版日期／2016 年 8 月

137　2015 年世界就业和社会展望

著（编）者／国际劳工组织

研创机构／

出版社／中国财政经济出版社

ISBN／9787509567500

出版日期／2016 年 6 月

138　2015 年世界形势评估

著（编）者／唐笑虹

研创机构／

出版社／时事出版社

ISBN／9787802329690

出版日期／2016 年 5 月

139　2015 年苏州教育绿皮书

著（编）者／苏州市教育质量监测中心

研创机构／

出版社／江苏凤凰教育出版社

ISBN／9787549962082

出版日期／2016 年 11 月

140　2015 年苏州市知识产权发展与保护状况

著（编）者／苏州市人民政府知识产权联席会议办公室

研创机构／

出版社／苏州大学出版社

ISBN／9787567217126

出版日期／2016 年 4 月

141　2015 年天津市青少年科技教育与科学普及工作报告

著（编）者／安庆红

研创机构／天津市青少年科技中心

出版社／天津科学技术出版社

ISBN／9787557607890

出版日期／2016 年 2 月

142　2015 年浙江科技发展报告

著（编）者／周国辉

研创机构／

出版社／浙江科学技术出版社

ISBN／9787534174209

出版日期／2016 年 8 月

143　2015 年中国船员发展报告

著（编）者／交通运输部新闻办公室

研创机构／

出版社／大连海事大学出版社

ISBN／9787563233564

出版日期／2016 年 7 月

144　2015 年中国大众创业万众创新发展报告

著（编）者／国家发展和改革委员会

研创机构／

出版社／人民出版社

ISBN／9787010158891

出版日期／2016 年 5 月

145　2015 年中国广告市场报告

著（编）者／中国广告协会

研创机构／

出版社／中国工商出版社

ISBN／9787802158917

出版日期／2016 年 9 月

146 2015 年中国国际航空运输市场报告暨展望

著（编）者／邵凤茹、罗石

研创机构／中国民航科学技术研究院

出版社／中国民航出版社

ISBN／9787512803688

出版日期／2016 年 8 月

147 2015 年中国互联网网络安全报告

著（编）者／国家计算机网络应急技术处理协调中心

研创机构／

出版社／人民邮电出版社

ISBN／9787115422910

出版日期／2016 年 5 月

148 2015 年中国吉林省发展报告

著（编）者／吉林省人民政府办公厅

研创机构／

出版社／吉林大学出版社

ISBN／9787567769489

出版日期／2016 年 7 月

149 2015 年中国建材家居产业发展报告

著（编）者／王岳飞

研创机构／中国建筑装饰协会材料分会

出版社／中国建材工业出版社

ISBN／9787516015681

出版日期／2016 年 7 月

150 2015 年中国交通信息化发展报告

著（编）者／交通运输部

研创机构／

出版社／人民交通出版社

ISBN／9787114134180

出版日期／2016 年 11 月

151 2015 年中国教育网络舆情分析报告

著（编）者／何晓丰、朱益明、王长波、董轩

研创机构／华东师范大学

出版社／华东师范大学出版社

ISBN／9787567551749

出版日期／2016 年 6 月

152 2015 年中国林业产业重大问题调查研究报告

著（编）者／中国林业产业重大问题调研组

研创机构／

出版社／中国林业出版社

ISBN／9787503888472

出版日期／2016 年 12 月

153 2015 年中国旅游经济运行分析与 2016 年发展预测

著（编）者／中国旅游研究院

研创机构／

出版社／中国旅游出版社

ISBN／9787503255328

出版日期／2016 年 1 月

154 2015 年中国旅游景区发展报告

著（编）者／国家旅游局

研创机构／

出版社／中国旅游出版社

ISBN／9787503257407

出版日期／2016 年 1 月

155 2015 年中国区域金融运行报告

著（编）者／中国人民银行货币政策分析小组

研创机构／

出版社／中国金融出版社

ISBN／9787504987150

出版日期／2016 年 12 月

156 2015 年中国融资租赁业发展报告

（中国租赁蓝皮书）

著（编）者／中国租赁联盟、天津滨海融资租赁研究院

研创机构／

出版社／南开大学出版社

ISBN／9787310050963

出版日期／2016 年 5 月

157 2015 年中国学生资助发展报告

著（编）者／全国学生资助管理中心

研创机构／

出版社／人民教育出版社

ISBN／9787107313585

出版日期／2016 年 10 月

158 2015 年中心城市交通发展报告

著（编）者／中国交通报社

研创机构／

出版社／人民交通出版社

ISBN／9787114133374

出版日期／2016 年 9 月

159 2015 宁波市中等职业教育人才培养质量报告

著（编）者／俞冬伟、任君庆、宁波市中等职业教育人才培养质量报告编
写组

研创机构／

出版社／高等教育出版社

ISBN／9787040444278

出版日期／2016 年 1 月

160 2015 浦东新区卫生发展报告

著（编）者／浦东新区卫生和计划生育委员会、浦东卫生发展研究院

研创机构／

出版社／上海科学技术出版社

ISBN／9787547830468

出版日期／2016 年 5 月

161 2015 全球村镇建设进展

著（编）者／胡霞、胡跃高、王欣、张占英、贾晓蕾

研创机构／中国农业大学、中国人民大学

出版社／中国农业出版社

ISBN／9787109216969

出版日期／2016 年 6 月

162 2015 泉州民营经济蓝皮书

著（编）者／泉州晚报社

研创机构／

出版社／上海文化出版社

ISBN／9787553506296

出版日期／2016 年 9 月

163 2015 山东法治建设蓝皮书

著（编）者／宋玉山

研创机构／

出版社／山东人民出版社

ISBN／9787209095723

出版日期／2016 年 3 月

164 2015 山西文化产业发展概览

著（编）者／山西省统计局、中共山西省委宣传部

研创机构／

出版社／中国统计出版社

ISBN／9787503778438

出版日期／2016 年 7 月

165 2015 山西文学年度报告

著（编）者／山西省作家协会创作研究部

研创机构／

出版社／三晋出版社

ISBN／9787545714340

出版日期／2016 年 11 月

166 2015 上半年中国国际收支报告

著（编）者／国家外汇管理局国际收支分析小组

研创机构／

出版社／中国金融出版社

ISBN／9787504983428

出版日期／2016 年 1 月

167 2015 上海服务业发展报告

著（编）者／上海市商务委员会

研创机构／

出版社／上海科学技术文献出版社

ISBN／9787543970571

出版日期／2016 年 6 月

168 2015 上海国际经济贸易发展报告

著（编）者／上海市商务委员会

研创机构／

出版社／上海科学技术文献出版社

ISBN／9787543970564

出版日期／2016 年 6 月

169 2015 上海总部经济及商务布局发展报告

著（编）者／上海市商务委员会

研创机构／

出版社／上海科学技术文献出版社

ISBN／9787543972179

出版日期／2016 年 6 月

170 2015 世界航天防务工业发展报告

著（编）者／北京航天情报与信息研究所

研创机构／

出版社／中国原子能出版社

ISBN／9787502271770

出版日期／2016 年 3 月

171　2015 世界奶业发展报告

　　著（编）者／李胜利

　　研创机构／

　　出版社／中国农业大学出版社

　　ISBN／9787565516641

　　出版日期／2016 年 9 月

172　2015 水文发展年度报告

　　著（编）者／水利部水文局

　　研创机构／

　　出版社／中国水利水电出版社

　　ISBN／9787517048053

　　出版日期／2016 年 9 月

173　2015 苏州市民营经济发展报告

　　著（编）者／苏州市工商业联合会、苏州市中小企业局、苏州市工商行政管
　　　　　　　　理局

　　研创机构／

　　出版社／古吴轩出版社

　　ISBN／9787554607220

　　出版日期／2016 年 7 月

174　2015 天然林资源保护工程东北、内蒙古重点国有林区效益监测国家报告

　　著（编）者／国家林业局

　　研创机构／

　　出版社／中国林业出版社

　　ISBN／9787503886911

　　出版日期／2016 年 9 月

175　2015 长江航运发展报告

　　著（编）者／交通运输部长江航务管理局

　　研创机构／

　　出版社／人民交通出版社

　　ISBN／9787114131523

　　出版日期／2016 年 6 月

176 2015 浙江省国民经济和社会发展报告
著（编）者／李学忠
研创机构／浙江省发展和改革委员会
出版社／浙江人民出版社
ISBN／9787213075445
出版日期／2016 年 9 月

177 2015 浙江省知识产权民事司法保护报告
著（编）者／陈国猛
研创机构／中央纪委案件审理室
出版社／法律出版社
ISBN／9787519702779
出版日期／2016 年 11 月

178 2015 浙江省中小企业发展报告
著（编）者／张金如
研创机构／浙江省经济和信息化委员会
出版社／浙江工商大学出版社
ISBN／9787517814382
出版日期／2016 年 1 月

179 2015 浙商发展报告：国家战略与社会责任
著（编）者／李建华
研创机构／万事利集团
出版社／浙江工商大学出版社
ISBN／9787517813651
出版日期／2016 年 1 月

180 2015 中关村国家自主创新示范区发展报告
著（编）者／中关村科技园区管理委员会
研创机构／
出版社／北京出版社
ISBN／9787200119527
出版日期／2016 年 4 月

181 2015 中国成人烟草调查报告

著（编）者 ／ 梁晓峰

研创机构 ／ 中国疾病预防控制中心免疫规划中心

出版社 ／ 人民卫生出版社

ISBN ／ 9787117224185

出版日期 ／ 2016 年 5 月

182 2015 中国城市创新创业环境评价研究报告

著（编）者 ／ 清华大学启迪创新研究院

研创机构 ／

出版社 ／ 清华大学出版社

ISBN ／ 9787302426462

出版日期 ／ 2016 年 1 月

183 2015 中国城市商业信用环境指数（CEI）蓝皮书

著（编）者 ／ 中国城市商业信用环境指数课题组

研创机构 ／

出版社 ／ 北京燕山出版社

ISBN ／ 9787540241148

出版日期 ／ 2016 年 4 月

184 2015 中国地方财政发展研究报告——市区两级政府事权划分与财力分配机制
    研究：来自湖北省 K 市、L 市和 G 市的经验证据

（中国发展研究报告系列丛书）

著（编）者 ／ 中南财经政法大学、湖北财政与发展研究中心、中国地方财政
        研究中心

研创机构 ／

出版社 ／ 经济科学出版社

ISBN ／ 9787514166118

出版日期 ／ 2016 年 2 月

185 2015 中国电影市场报告

著（编）者 ／ 中国电影发行放映协会

研创机构 ／

出版社 ／ 中国电影出版社

ISBN ／ 9787106044336

出版日期 ／ 2016 年 3 月

186　2015 中国－东盟研究蓝皮书：21 世纪海上丝绸之路上的中国与东盟

著（编）者／广东海洋大学东盟研究院

研创机构／

出版社／中国经济出版社

ISBN／9787513644068

出版日期／2016 年 10 月

187　2015 中国发展指数报告："创新 协调 绿色 开放 共享"新理念、新发展

（国是智库发展战略研究报告系列）

著（编）者／易昌良

研创机构／国家发展和改革委员会办公厅

出版社／经济科学出版社

ISBN／9787514168747

出版日期／2016 年 5 月

188　2015 中国高速公路运输量统计调查分析报告

著（编）者／长安大学运输科学研究院

研创机构／

出版社／人民交通出版社

ISBN／9787114134821

出版日期／2016 年 12 月

189　2015 中国国际收支报告

著（编）者／国家外汇管理局国际收支分析小组

研创机构／

出版社／中国金融出版社

ISBN／9787504983435

出版日期／2016 年 8 月

190　2015 中国航运发展报告

著（编）者／交通运输部

研创机构／

出版社／人民交通出版社

ISBN／9787114132841

出版日期／2016 年 8 月

191　2015 中国家用纺织品行业发展报告

著（编）者／中国家用纺织品行业协会

研创机构／

出版社／中国纺织出版社

ISBN／9787518026234

出版日期／2016 年 6 月

192　2015 中国金融发展报告：社会信用体系建设的理论、探索与实践

著（编）者／上海财经大学信用研究中心、上海国际金融中心研究院、上海
　　　　　　　财经大学金融学院

研创机构／

出版社／上海财经大学出版社

ISBN／9787564223885

出版日期／2016 年 4 月

193　2015 中国林业发展报告

著（编）者／国家林业局

研创机构／

出版社／中国林业出版社

ISBN／9787503784719

出版日期／2016 年 4 月

194　2015 中国汽车流通行业"互联网＋"报告

著（编）者／宋涛

研创机构／中国汽车流通协会

出版社／机械工业出版社

ISBN／9787111537267

出版日期／2016 年 6 月

195　2015 中国区域发展报告："新常态"下的西部大开发

著（编）者／刘卫东、宋周莺、刘慧、刘纪远、王成金、陈明星

研创机构／中国科学院地理科学与资源研究所

出版社／商务印书馆

ISBN／9787100120449

出版日期／2016 年 3 月

196　**2015 中国区域经济发展报告：中国城市群可持续发展**

　　著（编）者／张学良

　　研创机构／上海财经大学区域经济研究中心

　　出版社／人民出版社

　　ISBN／9787010161006

　　出版日期／2016 年 4 月

197　**2015 中国人力资源职业发展状况调查报告**

　　著（编）者／周文霞、王桢、于坤

　　研创机构／中国人民大学

　　出版社／中国劳动社会保障出版社

　　ISBN／9787516725535

　　出版日期／2016 年 6 月

198　**2015 中国森林等自然资源旅游发展报告**

　　著（编）者／国家林业局

　　研创机构／

　　出版社／中国林业出版社

　　ISBN／9787503886843

　　出版日期／2016 年 9 月

199　**2015 中国双向投资发展报告**

　　（"一带一路"双向投资丛书）

　　著（编）者／徐绍史

　　研创机构／国家发展和改革委员会

　　出版社／机械工业出版社

　　ISBN／9787111529248

　　出版日期／2016 年 2 月

200　**2015 中国通信统计年度报告**

　　著（编）者／工业和信息化部

　　研创机构／

　　出版社／人民邮电出版社

　　ISBN／9787115436559

　　出版日期／2016 年 11 月

201 **2015 中国外语教育年度报告**

著（编）者／王文斌、徐浩

研创机构／北京外国语大学

出版社／外语教学与研究出版社

ISBN／9787513582469

出版日期／2016 年 12 月

202 **2015 中国网络借贷行业蓝皮书**

著（编）者／王家卓、徐红伟、马骏、张叶霞

研创机构／北京大学汇丰商学院中小企业研究中心

出版社／清华大学出版社

ISBN／9787302436188

出版日期／2016 年 5 月

203 **2015 中国现代贵金属币市场分析报告**

著（编）者／赵燕生

研创机构／

出版社／西南财经大学出版社

ISBN／9787550424364

出版日期／2016 年 7 月

204 **2015 中国信息资源产业与政策研究报告**

著（编）者／钱明辉

研创机构／中国人民大学

出版社／知识产权出版社

ISBN／9787513044943

出版日期／2016 年 5 月

205 **2015 中国医疗卫生事业发展报告：中国公立医院改革与发展专题**
（卫生改革与发展绿皮书）

著（编）者／方鹏骞、鲍勇、李士雪

研创机构／华中科技大学、上海交通大学、山东大学

出版社／人民出版社

ISBN／9787010158273

出版日期／2016 年 4 月

206　2015 中国政府绩效评价报告

　　著（编）者／郑方辉、李红梅、张锋学

　　研创机构／华南理工大学政府绩效评价中心、广东科学技术职业学院、广东

　　　　　　　农工商职业技术学院

　　出版社／新华出版社

　　ISBN／9787516626283

　　出版日期／2016 年 7 月

207　2015 中国政府债券市场年报

　　著（编）者／中国国债协会

　　研创机构／

　　出版社／中国财政经济出版社

　　ISBN／9787509570722

　　出版日期／2016 年 11 月

208　2015 中国智库年度发展报告

　　著（编）者／王斯敏

　　研创机构／光明日报社

　　出版社／社会科学文献出版社

　　ISBN／9787509795910

　　出版日期／2016 年 9 月

209　2016～2017 福建经济社会发展与预测蓝皮书

　　著（编）者／福建社会科学院

　　研创机构／

　　出版社／海峡书局

　　ISBN／9787556702725

　　出版日期／2016 年 12 月

210　2016～2017 年新疆经济社会发展形势

　　著（编）者／李韧

　　研创机构／

　　出版社／新疆科学技术出版社

　　ISBN／9787546638614

　　出版日期／2016 年 11 月

211 **2016～2017 上海经济形势**
著（编）者／周亚、朱章海
研创机构／
出版社／格致出版社
ISBN／9787543216075
出版日期／2016 年 12 月

212 **2016～2020 年辽宁教育改革与发展研究报告**
（辽宁教育省情研究丛书）
著（编）者／刘国瑞、高鸿
研创机构／辽宁教育研究院
出版社／辽宁人民出版社
ISBN／9787205085216
出版日期／2016 年 2 月

213 **2016～2020 年辽宁经济展望**
著（编）者／姜健力
研创机构／
出版社／辽宁教育出版社
ISBN／9787554911686
出版日期／2016 年 3 月

214 **2016 春季报告（经济）**
（江西·智库报告）
著（编）者／姜玮、梁勇
研创机构／江西省社会科学院
出版社／江西人民出版社
ISBN／9787210082552
出版日期／2016 年 2 月

215 **2016 甘肃科技发展报告**
著（编）者／李文卿
研创机构／
出版社／甘肃科学技术出版社
ISBN／9787542423542
出版日期／2016 年 9 月

216 2016 广东房地产蓝皮书

著（编）者／蔡穗声

研创机构／

出版社／广东经济出版社

ISBN／9787545444537

出版日期／2016 年 3 月

217 2016 广东省科技金融发展报告

著（编）者／广东省科技金融促进会、广东华南科技资本研究院

研创机构／

出版社／暨南大学出版社

ISBN／9787566819611

出版日期／2016 年 11 月

218 2016 广东省情调查报告：广东经济社会发展热点问题与对策

（广东省省情蓝皮书系列）

著（编）者／广东省社会科学院

研创机构／

出版社／广东经济出版社

ISBN／9787545447712

出版日期／2016 年 9 月

219 2016 广东职业与成人教育研究

著（编）者／广东省成人教育协会

研创机构／

出版社／华南理工大学出版社

ISBN／9787562350545

出版日期／2016 年 8 月

220 2016 广州金融发展形势与展望

著（编）者／广州市金融工作局

研创机构／

出版社／广州出版社

ISBN／9787546223902

出版日期／2016 年 6 月

221 2016 国家西部开发报告

著（编）者／国家发展和改革委员会、徐绍史

研创机构／

出版社／浙江大学出版社

ISBN／9787308158923

出版日期／2016 年 5 月

222 2016 国土资源人才发展报告

著（编）者／国土资源部人力资源开发中心、国土资源人才评价开放实验室

研创机构／

出版社／地质出版社

ISBN／9787116097513

出版日期／2016 年 5 月

223 2016 国外住房发展报告：第 4 辑

著（编）者／熊衍仁、沈彩文、亚太建设科技信息研究院

研创机构／

出版社／中国建筑工业出版社

ISBN／9787112201778

出版日期／2016 年 12 月

224 2016 杭州金融发展报告

著（编）者／杭州市人民政府金融工作办公室

研创机构／

出版社／浙江大学出版社

ISBN／9787308161114

出版日期／2016 年 8 月

225 2016 河南能源经济与电力发展研究报告

著（编）者／国网河南省电力公司经济技术研究院

研创机构／

出版社／中国电力出版社

ISBN／9787512399495

出版日期／2016 年 11 月

226　2016 湖南 100 强企业发展报告

著（编）者／湖南省工业经济联合会、湖南省企业联合会、湖南省企业家

协会

研创机构／

出版社／湖南人民出版社

ISBN／9787556114863

出版日期／2016 年 9 月

227　2016 江苏服务贸易发展研究报告

著（编）者／江苏省商务厅

研创机构／

出版社／河海大学出版社

ISBN／9787563045709

出版日期／2016 年 10 月

228　2016 昆明城市发展报告

（昆明蓝皮书）

著（编）者／昆明市社会科学院

研创机构／

出版社／云南科技出版社

ISBN／9787541699726

出版日期／2016 年 7 月

229　2016 昆明法治发展报告

（昆明蓝皮书）

著（编）者／昆明市社会科学院

研创机构／

出版社／云南科技出版社

ISBN／9787541699467

出版日期／2016 年 5 月

230　2016 昆明经济发展报告

（昆明蓝皮书）

著（编）者／昆明市社会科学院

研创机构／

出版社／云南科技出版社

ISBN／9787541699719

出版日期／2016 年 9 月

231　2016 昆明社会发展报告

（昆明蓝皮书）

著（编）者／昆明市社会科学院

研创机构／

出版社／云南科技出版社

ISBN／9787541699504

出版日期／2016 年 9 月

232　2016 昆明文化发展报告

（昆明蓝皮书）

著（编）者／昆明市社会科学院

研创机构／

出版社／云南科技出版社

ISBN／9787541699498

出版日期／2016 年 10 月

233　2016 辽宁经济展望

著（编）者／姜健力

研创机构／

出版社／辽宁教育出版社

ISBN／9787554911297

出版日期／2016 年 1 月

234　2016 内蒙古经济形势与展望

（内蒙古发展研究文库）

著（编）者／内蒙古自治区发展研究中心、内蒙古自治区经济信息中心

研创机构／

出版社／人民出版社

ISBN／9787010164908

出版日期／2016 年 8 月

235　2016 年版中国科技期刊引证报告（核心版）

著（编）者／中国科学技术信息研究所

研创机构／

出版社／科学技术文献出版社

ISBN／9787518920181

出版日期／2016 年 10 月

236 2016 年蚌埠经济社会形势分析与预测

著（编）者／王长双

研创机构／安徽省蚌埠市蚌山区政府

出版社／安徽人民出版社

ISBN／9787212089405

出版日期／2016 年 6 月

237 2016 年北京社会建设分析报告

（社会建设蓝皮书，皮书序列号：PSN B－2010－173－1/1）

著（编）者／宋贵伦、冯虹、唐军、岳金柱、胡建国、李君甫

研创机构／北京工业大学

出版社／社会科学文献出版社

ISBN／9787509797075

出版日期／2016 年 11 月

238 2016 年北京市高考考生水平评价报告

著（编）者／北京教育考试院

研创机构／

出版社／开明出版社

ISBN／9787513125000

出版日期／2016 年 1 月

239 2016 年北京市高中会考考生水平评价报告

著（编）者／北京教育考试院

研创机构／

出版社／开明出版社

ISBN／9787513125024

出版日期／2016 年 1 月

240 2016 年北京市劳动力市场工资指导价位与企业人工成本状况

著（编）者／北京市人力资源和社会保障局

研创机构／

出版社／中国民航出版社

ISBN／9787512804210

出版日期／2016 年 11 月

241 2016 年北京市中考评价研究报告

著（编）者／北京教育考试院

研创机构／

出版社／开明出版社

ISBN／9787513124782

出版日期／2016 年 1 月

242 2016 年电子信息产业发展蓝皮书

著（编）者／曲维枝、周子学

研创机构／

出版社／电子工业出版社

ISBN／9787121280375

出版日期／2016 年 1 月

243 2016 年度中国上市公司市值管理绩效评价报告

著（编）者／施光耀 等

研创机构／中国上市公司市值管理研究中心

出版社／经济科学出版社

ISBN／9787514169324

出版日期／2016 年 5 月

244 2016 年甘肃省国民经济和社会发展报告

著（编）者／周强

研创机构／甘肃省发展和改革委员会

出版社／甘肃人民出版社

ISBN／9787226049624

出版日期／2016 年 8 月

245 2016 年广东省国民经济和社会发展报告

著（编）者／广东省发展和改革委员会

研创机构／

出版社／广东人民出版社

ISBN／9787218110417

出版日期／2016 年 1 月

246 2016 年广州会展业发展报告

著（编）者／广州市商务委员会、广州市社会科学院

研创机构／

出版社／广州出版社

ISBN／9787546225074

出版日期／2016 年 12 月

247 2016 年杭州发展报告

著（编）者／周膺

研创机构／杭州市社会科学院

出版社／杭州出版社

ISBN／9787556504121

出版日期／2016 年 1 月

248 2016 年河南经济形势分析与预测

（河南经济蓝皮书，皮书序列号：PSN B – 2007 – 086 – 1/1）

著（编）者／胡五岳、俞肖云、刘朝阳

研创机构／河南省统计局

出版社／社会科学文献出版社

ISBN／9787509787786

出版日期／2016 年 2 月

249 2016 年河南社会形势分析与预测

（河南蓝皮书，皮书序列号：PSN B – 2005 – 043 – 1/9）

著（编）者／刘道兴、牛苏林、殷铬

研创机构／河南省社会科学院

出版社／社会科学文献出版社

ISBN／9787509788691

出版日期／2016 年 4 月

250 2016 年湖南产业发展报告

（湖南蓝皮书，皮书序列号：PSN B – 2011 – 207 – 2/8）

著（编）者／梁志峰、唐宇文

研创机构／湖南省人民政府发展研究中心

出版社／社会科学文献出版社

ISBN／9787509789896

出版日期／2016 年 5 月

251 2016 年湖南电子政务发展报告

（湖南蓝皮书，皮书序列号：PSN B－2014－394－6/8）

著（编）者／梁志峰、杨志新

研创机构／湖南省人民政府发展研究中心（湖南省电子政务中心）

出版社／社会科学文献出版社

ISBN／9787509790090

出版日期／2016 年 5 月

252 2016 年湖南经济展望

（湖南蓝皮书，皮书序列号：PSN B－2011－206－1/8）

著（编）者／梁志峰、唐宇文

研创机构／湖南省人民政府发展研究中心

出版社／社会科学文献出版社

ISBN／9787509789902

出版日期／2016 年 5 月

253 2016 年湖南两型社会与生态文明建设报告

（湖南蓝皮书，皮书序列号：PSN B－2011－208－3/8）

著（编）者／梁志峰、唐宇文

研创机构／湖南省人民政府发展研究中心、两型社会与生态文明协同创新
　　　　　中心

出版社／社会科学文献出版社

ISBN／9787509790335

出版日期／2016 年 5 月

254 2016 年湖南社会发展报告

（湖南蓝皮书，皮书序列号：PSN B－2014－393－5/8）

著（编）者／梁志峰、唐宇文

研创机构／湖南省人民政府发展研究中心

出版社／社会科学文献出版社

ISBN／9787509790106

出版日期／2016 年 5 月

255 2016 年湖南县域经济社会发展报告

（湖南蓝皮书，皮书序列号：PSN B－2014－395－7/8）

著（编）者／梁志峰、唐宇文

研创机构／湖南省人民政府发展研究中心

出版社／社会科学文献出版社

ISBN／9787509789919

出版日期／2016 年 5 月

256　2016 年加强教育法治全面推进依法治教
（中国教育黄皮书）
著（编）者／周洪宇
研创机构／长江教育研究院
出版社／湖北教育出版社
ISBN／9787556410088
出版日期／2016 年 2 月

257　2016 年江苏发展蓝皮书（经济卷）
（江苏经济发展分析与展望）
著（编）者／王庆五、吴先满
研创机构／江苏省政府、江苏省社会科学院
出版社／江苏人民出版社
ISBN／9787214128942
出版日期／2016 年 2 月

258　2016 年江苏发展蓝皮书（社会卷）
（江苏社会发展分析与展望）
著（编）者／王庆五、刘旺洪
研创机构／江苏省政府、南京审计大学
出版社／江苏人民出版社
ISBN／9787214128935
出版日期／2016 年 2 月

259　2016 年江苏发展蓝皮书（文化卷）
（江苏文化发展分析与展望）
著（编）者／王庆五、樊和平
研创机构／江苏省政府、江苏社会科学院
出版社／江苏人民出版社
ISBN／9787214128928
出版日期／2016 年 2 月

260　2016 年教育信息化发展研究
著（编）者／乜勇、傅钢善、张首军
研创机构／陕西师范大学
出版社／西北工业大学出版社
ISBN／9787561251126
出版日期／2016 年 9 月

261 2016 年昆明市科技统计分析研究

著（编）者／昆明市科学技术局、昆明市统计局、昆明市科学技术情报研
　　　　　究所

研创机构／

出版社／云南科技出版社

ISBN／9787558703843

出版日期／2016 年 12 月

262 2016 年辽宁经济社会形势分析与预测

（辽宁蓝皮书，皮书序列号：PSN B－2006－053－1/1）

著（编）者／曹晓峰、梁启东

研创机构／辽宁社会科学院

出版社／社会科学文献出版社

ISBN／9787509786796

出版日期／2016 年 1 月

263 2016 年南京教育绿皮书

著（编）者／南京市教育局

研创机构／

出版社／江苏凤凰教育出版社

ISBN／9787549959815

出版日期／2016 年 7 月

264 2016 年全国高考大数据分析报告

著（编）者／百度文库

研创机构／

出版社／广东高等教育出版社

ISBN／9787536157514

出版日期／2016 年 10 月

265 2016 年人民币国际化发展报告

著（编）者／中国人民银行

研创机构／

出版社／中国金融出版社

ISBN／9787504986139

出版日期／2016 年 7 月

266 **2016 年厦门文化改革发展蓝皮书**

著（编）者／黄鹤麟

研创机构／

出版社／厦门大学出版社

ISBN／9787561563007

出版日期／2016 年 12 月

267 **2016 年山东省国民经济和社会发展报告**

著（编）者／王忠林

研创机构／中共山东省枣庄市委

出版社／山东人民出版社

ISBN／9787209096607

出版日期／2016 年 5 月

268 **2016 年山西省国民经济和社会发展报告**

著（编）者／王赋

研创机构／

出版社／山西科学技术出版社

ISBN／9787537754323

出版日期／2016 年 1 月

269 **2016 年上半年中国产业运行分析**

著（编）者／吴滨

研创机构／

出版社／经济管理出版社

ISBN／9787509646427

出版日期／2016 年 10 月

270 **2016 年上海国际金融中心建设蓝皮书**

著（编）者／吴大器

研创机构／上海金融学院

出版社／上海人民出版社

ISBN／9787208142190

出版日期／2016 年 12 月

271　2016 年上海集成电路产业发展报告研究

著（编）者／上海市经济和信息化委员会、上海市集成电路行业协会

研创机构／

出版社／电子工业出版社

ISBN／9787121290992

出版日期／2016 年 6 月

272　2016 年上海精神文明发展报告

（智库报告）

著（编）者／谢京辉、王泠一

研创机构／上海社会科学院

出版社／上海社会科学院出版社

ISBN／9787552015720

出版日期／2016 年 9 月

273　2016 年上海民生发展报告

（智库报告）

著（编）者／王泠一

研创机构／上海社会科学院

出版社／上海社会科学院出版社

ISBN／9787552011135

出版日期／2016 年 2 月

274　2016 年上海市国民经济和社会发展报告

著（编）者／沈晓初、上海市发展和改革委员会

研创机构／

出版社／上海人民出版社

ISBN／9787208140332

出版日期／2016 年 9 月

275　2016 年上海市区办高校教育质量年度报告

著（编）者／张东平

研创机构／

出版社／上海教育出版社

ISBN／9787544473903

出版日期／2016 年 12 月

276　**2016 年首都旅游产业研究报告**
著（编）者／黄先开、张凌云
研创机构／
出版社／北京燕山出版社
ISBN／9787540242244
出版日期／2016 年 9 月

277　**2016 年四川经济形势分析与预测**
（四川蓝皮书，皮书序列号：PSN B - 2007 - 098 - 2/9）
著（编）者／杨钢、达捷、陈映、魏良益
研创机构／四川省社会科学院
出版社／社会科学文献出版社
ISBN／9787509785621
出版日期／2016 年 1 月

278　**2016 年温州经济社会形势分析与预测**
（温州蓝皮书，皮书序列号：PSN B - 2008 - 105 - 1/1）
著（编）者／潘忠强、王春光、金浩、朱康对、王健、任晓、陈中权
研创机构／中共温州市委党校
出版社／社会科学文献出版社
ISBN／9787509789629
出版日期／2016 年 4 月

279　**2016 年浙江发展报告（法治卷）**
（浙江蓝皮书）
著（编）者／毛亚敏、沈军
研创机构／浙江省社会科学院
出版社／浙江人民出版社
ISBN／9787213070259
出版日期／2016 年 1 月

280　**2016 年浙江发展报告（经济卷）**
（浙江蓝皮书）
著（编）者／闻海燕
研创机构／浙江省社会科学院
出版社／浙江人民出版社
ISBN／9787213070242
出版日期／2016 年 1 月

281　2016 年浙江发展报告（社会卷）
（浙江蓝皮书）
著（编）者／杨建华
研创机构／浙江省社会科学院
出版社／浙江人民出版社
ISBN／9787213070235
出版日期／2016 年 1 月

282　2016 年浙江发展报告（文化卷）
（浙江蓝皮书）
著（编）者／吴蓓、俞强
研创机构／浙江省社会科学院
出版社／浙江人民出版社
ISBN／9787213070228
出版日期／2016 年 1 月

283　2016 年浙江发展报告（浙商卷）
（浙江蓝皮书）
著（编）者／徐友龙
研创机构／浙江省社会科学院
出版社／浙江人民出版社
ISBN／9787213070211
出版日期／2016 年 1 月

284　2016 年浙江发展报告（政治卷）
（浙江蓝皮书）
著（编）者／陈华兴、黄宇
研创机构／浙江省社会科学院
出版社／浙江人民出版社
ISBN／9787213070204
出版日期／2016 年 1 月

285　2016 年中国保险行业人力资源报告
著（编）者／中国保险行业协会
研创机构／
出版社／中国金融出版社
ISBN／9787504987679
出版日期／2016 年 11 月

286　**2016 年中国本科生就业报告**
（就业蓝皮书，皮书序列号：PSN B－2009－146－1/2）
著（编）者／麦可思研究院、王伯庆、郭娇
研创机构／
出版社／社会科学文献出版社
ISBN／9787509791325
出版日期／2016 年 6 月

287　**2016 年中国纺织行业品牌发展报告**
著（编）者／《中国纺织行业品牌发展报告》编委会
研创机构／
出版社／中国纺织出版社
ISBN／9787518031191
出版日期／2016 年 12 月

288　**2016 年中国高职高专生就业报告**
（就业蓝皮书，皮书序列号：PSN B－2015－472－2/2）
著（编）者／麦可思研究院、王伯庆、周凌波
研创机构／
出版社／社会科学文献出版社
ISBN／9787509791264
出版日期／2016 年 6 月

289　**2016 年中国工业发展报告**
著（编）者／中国信息通信研究院
研创机构／
出版社／人民邮电出版社
ISBN／9787115434920
出版日期／2016 年 10 月

290　**2016 年中国公募基金和私募基金研究报告**
著（编）者／曹泉伟 等
研创机构／美国宾夕法尼亚州立大学商学院
出版社／经济科学出版社
ISBN／9787514170931
出版日期／2016 年 8 月

291 2016 年中国广州经济形势分析与预测

（广州蓝皮书，皮书序列号：PSN B – 2011 – 185 – 9/15）

著（编）者／庾建设、陈浩钿、谢博能

研创机构／广州大学广州发展研究院

出版社／社会科学文献出版社

ISBN／9787509791585

出版日期／2016 年 7 月

292 2016 年中国广州社会形势分析与预测

（广州蓝皮书，皮书序列号：PSN B – 2008 – 110 – 5/15）

著（编）者／张强、陈怡霓、杨秦

研创机构／广州大学广州发展研究院

出版社／社会科学文献出版社

ISBN／9787509791592

出版日期／2016 年 6 月

293 2016 年中国化纤经济形势分析与预测

（化纤蓝皮书）

著（编）者／中国化学纤维工业协会

研创机构／

出版社／中国纺织出版社

ISBN／9787518024148

出版日期／2016 年 3 月

294 2016 年中国经济前景分析

（经济蓝皮书春季号，皮书序列号：PSN B – 1999 – 008 – 1/1）

著（编）者／李扬

研创机构／中国社会科学院数量经济与技术经济研究所

出版社／社会科学文献出版社

ISBN／9787509791011

出版日期／2016 年 6 月

295 2016 年中国农产品电子商务发展报告

著（编）者／洪涛、洪勇

研创机构／北京工商大学商业经济研究所、商务部研究院信用与电子商务研究所

出版社／中国财富出版社

ISBN／9787504762849

出版日期／2016 年 11 月

296　**2016 年中国水稻产业发展报告**
著（编）者／中国水稻研究所、国家水稻产业技术研发中心
研创机构／
出版社／中国农业科学技术出版社
ISBN／9787511627063
出版日期／2016 年 10 月

297　**2016 年中国信托公司经营蓝皮书**
著（编）者／中国人民大学信托与基金研究所
研创机构／
出版社／中国财富出版社
ISBN／9787504761873
出版日期／2016 年 7 月

298　**2016 年中国学会发展报告**
（学会蓝皮书，皮书序列号：PSN B－2016－597－1/1）
著（编）者／麦可思研究院、周凌波
研创机构／
出版社／社会科学文献出版社
ISBN／9787509791509
出版日期／2016 年 12 月

299　**2016 年中国游戏产业报告**
著（编）者／中国音像与数字出版协会游戏出版工作委员会（GPC）、CNG 中
新游戏研究（伽马数据）、国际数据公司（IDC）
研创机构／
出版社／中国书籍出版社
ISBN／9787506855754
出版日期／2016 年 11 月

300　**2016 年中国种业发展报告**
著（编）者／农业部种子管理局、全国农业技术推广服务中心、农业部科技
发展中心
研创机构／
出版社／中国农业出版社
ISBN／9787109222328
出版日期／2016 年 10 月

301 2016 年中国资产管理行业发展报告

著（编）者／巴曙松、杨倞 等

研创机构／中国银行业协会

出版社／中国人民大学出版社

ISBN／9787300233505

出版日期／2016 年 9 月

302 2016 农业资源环境保护与农村能源发展报告

著（编）者／农业部农业生态与资源保护总站

研创机构／

出版社／中国农业出版社

ISBN／9787109223677

出版日期／2016 年 11 月

303 2016 全国经贸形势展望

（工经智库）

著（编）者／中国工业经济联合会

研创机构／

出版社／中国财富出版社

ISBN／9787504761279

出版日期／2016 年 4 月

304 2016 全国调味品行业蓝皮书

著（编）者／斯波

研创机构／成都乐客食品技术开发有限公司

出版社／中国纺织出版社

ISBN／9787518024193

出版日期／2016 年 3 月

305 2016 全球酒业发展报告

著（编）者／世界酒业联盟国际酒业研究院

研创机构／

出版社／中国商务出版社

ISBN／9787510316203

出版日期／2016 年 8 月

306 2016 山东青年创业蓝皮书

著（编）者／共青团山东省委

研创机构／

出版社／山东人民出版社

ISBN／9787209104692

出版日期／2016 年 12 月

307 2016 山东省民营经济发展报告

著（编）者／王乃静

研创机构／

出版社／浙江科学技术出版社

ISBN／9787534174230

出版日期／2016 年 12 月

308 2016 陕西工业发展报告

著（编）者／陕西省工业和信息化厅

研创机构／

出版社／西安交通大学出版社

ISBN／9787560588223

出版日期／2016 年 8 月

309 2016 上海产业和信息化发展报告："四新"经济（新技术、新产业、新模式、新业态）

著（编）者／上海市经济和信息化委员会

研创机构／

出版社／上海科学技术文献出版社

ISBN／9787543971479

出版日期／2016 年 8 月

310 2016 上海产业和信息化发展报告：工业转型升级

著（编）者／上海市经济和信息化委员会

研创机构／

出版社／上海科学技术文献出版社

ISBN／9787543971455

出版日期／2016 年 8 月

311 **2016 上海产业和信息化发展报告：开发区**

著（编）者／上海市经济和信息化委员会

研创机构／

出版社／上海科学技术文献出版社

ISBN／9787543971424

出版日期／2016 年 9 月

312 **2016 上海产业和信息化发展报告：生产性服务业**

著（编）者／上海市经济和信息化委员会

研创机构／

出版社／上海科学技术文献出版社

ISBN／9787543971462

出版日期／2016 年 8 月

313 **2016 上海产业和信息化发展报告：信息化与工业化融合**

著（编）者／上海市经济和信息化委员会

研创机构／

出版社／上海科学技术文献出版社

ISBN／9787543971486

出版日期／2016 年 8 月

314 **2016 上海产业和信息化发展报告：智慧城市**

著（编）者／上海市经济和信息化委员会

研创机构／

出版社／上海科学技术文献出版社

ISBN／9787543971431

出版日期／2016 年 8 月

315 **2016 上海产业和信息化发展报告：中小企业**

（信息化与工业化融合）

著（编）者／上海市经济和信息化委员会

研创机构／

出版社／上海科学技术文献出版社

ISBN／9787543971448

出版日期／2016 年 8 月

316 2016 上海城市经济与管理发展报告：面向 2050 年的上海全球城市综合承载力研究

（自贸区研究系列）

著（编）者／上海财经大学上海发展研究院、上海财经大学城市与区域科学学院、上海市政府决策咨询研究基地"赵晓雷工作室"、上海市教育系统"赵晓雷城市经济与管理工作室"

研创机构／

出版社／格致出版社

ISBN／9787543226623

出版日期／2016 年 10 月

317 2016 上海服务贸易发展报告

著（编）者／上海市商务委员会

研创机构／

出版社／上海人民出版社

ISBN／9787208142350

出版日期／2016 年 12 月

318 2016 上海虹桥商务区发展报告

著（编）者／上海虹桥商务区管理委员会

研创机构／

出版社／新华出版社

ISBN／9787516628690

出版日期／2016 年 10 月

319 2016 上海品牌发展报告：全球经济复苏下的品牌经济

著（编）者／谢京辉、姜卫红、闫彦明

研创机构／上海社会科学院

出版社／上海社会科学院出版社

ISBN／9787552016147

出版日期／2016 年 10 月

320 2016 上海职业教育事业蓝皮书

（职业教育蓝皮书）

著（编）者／周汉民、胡卫、李明

研创机构／

出版社／上海科学技术文献出版社

ISBN／9787543970694

出版日期／2016 年 7 月

321　2016 世界服务业重点行业发展动态

著（编）者／上海市经济和信息化委员会、上海科学技术情报研究所

研创机构／

出版社／上海科学技术文献出版社

ISBN／9787543971493

出版日期／2016 年 11 月

322　2016 世界制造业重点行业发展动态

著（编）者／上海市经济和信息化委员会、上海科学技术情报研究所

研创机构／

出版社／上海科学技术文献出版社

ISBN／9787543971509

出版日期／2016 年 12 月

323　2016 文化产业创业创意人才发展报告

著（编）者／中央文化管理干部学院

研创机构／

出版社／文化艺术出版社

ISBN／9787503962028

出版日期／2016 年 1 月

324　2016 武汉发展报告

著（编）者／武汉发展战略研究院

研创机构／

出版社／武汉出版社

ISBN／9787543098596

出版日期／2016 年 5 月

325　2016 西安文化产业发展报告

著（编）者／高东新、周荣、张楠

研创机构／西安市社会科学院

出版社／陕西人民出版社

ISBN／9787224120493

出版日期／2016 年 12 月

326 **2016 长三角地区经济发展报告**

著（编）者／王振

研创机构／上海社会科学院

出版社／上海社会科学院出版社

ISBN／9787552014952

出版日期／2016 年 6 月

327 **2016 浙非产能合作发展报告**

著（编）者／浙江师范大学经济与管理学院、中非国际商学院

研创机构／

出版社／经济科学出版社

ISBN／9787514173048

出版日期／2016 年 10 月

328 **2016 浙江工业发展报告**

著（编）者／张金如、浙江省工业和信息化研究院

研创机构／

出版社／浙江大学出版社

ISBN／9787308164825

出版日期／2016 年 12 月

329 **2016 浙江生态经济发展报告：生态文明制度建设的浙江实践**

著（编）者／沈满洪、张迅、谢慧明 等

研创机构／宁波大学、浙江省生态经济促进会、浙江理工大学

出版社／中国财政经济出版社

ISBN／9787509570647

出版日期／2016 年 12 月

330 **2016 浙江省服务业发展报告**

著（编）者／浙江省现代服务业发展工作领导小组、浙江省发展和改革委
员会

研创机构／

出版社／中国计划出版社

ISBN／9787518205509

出版日期／2016 年 12 月

331　2016 浙江省新型城市化实践报告

著（编）者 / 浙江省长三角城镇化研究院

研创机构 /

出版社 / 浙江工商大学出版社

ISBN / 9787517815570

出版日期 / 2016 年 3 月

332　2016 中国 500 强企业发展报告

著（编）者 / 中国企业联合会、中国企业家协会

研创机构 /

出版社 / 企业管理出版社

ISBN / 9787516413265

出版日期 / 2016 年 8 月

333　2016 中国 A 股上市公司创新指数报告

（国家智库报告）

著（编）者 / 孙建军、闵学勤、康乐乐、裴雷、郑江淮 等

研创机构 / 海南大学、南京大学

出版社 / 中国社会科学出版社

ISBN / 9787516192870

出版日期 / 2016 年 11 月

334　2016 中国保险公司竞争力与社会责任评价研究报告

著（编）者 / 寇业富、陈辉、张宁、周县话、刘达

研创机构 / 中央财经大学中国精算研究院保险数据文献中心

出版社 / 中国财政经济出版社

ISBN / 9787509569689

出版日期 / 2016 年 10 月

335　2016 中国保险市场年报

著（编）者 / 中国保险监督委员会

研创机构 /

出版社 / 中国金融出版社

ISBN / 9787504985750

出版日期 / 2016 年 7 月

336 **2016 中国财政发展报告：中国政府绩效管理与绩效评价研究**
（教育部哲学社会科学系列发展报告）
著（编）者／上海财经大学中国公共财政研究院、马国贤
研创机构／
出版社／北京大学出版社
ISBN／9787301277546
出版日期／2016 年 11 月

337 **2016 中国财政概览**
（上海高校智库）
著（编）者／郑春荣
研创机构／
出版社／上海财经大学出版社
ISBN／9787564225872
出版日期／2016 年 11 月

338 **2016 中国财政透明度报告**
著（编）者／上海财经大学公共政策研究中心
研创机构／
出版社／上海财经大学出版社
ISBN／9787564225889
出版日期／2016 年 12 月

339 **2016 中国产业发展报告：互联网＋**
著（编）者／上海财经大学中国产业发展研究院、干春晖、李清娟
研创机构／
出版社／上海人民出版社
ISBN／9787208139978
出版日期／2016 年 10 月

340 **2016 中国城市群发展报告**
著（编）者／方创琳、鲍超、马海涛
研创机构／中国科学院地理科学与资源研究所
出版社／科学出版社
ISBN／9787030502513
出版日期／2016 年 10 月

341　**2016 中国瓷砖粘结剂行业发展报告**

著（编）者／中国陶瓷工业协会瓷砖粘贴技术专业委员会、杜同和、李文庆、
王晓峰

研创机构／

出版社／中国建材工业出版社

ISBN／9787516017180

出版日期／2016 年 12 月

342　**2016 中国地方政府效率研究报告**

著（编）者／北京师范大学政府管理研究院、江西师范大学管理决策评价研
究中心

研创机构／

出版社／科学出版社

ISBN／9787030505415

出版日期／2016 年 11 月

343　**2016 中国电影产业研究报告**

著（编）者／中国电影家协会、中国文联电影艺术中心

研创机构／

出版社／中国电影出版社

ISBN／9787106044367

出版日期／2016 年 5 月

344　**2016 中国电影剧目发展报告**

著（编）者／齐青、顾伟丽

研创机构／

出版社／上海文化出版社

ISBN／9787553503318

出版日期／2016 年 12 月

345　**2016 中国电影艺术报告**

著（编）者／中国电影家协会理论评论委员会

研创机构／

出版社／中国电影出版社

ISBN／9787106044350

出版日期／2016 年 5 月

346　**2016 中国发展报告**

　　著（编）者／《中国发展报告》编写组

　　研创机构／

　　出版社／中国统计出版社

　　ISBN／9787503779190

　　出版日期／2016 年 10 月

347　**2016 中国房地产市场回顾与展望**

　　著（编）者／中国科学院大学中国产业研究中心、中国科学院预测科学研究
　　　　　　　中心

　　研创机构／

　　出版社／科学出版社

　　ISBN／9787030479754

　　出版日期／2016 年 4 月

348　**2016 中国高等职业教育质量年度报告**

　　著（编）者／上海市教育科学研究院、麦可思研究院

　　研创机构／

　　出版社／高等教育出版社

　　ISBN／9787040458114

　　出版日期／2016 年 7 月

349　**2016 中国会展产业年度报告**

　　著（编）者／郭牧、黄彬、刘明广、刘松萍、陈璀

　　研创机构／浙江省国际会展行业协会

　　出版社／浙江大学出版社

　　ISBN／9787308162982

　　出版日期／2016 年 11 月

350　**2016 中国家族企业健康指数报告**

　　著（编）者／陈凌、窦军生

　　研创机构／浙江大学管理学院

　　出版社／浙江大学出版社

　　ISBN／9787308164061

　　出版日期／2016 年 11 月

351 2016 中国金融发展报告

（教育部哲学社会科学系列发展报告）

著（编）者／朱新蓉、唐文进

研创机构／中南财经政法大学金融学院

出版社／北京大学出版社

ISBN／9787301277645

出版日期／2016 年 11 月

352 2016 中国金融发展报告——千村调查：农村金融服务的覆盖与使用

著（编）者／上海财经大学现代金融研究中心、上海财经大学金融学院

研创机构／

出版社／上海财经大学出版社

ISBN／9787564226558

出版日期／2016 年 12 月

353 2016 中国金融稳定报告

著（编）者／中国人民银行金融稳定分析小组

研创机构／

出版社／中国金融出版社

ISBN／9787504985637

出版日期／2016 年 6 月

354 2016 中国矿山物联网发展报告

著（编）者／徐州高新技术产业开发区管理委员会、中国煤炭工业协会生产
力促进中心、中国矿业大学

研创机构／

出版社／煤炭工业出版社

ISBN／9787502055264

出版日期／2016 年 9 月

355 2016 中国粮食市场发展报告

著（编）者／李经谋

研创机构／中国粮食行业协会批发市场分会

出版社／中国财政经济出版社

ISBN／9787509567401

出版日期／2016 年 5 月

356 2016 中国旅游业发展报告

著（编）者／胡静、谢双玉、冯娟

研创机构／华中师范大学城市与环境科学学院、中国旅游研究院武汉分院

出版社／中国旅游出版社

ISBN／9787503257216

出版日期／2016 年 12 月

357 2016 中国绿色设计报告

著（编）者／牛文元

研创机构／中国科学院

出版社／科学出版社

ISBN／9787030478870

出版日期／2016 年 5 月

358 2016 中国媒介素养研究报告

著（编）者／彭少健、王天德

研创机构／浙江传媒学院

出版社／中国广播影视出版社

ISBN／9787504376466

出版日期／2016 年 4 月

359 2016 中国煤炭发展报告

著（编）者／贺佑国

研创机构／国家安全生产监督管理总局信息研究院

出版社／煤炭工业出版社

ISBN／9787502052300

出版日期／2016 年 4 月

360 2016 中国民营企业发展指数

著（编）者／上海新沪商联合会、零点研究咨询集团

研创机构／

出版社／上海社会科学院出版社

ISBN／9787552014426

出版日期／2016 年 7 月

361 2016 中国农业产业投资报告

著（编）者／杨凌农业高新技术产业示范区管委会、科学技术部中国农村技
　　　　　　术开发中心、西北农林科技大学

研创机构／

出版社／西北农林科技大学出版社

ISBN／9787568302135

出版日期／2016 年 12 月

362 2016 中国农业发展报告

著（编）者／农业部

研创机构／

出版社／中国农业出版社

ISBN／9787109223707

出版日期／2016 年 12 月

363 2016 中国品牌发展报告：中外百年品牌发展比较

著（编）者／钱明辉、谭新政

研创机构／中国人民大学

出版社／知识产权出版社

ISBN／9787513041942

出版日期／2016 年 2 月

364 2016 中国企业海外发展报告

著（编）者／张新民、林汉川、夏友富、卢进勇

研创机构／对外经济贸易大学北京企业国际化经营研究基地、中国开放经济
　　　　　　与国际科技合作战略研究中心、对外经济贸易大学国际直接投资
　　　　　　研究中心

出版社／对外经济贸易大学出版社

ISBN／9787566305077

出版日期／2016 年 10 月

365 2016 中国汽车市场展望

著（编）者／国家信息中心、国家发展和改革委员会产业协调司

研创机构／

出版社／机械工业出版社

ISBN／9787111532422

出版日期／2016 年 4 月

366　2016 中国上市公司业绩评价报告

著（编）者／中国上市公司业绩评价课题组

研创机构／

出版社／中国发展出版社

ISBN／9787517704973

出版日期／2016 年 6 月

367　2016 中国社会治理发展报告

著（编）者／西安交通大学中国管理问题研究中心

研创机构／

出版社／科学出版社

ISBN／9787030479082

出版日期／2016 年 4 月

368　2016 中国水利发展报告

著（编）者／水利部

研创机构／

出版社／中国水利水电出版社

ISBN／9787517042525

出版日期／2016 年 4 月

369　2016 中国碳市场报告

著（编）者／国家应对气候变化战略研究和国际合作中心、清洁发展机制项目管理中心（碳市场）

研创机构／

出版社／中国环境科学出版社

ISBN／9787511127457

出版日期／2016 年 4 月

370　2016 中国投资发展报告：不断深化的中国投融资体制改革

著（编）者／杨晔、杨大楷、方芳

研创机构／上海财经大学

出版社／上海财经大学出版社

ISBN／9787564225094

出版日期／2016 年 8 月

371 2016 中国外汇、贵金属暨原油大宗商品行业发展蓝皮书

著（编）者／FX168 金融研究院

研创机构／

出版社／上海财经大学出版社

ISBN／9787564225971

出版日期／2016 年 12 月

372 2016 中国印刷业年度报告

著（编）者／中国印刷科学技术研究院、印刷技术杂志社

研创机构／

出版社／文化发展出版社

ISBN／9787514213287

出版日期／2016 年 6 月

373 2016 中国与全球金融风险报告

著（编）者／叶永刚、宋凌峰、张培

研创机构／武汉大学中国金融工程与风险管理研究中心

出版社／人民出版社

ISBN／9787010171968

出版日期／2016 年 12 月

374 2016 中国自由贸易试验区发展研究报告

（自贸区研究系列）

著（编）者／孙元欣

研创机构／上海财经大学

出版社／格致出版社

ISBN／9787543226647

出版日期／2016 年 10 月

375 2016 中资银行国际化报告——对标国际一流

著（编）者／贲圣林、俞洁芳 等

研创机构／浙江大学互联网金融研究院

出版社／中国金融出版社

ISBN／9787504988362

出版日期／2016 年 12 月

376 2017 年：山西煤炭工业发展报告

（煤炭绿皮书）

著（编）者／王昕、王守祯、丁钟晓、邓保平、李仪

研创机构／山西省人大常委会、山西省煤炭工业协会、山西煤炭职业技术
　　　　　学院

出版社／山西经济出版社

ISBN／9787557701208

出版日期／2016 年 12 月

377 2017 年吉林经济社会形势分析与预测

（吉林蓝皮书，皮书序列号：PSN B – 2013 – 319 – 1/1）

著（编）者／邵汉明、郭连强

研创机构／吉林省社会科学院

出版社／社会科学文献出版社

ISBN／9787520102483

出版日期／2016 年 12 月

378 2017 年青海经济社会形势分析与预测

（青海蓝皮书，皮书序列号：PSN B – 2012 – 275 – 1/2）

著（编）者／陈玮、孙发平、苏海红

研创机构／青海省社会科学院

出版社／社会科学文献出版社

ISBN／9787520101110

出版日期／2016 年 12 月

379 2017 年山西经济社会蓝皮书

著（编）者／李中元

研创机构／山西省社会科学院

出版社／山西经济出版社

ISBN／9787557701215

出版日期／2016 年 12 月

380 2017 年中国社会形势分析与预测

（社会蓝皮书，皮书序列号：PSN B – 1998 – 002 – 1/1）

著（编）者／李培林、陈光金、张翼

研创机构／中国社会科学院社会学研究所

出版社／社会科学文献出版社

ISBN／9787520101127

出版日期／2016 年 12 月

381 2017 年重庆经济展望
著（编）者／重庆市经济信息中心、重庆市综合经济院、重庆统筹城乡发展
研究中心
研创机构／
出版社／重庆出版社
ISBN／9787229118402
出版日期／2016 年 12 月

382 2017 宁夏法治蓝皮书
著（编）者／张廉、李保平
研创机构／宁夏社会科学院
出版社／宁夏人民出版社
ISBN／9787227065876
出版日期／2016 年 12 月

383 2017 宁夏反腐倡廉蓝皮书
著（编）者／李兴元、王福生、李保平
研创机构／宁夏回族自治区经济和信息化委员会、宁夏回族自治区纪委政策
法规研究室、宁夏社会科学院社会学法学研究所
出版社／宁夏人民出版社
ISBN／9787227065821
出版日期／2016 年 12 月

384 2017 宁夏经济蓝皮书
著（编）者／段庆林、杨巧红
研创机构／宁夏社会科学院
出版社／宁夏人民出版社
ISBN／9787227065838
出版日期／2016 年 12 月

385 2017 宁夏社会蓝皮书
著（编）者／段庆林、李保平
研创机构／宁夏社会科学院
出版社／宁夏人民出版社
ISBN／9787227065968
出版日期／2016 年 12 月

386 **2017 宁夏文化蓝皮书**

著（编）者／段庆林、鲁忠慧

研创机构／宁夏社会科学院

出版社／宁夏人民出版社

ISBN／9787227065975

出版日期／2016 年 12 月

387 **安徽财政发展研究报告：2016**

［安徽财经大学服务安徽经济社会发展系列研究报告（2016）］

著（编）者／经庭如、储德银、罗鸣令

研创机构／安徽财经大学

出版社／合肥工业大学出版社

ISBN／9787565028298

出版日期／2016 年 6 月

388 **安徽城市发展研究报告：2016**

［安徽财经大学服务安徽经济社会发展系列研究报告（2016）］

著（编）者／周加来、李强

研创机构／安徽财经大学

出版社／合肥工业大学出版社

ISBN／9787565027086

出版日期／2016 年 4 月

389 **安徽经济发展研究报告：2016**

［安徽财经大学服务安徽经济社会发展系列研究报告（2016）］

著（编）者／余华银、张焕明

研创机构／安徽财经大学

出版社／合肥工业大学出版社

ISBN／9787565027611

出版日期／2016 年 5 月

390 **安徽劳动就业和社会保障发展研究报告：2016**

［安徽财经大学服务安徽经济社会发展系列研究报告（2016）］

著（编）者／秦立建、陈干全

研创机构／安徽财经大学、安徽省政府发展研究中心

出版社／合肥工业大学出版社

ISBN／9787565027079

出版日期／2016 年 4 月

391 安徽贸易发展研究报告：2016
［安徽财经大学服务安徽经济系列研究报告（2016）］
著（编）者／邢孝兵
研创机构／安徽财经大学
出版社／合肥工业大学出版社
ISBN／9787565028625
出版日期／2016 年 7 月

392 安徽农村发展报告
著（编）者／张德元
研创机构／安徽大学
出版社／安徽大学出版社
ISBN／9787566412898
出版日期／2016 年 12 月

393 安徽农村发展研究报告：2016
［安徽财经大学服务安徽经济社会发展系列研究报告（2016）］
著（编）者／汪国华
研创机构／安徽财经大学
出版社／合肥工业大学出版社
ISBN／9787565028281
出版日期／2016 年 7 月

394 安徽社会发展报告（2016）
（安徽蓝皮书，皮书序列号：PSN B－2013－325－1/1）
著（编）者／程桦、范和生、王开玉
研创机构／安徽大学
出版社／社会科学文献出版社
ISBN／9787509790113
出版日期／2016 年 4 月

395 安徽生态文明建设发展报告：大气污染防治专题报告
［安徽财经大学服务安徽经济社会发展系列研究报告（2016）］
著（编）者／张会恒
研创机构／安徽财经大学
出版社／合肥工业大学出版社
ISBN／9787565027093
出版日期／2016 年 4 月

396 安徽省环境质量报告书（2011~2015）

著（编）者／孙立剑、朱余、耿天召、王欢

研创机构／安徽省环境监测中心站

出版社／合肥工业大学出版社

ISBN／9787565031984

出版日期／2016 年 12 月

397 安徽省基础教育发展报告 2016

著（编）者／钱立青

研创机构／

出版社／重庆大学出版社

ISBN／9787568902502

出版日期／2016 年 11 月

398 安徽省金融稳定报告：2016

著（编）者／中国人民银行合肥中心支行金融稳定分析小组

研创机构／

出版社／中国金融出版社

ISBN／9787504986771

出版日期／2016 年 9 月

399 安徽投资发展研究报告：2016

［安徽财经大学服务安徽经济社会发展系列研究报告（2016）］

著（编）者／周泽炯、任志安

研创机构／安徽财经大学

出版社／合肥工业大学出版社

ISBN／9787565027109

出版日期／2016 年 4 月

400 安徽文化产业发展报告——文化旅游篇

［安徽财经大学服务安徽经济社会发展系列研究报告（2016）］

著（编）者／丁进

研创机构／安徽财经大学

出版社／合肥工业大学出版社

ISBN／9787565027215

出版日期／2016 年 4 月

401 安徽县域经济竞争力报告：2016

［安徽财经大学服务安徽经济社会发展系列研究报告（2016）］

著（编）者／周加来

研创机构／安徽财经大学

出版社／合肥工业大学出版社

ISBN／9787565027116

出版日期／2016 年 4 月

402 安徽舆情与社会发展年度报告：2014

著（编）者／芮必峰

研创机构／安徽大学江淮学院

出版社／合肥工业大学出版社

ISBN／9787565027284

出版日期／2016 年 4 月

403 安徽舆情与社会发展年度报告：2015

著（编）者／芮必峰

研创机构／安徽大学江淮学院

出版社／合肥工业大学出版社

ISBN／9787565030550

出版日期／2016 年 11 月

404 澳大利亚发展报告（2015～2016）

（澳大利亚蓝皮书，皮书序列号：PSN B－2016－587－1/1）

著（编）者／孙有中、韩锋、李建军

研创机构／北京外国语大学澳大利亚研究中心

出版社／社会科学文献出版社

ISBN／9787520102131

出版日期／2016 年 12 月

405 澳门经济社会发展报告（2015～2016）

（澳门蓝皮书，皮书序列号：PSN B－2009－138－1/1）

著（编）者／吴志良、郝雨凡、林广志、娄胜华

研创机构／澳门基金会

出版社／社会科学文献出版社

ISBN／9787509788790

出版日期／2016 年 6 月

406 保险业系统性风险及其管理的理论和政策研究

著（编）者／郭金龙、周华林

研创机构／中国社会科学院金融研究所、中国人民保险集团股份有限公司博
士后工作站

出版社／社会科学文献出版社

ISBN／9787509780657

出版日期／2016 年 1 月

407 北极地区发展报告（2015）

著（编）者／刘惠荣、孙凯、董跃

研创机构／中国海洋大学法政学院

出版社／社会科学文献出版社

ISBN／9787509796290

出版日期／2016 年 8 月

408 北京 2008 奥林匹克教育遗产研究

著（编）者／茹秀英

研创机构／首都体育学院

出版社／北京体育大学出版社

ISBN／9787564424046

出版日期／2016 年 9 月

409 北京产业安全与发展研究报告（2015）

著（编）者／北京产业安全与发展研究基地

研创机构／

出版社／社会科学文献出版社

ISBN／9787520100656

出版日期／2016 年 12 月

410 北京党建研究报告（2015）

著（编）者／北京党建研究基地

研创机构／

出版社／中国社会科学出版社

ISBN／9787516191729

出版日期／2016 年 12 月

411 北京法治发展报告：2016

著（编）者／许传玺

研创机构／北京市社会科学院

出版社／法律出版社

ISBN／9787519700140

出版日期／2016 年 10 月

412 北京服装产业发展研究报告：2005～2014

著（编）者／首都服饰文化与服装产业研究基地、北京服装纺织行业协会

研创机构／

出版社／中国纺织出版社

ISBN／9787518025152

出版日期／2016 年 4 月

413 北京改革蓝皮书（2015）

著（编）者／中共北京市委全面深化改革领导小组办公室

研创机构／

出版社／北京出版社

ISBN／9787200124729

出版日期／2016 年 8 月

414 北京公共服务发展报告（2015～2016）

（北京蓝皮书，皮书序列号：PSN B－2008－103－7/8）

著（编）者／施昌奎、庞世辉、毕娟、罗植

研创机构／北京市社会科学院管理研究所

出版社／社会科学文献出版社

ISBN／9787509788257

出版日期／2016 年 2 月

415 北京健康城市建设研究报告（2016）

（健康城市蓝皮书，皮书序列号：PSN B－2015－460－1/2）

著（编）者／王鸿春、盛继洪、曹义恒

研创机构／中国医药卫生事业发展基金会、北京市健康促进工作委员会、首
都社会经济发展研究所、北京健康城市建设促进会、北京民力健
康传播中心、北京健康城市建设研究中心

出版社／社会科学文献出版社

ISBN／9787509792452

出版日期／2016 年 8 月

416 北京交通发展研究报告（2014）

著（编）者／北京市哲学社会科学规划办公室、北京市教育委员会、北京交通发展研究基地

研创机构／

出版社／北京交通大学出版社

ISBN／9787512127401

出版日期／2016 年 6 月

417 北京街道发展报告 No. 1 白纸坊篇

（街道蓝皮书，皮书序列号：PSN B－2016－543－7/15）

著（编）者／连玉明、朱颖慧

研创机构／北京国际城市发展研究院、北京市社会发展研究中心、北京国际城市论坛基金会

出版社／社会科学文献出版社

ISBN／9787509792001

出版日期／2016 年 8 月

418 北京街道发展报告 No. 1 椿树篇

（街道蓝皮书，皮书序列号：PSN B－2016－547－11/15）

著（编）者／连玉明、朱颖慧

研创机构／北京国际城市发展研究院、北京市社会发展研究中心、北京国际城市论坛基金会

出版社／社会科学文献出版社

ISBN／9787509792025

出版日期／2016 年 8 月

419 北京街道发展报告 No. 1 大栅栏篇

（街道蓝皮书，皮书序列号：PSN B－2016－551－15/15）

著（编）者／连玉明、朱颖慧

研创机构／北京国际城市发展研究院、北京市社会发展研究中心、北京国际城市论坛基金会

出版社／社会科学文献出版社

ISBN／9787509792049

出版日期／2016 年 8 月

420 北京街道发展报告 No. 1 德胜篇

（街道蓝皮书，皮书序列号：PSN B－2016－550－14/15）

著（编）者／连玉明、朱颖慧

研创机构／北京国际城市发展研究院、北京市社会发展研究中心、北京国际城市论坛基金会

出版社／社会科学文献出版社

ISBN／9787509792063

出版日期／2016 年 8 月

421 北京街道发展报告 No. 1 广安门内篇

（街道蓝皮书，皮书序列号：PSN B – 2016 – 539 – 3/15）

著（编）者／连玉明、朱颖慧

研创机构／北京国际城市发展研究院、北京市社会发展研究中心、北京国际城市论坛基金会

出版社／社会科学文献出版社

ISBN／9787509792735

出版日期／2016 年 8 月

422 北京街道发展报告 No. 1 广安门外篇

（街道蓝皮书，皮书序列号：PSN B – 2016 – 546 – 10/15）

著（编）者／连玉明、朱颖慧

研创机构／北京国际城市发展研究院、北京市社会发展研究中心、北京国际城市论坛基金会

出版社／社会科学文献出版社

ISBN／9787509792087

出版日期／2016 年 8 月

423 北京街道发展报告 No. 1 金融街篇

（街道蓝皮书，皮书序列号：PSN B – 2016 – 537 – 1/15）

著（编）者／连玉明、朱颖慧

研创机构／北京国际城市发展研究院、北京市社会发展研究中心、北京国际城市论坛基金会

出版社／社会科学文献出版社

ISBN／9787509793145

出版日期／2016 年 8 月

424 北京街道发展报告 No. 1 牛街篇

（街道蓝皮书，皮书序列号：PSN B – 2016 – 544 – 8/15）

著（编）者／连玉明、朱颖慧

研创机构／北京国际城市发展研究院、北京市社会发展研究中心、北京国际城市论坛基金会

出版社／社会科学文献出版社

ISBN／9787509792100

出版日期／2016 年 8 月

425 北京街道发展报告 No. 1 什刹海篇

（街道蓝皮书，皮书序列号：PSN B – 2016 – 545 – 9/15）

著（编）者／连玉明、朱颖慧

研创机构／北京国际城市发展研究院、北京市社会发展研究中心、北京国际城市论坛基金会

出版社／社会科学文献出版社

ISBN／9787509792124

出版日期／2016 年 8 月

426 北京街道发展报告 No. 1 陶然亭篇

（街道蓝皮书，皮书序列号：PSN B－2016－541－5/15）

著（编）者／连玉明、朱颖慧

研创机构／北京国际城市发展研究院、北京市社会发展研究中心、北京国际
城市论坛基金会

出版社／社会科学文献出版社

ISBN／9787509792476

出版日期／2016 年 8 月

427 北京街道发展报告 No. 1 天桥篇

（街道蓝皮书，皮书序列号：PSN B－2016－548－12/15）

著（编）者／连玉明、朱颖慧

研创机构／北京国际城市发展研究院、北京市社会发展研究中心、北京国际
城市论坛基金会

出版社／社会科学文献出版社

ISBN／9787509792148

出版日期／2016 年 8 月

428 北京街道发展报告 No. 1 西长安街篇

（街道蓝皮书，皮书序列号：PSN B－2016－542－6/15）

著（编）者／连玉明、朱颖慧

研创机构／北京国际城市发展研究院、北京市社会发展研究中心、北京国际
城市论坛基金会

出版社／社会科学文献出版社

ISBN／9787509792490

出版日期／2016 年 8 月

429 北京街道发展报告 No. 1 新街口篇

（街道蓝皮书，皮书序列号：PSN B－2016－540－4/15）

著（编）者／连玉明、朱颖慧

研创机构／北京国际城市发展研究院、北京市社会发展研究中心、北京国际
城市论坛基金会

出版社／社会科学文献出版社

ISBN／9787509792759

出版日期／2016 年 8 月

430 北京街道发展报告 No. 1 月坛篇

（街道蓝皮书，皮书序列号：PSN B－2016－538－2/15）

著（编）者／连玉明、朱颖慧

研创机构／北京国际城市发展研究院、北京市社会发展研究中心、北京国际
城市论坛基金会

出版社／社会科学文献出版社

ISBN／9787509793152

出版日期／2016 年 8 月

431 北京街道发展报告 No. 1 展览路篇

（街道蓝皮书，皮书序列号：PSN B－2016－549－13/15）

著（编）者／连玉明、朱颖慧

研创机构／北京国际城市发展研究院、北京市社会发展研究中心、北京国际
　　　　　　城市论坛基金会

出版社／社会科学文献出版社

ISBN／9787509792162

出版日期／2016 年 8 月

432 北京经济发展报告（2015~2016）

（北京蓝皮书，皮书序列号：PSN B－2006－054－2/8）

著（编）者／杨松、李素芳、唐勇

研创机构／北京市社会科学院经济所

出版社／社会科学文献出版社

ISBN／9787509791875

出版日期／2016 年 6 月

433 北京居家养老发展报告（2016）

（北京养老产业蓝皮书，皮书序列号：PSN B－2015－465－1/1）

著（编）者／冯喜良、周明明

研创机构／北京怡年老龄产业促进中心、北京北奥会展有限公司、首都经济
　　　　　　贸易大学劳动经济学院

出版社／社会科学文献出版社

ISBN／9787509782347

出版日期／2016 年 8 月

434 北京旅游发展报告（2016）

（北京旅游绿皮书，皮书序列号：PSN G－2012－301－1/1）

著（编）者／北京旅游学会

研创机构／

出版社／社会科学文献出版社

ISBN／9787509794456

出版日期／2016 年 7 月

435 北京能源发展研究报告：2014

著（编）者／北京能源发展研究基地

研创机构／

出版社／中国经济出版社

ISBN／9787513640039

出版日期／2016 年 1 月

436 北京农村研究报告（2015）

著（编）者／郭光磊

研创机构／北京市农村经济研究中心

出版社／社会科学文献出版社

ISBN／9787520100519

出版日期／2016 年 12 月

437 北京人才发展报告（2014～2015）

（北京人才蓝皮书，皮书序列号：PSN B－2011－201－1/1）

著（编）者／刘敏华

研创机构／北京市人力资源研究中心

出版社／社会科学文献出版社

ISBN／9787509786178

出版日期／2016 年 1 月

438 北京人才发展报告（2016）

（北京人才蓝皮书，皮书序列号：PSN B－2011－201－1/1）

著（编）者／刘敏华

研创机构／北京市人力资源研究中心

出版社／社会科学文献出版社

ISBN／9787520101141

出版日期／2016 年 12 月

439 北京人口发展研究报告（2015）

著（编）者／北京人口与社会发展研究中心

研创机构／

出版社／社会科学文献出版社

ISBN／9787509793176

出版日期／2016 年 7 月

440 北京商务发展报告：2015

著（编）者／北京市商务委员会

研创机构／

出版社／中国商务出版社

ISBN／9787510314636

出版日期／2016 年 1 月

441 北京商务中心区（CBD）发展指数研究
著（编）者／蒋三庚 等
研创机构／首都经济贸易大学特大城市经济社会发展研究院
出版社／首都经济贸易大学出版社
ISBN／9787563825097
出版日期／2016 年 6 月

442 北京社会发展报告（2015～2016）
（北京蓝皮书，皮书序列号：PSN B－2006－055－3/8）
著（编）者／李伟东、李洋
研创机构／北京市社会科学院
出版社／社会科学文献出版社
ISBN／9787509793572
出版日期／2016 年 6 月

443 北京社会心态分析报告（2015～2016）
（北京社会心态蓝皮书，皮书序列号：PSN B－2014－422－1/1）
著（编）者／北京社会心理研究所
研创机构／
出版社／社会科学文献出版社
ISBN／9787509795811
出版日期／2016 年 8 月

444 北京社会治理发展报告（2015～2016）
（北京蓝皮书，皮书序列号：PSN B－2014－391－8/8）
著（编）者／殷星辰、袁振龙、马晓燕、左袖阳
研创机构／北京市社会科学院
出版社／社会科学文献出版社
ISBN／9787509789124
出版日期／2016 年 5 月

445 北京社科规划工作年度报告 2015
著（编）者／北京市哲学社会科学规划办公室
研创机构／
出版社／中国人民大学出版社
ISBN／9787300233451
出版日期／2016 年 10 月

446 北京市"十二五"农村社会事业发展蓝皮书

著（编）者／赵秋菊

研创机构／北京市农村发展委员会

出版社／中国农业科学技术出版社

ISBN／9787511627698

出版日期／2016 年 1 月

447 北京市法治建设年度报告：**2015**

著（编）者／北京市法学会

研创机构／

出版社／法律出版社

ISBN／9787519700577

出版日期／2016 年 1 月

448 北京市经济社会数据分析与监测评价研究基地报告：**2015**

著（编）者／北京市统计局、国家统计局北京调查总队

研创机构／

出版社／北京日报出版社

ISBN／9787547720219

出版日期／2016 年 3 月

449 北京市经济社会统计报告：**2016**

著（编）者／北京市统计局、国家统计局北京调查总队

研创机构／

出版社／北京日报出版社

ISBN／9787547719251

出版日期／2016 年 1 月

450 北京市农村经济发展报告：**2015**

著（编）者／郭光磊

研创机构／北京市农村经济研究中心

出版社／中国农业出版社

ISBN／9787109221383

出版日期／2016 年 10 月

451 北京市青少年健康相关危险行为调查报告（2014 年）

著（编）者／段佳丽、赵海、吕若然、郭欣

研创机构／北京市疾病预防控制中心

出版社／北京出版社

ISBN／9787200119510

出版日期／2016 年 4 月

452 北京市社会保险发展报告

（地方社会保障发展报告丛书）

著（编）者／人力资源和社会保障部社会保障研究所、北京市人力资源和社

会保障局

研创机构／

出版社／社会科学文献出版社

ISBN／9787509799116

出版日期／2016 年 12 月

453 北京市社会发展报告

著（编）者／王景山

研创机构／

出版社／中国工人出版社

ISBN／9787500865483

出版日期／2016 年 9 月

454 北京市网格化体系建设发展报告：2014

著（编）者／中共北京市委社会工作委员会、北京市社会建设工作办公室

研创机构／

出版社／北京出版社

ISBN／9787200118674

出版日期／2016 年 1 月

455 北京市西城区城市创新发展报告

著（编）者／连玉明

研创机构／北京国际城市发展研究院

出版社／当代中国出版社

ISBN／9787515407074

出版日期／2016 年 9 月

456 北京市西城区全面深化改革报告

著（编）者／连玉明

研创机构／北京国际城市发展研究院

出版社／当代中国出版社

ISBN／9787515407098

出版日期／2016 年 9 月

457 北京市西城区社会治理研究报告

著（编）者／连玉明

研创机构／北京国际城市发展研究院

出版社／当代中国出版社

ISBN／9787515407081

出版日期／2016 年 9 月

458 北京体育产业发展报告（2015～2016）

（北京体育蓝皮书，皮书序列号：PSN B－2015－475－1／2）

著（编）者／钟秉枢、陈杰、杨铁黎、邓旭、郝晓岑、张建华、何文义

研创机构／首都体育学院、北京体育大学、北京大学、北京师范大学、北京
体育职业学院

出版社／社会科学文献出版社

ISBN／9787509795842

出版日期／2016 年 9 月

459 北京文化创意产业发展报告（2016）

（创意城市蓝皮书，皮书序列号：PSN B－2012－263－1／7）

著（编）者／郭万超、张京成、沈晓平、陈秋淮、王国华

研创机构／首都文化创意产业研究中心、中关村创意经济研究院

出版社／社会科学文献出版社

ISBN／9787520102490

出版日期／2016 年 12 月

460 北京文化创意产业功能区发展报告：2015

著（编）者／北京市国有文化资产监督管理办公室

研创机构／

出版社／中国经济出版社

ISBN／9787513643627

出版日期／2016 年 8 月

461 北京文化发展报告（2015～2016）

（北京蓝皮书，皮书序列号：PSN B－2007－082－4/8）

著（编）者／李建盛

研创机构／北京市社会科学院

出版社／社会科学文献出版社

ISBN／9787509788806

出版日期／2016 年 4 月

462 北京物流信息化研究基地年度报告：2015

著（编）者／鲁晓春、高杰、常丹、林自葵

研创机构／北京交通大学经济管理学院

出版社／北京交通大学出版社

ISBN／9787512126909

出版日期／2016 年 5 月

463 北京现代物流研究基地年度报告：2014

著（编）者／北京现代物流研究基地

研创机构／

出版社／中国财富出版社

ISBN／9787504760364

出版日期／2016 年 1 月

464 北京现代制造业发展研究基地报告：2015

著（编）者／李京文、唐中君 等

研创机构／北京工业大学经济与管理学院

出版社／中国财政经济出版社

ISBN／9787509570999

出版日期／2016 年 12 月

465 北京新闻出版广电发展报告（2015～2016）

（北京传媒蓝皮书，皮书序列号：PSN B－2016－588－1/1）

著（编）者／北京市新闻出版研究中心、王志、孙玲

研创机构／

出版社／社会科学文献出版社

ISBN／9787520100663

出版日期／2016 年 12 月

466 **北京语言生活状况报告：2016**
（中国语言生活绿皮书）
著（编）者／王立军、贺宏志、张维佳
研创机构／北京师范大学、北京语言大学
出版社／商务印书馆
ISBN／9787100126151
出版日期／2016 年 10 月

467 **北京政治文明建设研究报告（2014～2015）**
著（编）者／北京市政治文明研究中心
研创机构／
出版社／北京联合出版公司
ISBN／9787550291195
出版日期／2016 年 11 月

468 **北京知识管理研究报告（2013）**
著（编）者／葛新权
研创机构／北京信息科技大学
出版社／北京邮电大学出版社
ISBN／9787563546909
出版日期／2016 年 3 月

469 **北京知识管理研究报告（2015）**
著（编）者／葛新权
研创机构／北京信息科技大学
出版社／知识产权出版社
ISBN／9787513046374
出版日期／2016 年 12 月

470 **北京智慧旅游发展实践与研究：《北京"智慧旅游"发展计划纲要（2012～2015）》实践报告**
著（编）者／北京旅游学会
研创机构／
出版社／中国旅游出版社
ISBN／9787503256493
出版日期／2016 年 9 月

471　北京智慧旅游研究报告
著（编）者／李云鹏、黄超
研创机构／首都经济贸易大学
出版社／中国人民大学出版社
ISBN／9787300229669
出版日期／2016 年 7 月

472　博鳌亚洲论坛新兴经济体发展 2016 年度报告
著（编）者／
研创机构／
出版社／对外经济贸易大学出版社
ISBN／9787566315472
出版日期／2016 年 3 月

473　博鳌亚洲论坛亚洲经济一体化进程 2016 年度报告
著（编）者／
研创机构／
出版社／对外经济贸易大学出版社
ISBN／9787566315496
出版日期／2016 年 3 月

474　博鳌亚洲论坛亚洲竞争力 2016 年度报告
著（编）者／
研创机构／
出版社／对外经济贸易大学出版社
ISBN／9787566315564
出版日期／2016 年 3 月

475　博士后发展年度研究报告：2015
著（编）者／姚云 等
研创机构／北京师范大学
出版社／学苑出版社
ISBN／9787507749489
出版日期／2016 年 1 月

476　步入"十三五"的财税改革

（中国社会科学院·智库报告）

著（编）者／高培勇、汪德华

研创机构／中国社会科学院财经战略研究院

出版社／社会科学文献出版社

ISBN／9787509783887

出版日期／2016 年 1 月

477　测绘地理信息供给侧结构性改革研究报告（2016）

（测绘地理信息蓝皮书，皮书序列号：PSN B – 2009 – 145 – 1/1）

著（编）者／库热西·买合苏提、王春峰、陈常松、徐永清

研创机构／国家测绘地理信息局

出版社／社会科学文献出版社

ISBN／9787520101981

出版日期／2016 年 12 月

478　产业视角下区域物流的空间分析：云南物流业发展报告

著（编）者／戢晓峰、陈方、郝京京、张玲、张雪

研创机构／昆明理工大学交通工程学院

出版社／科学出版社

ISBN／9787030471734

出版日期／2016 年 2 月

479　长春法治建设年度报告（2015）

著（编）者／长春市法学会

研创机构／

出版社／吉林出版集团股份有限公司

ISBN／9787558105104

出版日期／2016 年 1 月

480　长江经济带发展报告（2011～2015）

（长江经济带蓝皮书，皮书序列号：PSN B – 2016 – 575 – 1/1）

著（编）者／王振、孙克强、王晓娟

研创机构／上海社会科学院长三角发展智库

出版社／社会科学文献出版社

ISBN／9787509790663

出版日期／2016 年 11 月

481 长江经济带环境绩效评估报告

（上海社会科学院创新成果丛书）

著（编）者／周冯琦、程进、陈宁 等

研创机构／上海社会科学院生态与可持续发展研究所

出版社／上海社会科学院出版社

ISBN／9787552015966

出版日期／2016 年 11 月

482 长江三角洲发展报告 2015：区域旅游发展

著（编）者／当代上海研究所

研创机构／

出版社／上海人民出版社

ISBN／9787208138827

出版日期／2016 年 8 月

483 长江中游城市群发展报告（2016）

（中三角蓝皮书，皮书序列号：PSN B－2014－417－1/1）

著（编）者／秦尊文、彭智敏、张静

研创机构／湖北省社会科学院、武汉理工大学、湖南师范大学、南昌大学、
安徽省社会科学院 等

出版社／社会科学文献出版社

ISBN／9787509795439

出版日期／2016 年 9 月

484 长江中游城市群新型城镇化与产业协同发展报告（2016）

（长江中游城市群蓝皮书，皮书序列号：PSN B－2016－578－1/1）

著（编）者／杨刚强、张建清

研创机构／武汉大学中国中部发展研究院

出版社／社会科学文献出版社

ISBN／9787509797310

出版日期／2016 年 11 月

485 长三角城市群区域气候变化评估报告

著（编）者／《长三角城市群区域气候变化评估报告》编委会

研创机构／

出版社／气象出版社

ISBN／9787502964528

出版日期／2016 年 11 月

486 长三角地区教育发展报告：2013~2014

著（编）者／长三角地区教育协作发展研究中心

研创机构／

出版社／上海人民出版社

ISBN／9787208137431

出版日期／2016 年 5 月

487 长沙文化发展报告蓝皮书

著（编）者／中共长沙市委宣传部、长沙市社会科学院

研创机构／

出版社／湖南人民出版社

ISBN／9787556114252

出版日期／2016 年 6 月

488 朝鲜半岛年度报告：2015——中韩关系的再建构

著（编）者／门洪华、（韩）李熙玉

研创机构／

出版社／中国经济出版社

ISBN／9787513641180

出版日期／2016 年 1 月

489 成都参与"一带一路"和长江经济带建设的战略与对策研究
（地方智库报告）

著（编）者／成都市社会科学院联合课题组

研创机构／成都市社会科学院

出版社／中国社会科学出版社

ISBN／9787516187661

出版日期／2016 年 8 月

490 成都城市发展报告

著（编）者／成都市发展和改革委员会、成都市经济发展研究院

研创机构／

出版社／成都时代出版社

ISBN／9787546418162

出版日期／2016 年 12 月

491 成都法治建设年度报告：2015

著（编）者／成都市法学会

研创机构／

出版社／四川大学出版社

ISBN／9787561495605

出版日期／2016 年 6 月

492 成都市教育现代化发展水平监测报告：2015 卷

著（编）者／成都市人民政府教育督导委员会办公室、成都市教育科学研
究院

研创机构／

出版社／科学出版社

ISBN／9787030473752

出版日期／2016 年 1 月

493 成都市社会科学院年度研究报告 2015：成都生态文明之路

著（编）者／阎星

研创机构／成都市社会科学院

出版社／四川人民出版社

ISBN／9787220098468

出版日期／2016 年 6 月

494 成都统筹城乡发展年度报告：2015

著（编）者／四川大学成都科学发展研究院、中共成都市委统筹城乡委员会

研创机构／

出版社／四川大学出版社

ISBN／9787569001181

出版日期／2016 年 11 月

495 城市创新发展轨迹：大连智库改革创新专题咨询报告

著（编）者／大连市委市政府咨询委员会

研创机构／

出版社／科学出版社

ISBN／9787030474612

出版日期／2016 年 4 月

496　城乡发展一体化水平评价报告：2016

　　著（编）者／白永秀、吴丰华、赵而荣、闵杰、吴振磊 等

　　研创机构／西北大学

　　出版社／中国经济出版社

　　ISBN／9787513644594

　　出版日期／2016 年 11 月

497　城乡统筹与农村基本公共服务体系建设：来自成都统筹城乡综合配套改革试验区的报告

　　著（编）者／李发戈

　　研创机构／中共成都市委党校

　　出版社／四川大学出版社

　　ISBN／9787569000412

　　出版日期／2016 年 10 月

498　城镇化推进与公民社会建设前沿问题研究——中国特色城镇化研究报告：2015

　　著（编）者／胡玉鸿、马长山

　　研创机构／苏州大学、华东政法大学

　　出版社／苏州大学出版社

　　ISBN／9787567217034

　　出版日期／2016 年 9 月

499　重庆发展改革研究报告：2012～2015 年

　　著（编）者／马述林、张海荣

　　研创机构／重庆市综合经济研究院、重庆市发展和改革学会

　　出版社／重庆大学出版社

　　ISBN／9787568902175

　　出版日期／2016 年 12 月

500　重庆流动人口发展研究报告：2014

　　著（编）者／李孜、侯明喜、谭江蓉

　　研创机构／重庆工商大学社会与公共管理学院

　　出版社／重庆出版社

　　ISBN／9787229114619

　　出版日期／2016 年 8 月

501 重庆文化 2014 年度发展报告

著（编）者／汪俊、陈澍

研创机构／重庆市文化委员会、重庆市人民政府发展研究中心

出版社／重庆出版社

ISBN／9787229109660

出版日期／2016 年 1 月

502 重庆文化 2015 年度发展报告

著（编）者／汪俊、郭翔

研创机构／

出版社／重庆出版社

ISBN／9787229115791

出版日期／2016 年 8 月

503 创新·创意·创业：海峡两岸文创研究报告 2015

著（编）者／范周、卜希霆

研创机构／中国传媒大学

出版社／中国传媒大学出版社

ISBN／9787565718434

出版日期／2016 年 12 月

504 创新设计战略研究综合报告

著（编）者／创新设计发展战略研究项目组

研创机构／

出版社／中国科学技术出版社

ISBN／9787504671141

出版日期／2016 年 1 月

505 创新武汉报告：2016

著（编）者／简永福

研创机构／湖北省社会科学界联合会

出版社／武汉出版社

ISBN／9787558209895

出版日期／2016 年 12 月

506 **创造性维稳 开拓性求进：中国周边安全形势评估报告（2015~2016）**
（国家智库报告）
著（编）者／张蕴岭、任晶晶
研创机构／中国社会科学院
出版社／中国社会科学出版社
ISBN／9787516178942
出版日期／2016 年 3 月

507 **从"90 后"到"00 后"：中国少年儿童发展状况调查报告（2005~2015）**
（中国少年儿童发展蓝皮书）
著（编）者／张旭东、孙宏艳
研创机构／
出版社／中国青年出版社
ISBN／9787515345215
出版日期／2016 年 10 月

508 **大湄公河次区域合作发展报告（2016）**
（大湄公河次区域蓝皮书，皮书序列号：PSN B – 2011 – 196 – 1/1）
著（编）者／刘稚、卢光盛
研创机构／云南大学国际关系研究院
出版社／社会科学文献出版社
ISBN／9787509797433
出版日期／2016 年 9 月

509 **大气灰霾追因与防治对策：河南省大气灰霾污染专项研究报告成果**
著（编）者／多克辛
研创机构／河南省环境监测中心
出版社／中国环境出版社
ISBN／9787511126344
出版日期／2016 年 3 月

510 **大学生创新创业与人才培养模式研究报告**
著（编）者／曹海娟
研创机构／
出版社／人民邮电出版社
ISBN／9787115418746
出版日期／2016 年 3 月

511 大学生就业选择报告：清华大学学生"跨国企业认知与就业选择（2005～2014）"问卷调查研究

　　　著（编）者／高淑娟

　　　研创机构／清华大学

　　　出版社／清华大学出版社

　　　ISBN／9787302432449

　　　出版日期／2016 年 6 月

512 大学生生命智慧状况调查报告

　　　著（编）者／张旭东

　　　研创机构／湛江师范学院

　　　出版社／科学出版社

　　　ISBN／9787030513281

　　　出版日期／2016 年 12 月

513 大学生职业发展研究报告

　　　著（编）者／秦二娟

　　　研创机构／北京联合大学

　　　出版社／人民邮电出版社

　　　ISBN／9787115418760

　　　出版日期／2016 年 3 月

514 大洋洲发展报告（2015～2016）

　　　（大洋洲蓝皮书，皮书序列号：PSN B－2013－341－1/1）

　　　著（编）者／喻常森、王学东、常晨光

　　　研创机构／中山大学大洋洲研究中心

　　　出版社／社会科学文献出版社

　　　ISBN／9787509798331

　　　出版日期／2016 年 11 月

515 大众创业、万众创新评估报告

　　　（中国科协高端科技创新智库丛书）

　　　著（编）者／尚勇

　　　研创机构／

　　　出版社／中国科学技术出版社

　　　ISBN／9787504671196

　　　出版日期／2016 年 3 月

516　当代世界研究报告：2015～2016

著（编）者／郭业洲、宋涛

研创机构／中共中央对外联络部

出版社／党建读物出版社

ISBN／9787509907177

出版日期／2016 年 4 月

517　当代中国政治研究报告（第 14 辑）

著（编）者／深圳大学当代中国政治研究所、黄卫平、汪永成、陈文、谷
志军

研创机构／

出版社／社会科学文献出版社

ISBN／9787509786987

出版日期／2016 年 3 月

518　党的建设研究报告 No. 1（2016）

（党建蓝皮书，皮书序列号：PSN B－2016－523－1/1）

著（编）者／崔建民、陈东平、孙伟平、夏春涛

研创机构／中国社会科学院机关党委

出版社／社会科学文献出版社

ISBN／9787509786185

出版日期／2016 年 1 月

519　德国发展报告（2016）

（德国蓝皮书，皮书序列号：PSN B－2012－278－1/1）

著（编）者／郑春荣

研创机构／同济大学德国研究中心

出版社／社会科学文献出版社

ISBN／9787509792797

出版日期／2016 年 6 月

520　低碳旗帜下的电力行业 2020 年技术经济指标体系研究

著（编）者／吴疆

研创机构／中国人民大学

出版社／科学技术文献出版社

ISBN／9787518908561

出版日期／2016 年 1 月

521 地方金融法治发展与创新：广东金融法治发展报告 2016
（华南金融研究书系）

著（编）者／刘士平、张纯、陈月秀

研创机构／广州大学法学院

出版社／中国金融出版社

ISBN／9787504988492

出版日期／2016 年 12 月

522 第三次经济普查专题研究：中国文化产业的区域结构研究
（文化发展智库报告系列）

著（编）者／谢叙祎

研创机构／上海大学经济学院

出版社／社会科学文献出版社

ISBN／9787509782729

出版日期／2016 年 6 月

523 第三次经济普查专题研究：中国文化产业结构研究
（文化发展智库报告系列）

著（编）者／史东辉

研创机构／上海大学经济学院城市经济研究所

出版社／社会科学文献出版社

ISBN／9787509788264

出版日期／2016 年 6 月

524 第三次气候变化国家评估报告数据与方法集

著（编）者／《第三次气候变化国家评估报告》编写委员会

研创机构／

出版社／科学出版社

ISBN／9787030477989

出版日期／2016 年 8 月

525 第三次全国经济普查分析报告选编

著（编）者／国务院第三次全国经济普查领导小组办公室

研创机构／

出版社／中国统计出版社

ISBN／9787503777691

出版日期／2016 年 6 月

526 第一次全国可移动文物普查专项调查报告

著（编）者／国家文物局第一次全国可移动文物普查工作办公室

研创机构／

出版社／文物出版社

ISBN／9787501048601

出版日期／2016 年 12 月

527 电子化公共服务需求偏好、服务质量与民众满意度：问卷调查数据分析报告

著（编）者／朱春奎、竺乾威 等

研创机构／复旦大学

出版社／中国社会科学出版社

ISBN／9787516189542

出版日期／2016 年 10 月

528 东莞人才发展报告：2016

著（编）者／司琪

研创机构／东莞市人力资源局

出版社／中国人事出版社

ISBN／9787512911079

出版日期／2016 年 8 月

529 东盟发展报告（2015）

（东盟黄皮书，皮书序列号：PSN Y－2012－303－1/1）

著（编）者／杨晓强、庄国土

研创机构／广西民族大学东盟学院、中国－东盟研究中心

出版社／社会科学文献出版社

ISBN／9787509787564

出版日期／2016 年 3 月

530 东南亚报告：2014～2015

（云南蓝皮书）

著（编）者／雷著宁

研创机构／云南省社会科学院缅甸研究所

出版社／云南大学出版社

ISBN／9787548225607

出版日期／2016 年 1 月

531 东南亚地区发展报告（2015～2016）
（东南亚蓝皮书，皮书序列号：PSN B－2012－240－1/1）
著（编）者／王勤
研创机构／厦门大学东南亚研究中心
出版社／社会科学文献出版社
ISBN／9787520102056
出版日期／2016年12月

532 东南亚宗教研究报告：东南亚宗教的转型与创新
（东南亚宗教研究丛书）
著（编）者／郑筱筠
研创机构／中国社会科学院世界宗教研究所
出版社／中国社会科学出版社
ISBN／9787516192016
出版日期／2016年10月

533 东亚部分大学核心竞争力发展研究报告
著（编）者／赵俊芳
研创机构／
出版社／吉林大学出版社
ISBN／9787567784758
出版日期／2016年12月

534 俄罗斯发展报告（2016）
（俄罗斯黄皮书，皮书序列号：PSN Y－2006－061－1/1）
著（编）者／李永全
研创机构／中国社会科学院俄罗斯东欧中亚研究所
出版社／社会科学文献出版社
ISBN／9787509794197
出版日期／2016年7月

535 恩施州硒产业发展白皮书
著（编）者／恩施土家族苗族自治州人民政府
研创机构／
出版社／湖南科学技术出版社
ISBN／9787535790729
出版日期／2016年4月

536 二十国集团（G20）发展报告：2015～2016

［北京外国语大学二十国集团（G20）研究中心系列报告（财政部国际司合作项目）］

著（编）者／彭龙

研创机构／北京外国语大学

出版社／经济日报出版社

ISBN／9787802579477

出版日期／2016 年 5 月

537 二十国集团（G20）国家创新竞争力发展报告（2015～2016）

（G20 国家创新竞争力黄皮书，皮书序列号：PSN Y－2011－229－1/1）

著（编）者／李建平、李闽榕、赵新力、周天勇、苏宏文、李建建、黄茂兴

研创机构／全国经济综合竞争力研究中心福建师范大学分中心

出版社／社会科学文献出版社

ISBN／9787509796122

出版日期／2016 年 8 月

538 二十国集团（G20）经济热点分析报告：2016～2017

著（编）者／李建平、李闽榕、赵新力、周天勇、苏宏文、李建建、黄茂兴

研创机构／全国经济综合竞争力研究中心福建师范大学分中心

出版社／经济科学出版社

ISBN／9787514170771

出版日期／2016 年 7 月

539 发达国家人才战略与机制——以法英德日为例

（国家智库报告）

著（编）者／中国社会科学院人事教育局

研创机构／

出版社／中国社会科学出版社

ISBN／9787516178287

出版日期／2016 年 5 月

540 法治安徽建设年度报告（2015）

著（编）者／安徽师范大学法治中国建设研究院

研创机构／

出版社／安徽师范大学出版社

ISBN／9787567618022

出版日期／2016 年 10 月

541 法治东莞：2015 年东莞城市发展报告

著（编）者／徐波

研创机构／东莞理工学院社会发展研究院

出版社／现代教育出版社

ISBN／9787510636516

出版日期／2016 年 1 月

542 法治江苏建设 2015 年发展报告

（江苏法治蓝皮书）

著（编）者／江苏省依法治省领导小组办公室

研创机构／

出版社／河海大学出版社

ISBN／9787563045105

出版日期／2016 年 7 月

543 反腐败与中国廉洁政治建设研究报告（Ⅱ）

著（编）者／商红日、张惠康

研创机构／上海师范大学

出版社／北京大学出版社

ISBN／9787301269039

出版日期／2016 年 3 月

544 泛珠三角地区经济发展研究报告：2015

著（编）者／武一

研创机构／广东商学院

出版社／中国时代经济出版社

ISBN／9787511925404

出版日期／2016 年 3 月

545 纺织类专业毕业生就业报告

著（编）者／中国纺织服装教育学会

研创机构／

出版社／中国纺织出版社

ISBN／9787518030712

出版日期／2016 年 11 月

546 非公有制企业党建研究年度报告（2016）
著（编）者／全国党的建设研究会非公有制经济组织党建研究专业委员会
研创机构／
出版社／红旗出版社
ISBN／9787505138711
出版日期／2016 年 9 月

547 非洲地区发展报告：2014～2015
著（编）者／刘鸿武
研创机构／中国非洲问题研究会、中国非洲史研究会
出版社／中国社会科学出版社
ISBN／9787516177563
出版日期／2016 年 3 月

548 非洲发展报告 No. 18（2015～2016）
（非洲黄皮书，皮书序列号：PSN Y－2012－239－1/1）
著（编）者／张宏明、李智彪
研创机构／中国社会科学院西亚非洲研究所
出版社／社会科学文献出版社
ISBN／9787509793855
出版日期／2016 年 8 月

549 非洲经济发展报告：2015～2016
著（编）者／舒运国、张忠祥
研创机构／上海师范大学
出版社／上海社会科学院出版社
ISBN／9787552015881
出版日期／2016 年 11 月

550 分析与展望：中国中小微企业生存发展报告（2015～2016）
著（编）者／任兴磊、谢军占、沈亚桂
研创机构／中国中小商业企业协会
出版社／中国经济出版社
ISBN／9787513641593
出版日期／2016 年 1 月

551 奋力建设高教强省暨 2014 年四川高等教育发展报告

著（编）者／卢铁城、唐朝纪

研创机构／四川省高等教育学会

出版社／四川科学技术出版社

ISBN／9787536483002

出版日期／2016 年 2 月

552 风险评估与危机预警报告（2015～2016）

（社会风险评估蓝皮书，皮书序列号：PSN B－2012－293－1/1）

著（编）者／唐钧

研创机构／中国人民大学危机管理研究中心

出版社／社会科学文献出版社

ISBN／9787509794463

出版日期／2016 年 8 月

553 福建基础教育调研报告（2008～2016）

（福建教育学院梦山丛书）

著（编）者／赵素文、郭春芳

研创机构／福建教育学院

出版社／社会科学文献出版社

ISBN／9787509771068

出版日期／2016 年 12 月

554 福建省流动人口发展报告

著（编）者／福建省卫生和计划生育委员会

研创机构／

出版社／福建省地图出版社

ISBN／9787546703558

出版日期／2016 年 1 月

555 福建省旅游产业发展现状研究（2015～2016）

（福建旅游蓝皮书，皮书序列号：PSN B－2016－591－1/1）

著（编）者／陈敏华、黄远水、福建省旅游学会

研创机构／

出版社／社会科学文献出版社

ISBN／9787520101189

出版日期／2016 年 12 月

556 福建省属公益类科研院所发展报告（2013）
著（编）者／翁志辉、林海清、柯文辉、张梅、许正春、池敏青
研创机构／福建省农科院农业经济与科技信息研究所
出版社／中国农业科学技术出版社
ISBN／9787511615046
出版日期／2016 年 12 月

557 福建省台商投资报告（2015～2016）
著（编）者／林晓峰、陈丽丽
研创机构／
出版社／九州出版社
ISBN／9787510849947
出版日期／2016 年 12 月

558 福建省现代服务业发展研究报告 2016
著（编）者／黄阳平
研创机构／集美大学
出版社／经济科学出版社
ISBN／9787514176773
出版日期／2016 年 12 月

559 福建调查分析报告：2015
著（编）者／刘同星、国家统计局福建调查总队
研创机构／
出版社／中国统计出版社
ISBN／9787503779381
出版日期／2016 年 9 月

560 福建文化发展蓝皮书 2015～2016
著（编）者／福建社会科学院
研创机构／
出版社／海峡书局
ISBN／9787556702947
出版日期／2016 年 12 月

561 富民与安居：中国土地住宅体制改革研究报告

著（编）者／周天勇、郭雪剑

研创机构／中共中央党校国际战略研究院、中共浙江省委办公厅

出版社／大连出版社

ISBN／9787550510678

出版日期／2016 年 9 月

562 GMS 国家物流发展报告：2015 年

著（编）者／杨扬、肖光洪、叶向东

研创机构／昆明滇池泛亚交通物流研究院、云南省物流与采购联合会、云南省跨境运输与国际物流协会、大湄公河次区域（GMS）物流合作委员会

出版社／北京交通大学出版社

ISBN／9787512127982

出版日期／2016 年 6 月

563 甘肃经济发展分析与预测（2016）

（甘肃蓝皮书，皮书序列号：PSN B－2013－312－1/6）

著（编）者／朱智文、罗哲

研创机构／甘肃省社会科学院

出版社／社会科学文献出版社

ISBN／9787509785201

出版日期／2016 年 1 月

564 甘肃酒泉经济社会发展报告（2017）

著（编）者／都伟、王福生、孙占鳌、李有发

研创机构／甘肃省酒泉市人民政府、甘肃省社会科学院、甘肃省社会科学院酒泉分院、甘肃省社会科学院

出版社／甘肃人民出版社

ISBN／9787226050781

出版日期／2016 年 12 月

565 甘肃农业科技发展研究报告（2011～2015）

（甘肃农业科技绿皮书，皮书序列号：PSN B－2016－592－1/1）

著（编）者／魏胜文、乔德华、张东伟

研创机构／甘肃省农业科学院

出版社／社会科学文献出版社

ISBN／9787520100496

出版日期／2016 年 12 月

566　甘肃商贸流通发展报告（2016）

（甘肃蓝皮书，皮书序列号：PSN B－2016－522－6/6）

著（编）者／杨志武、王福生、王晓芳

研创机构／甘肃省社会科学院、甘肃省商务厅

出版社／社会科学文献出版社

ISBN／9787509785218

出版日期／2016 年 1 月

567　甘肃社会发展分析与预测（2016）

（甘肃蓝皮书，皮书序列号：PSN B－2013－313－2/6）

著（编）者／安文华、包晓霞、谢增虎

研创机构／甘肃省社会科学院

出版社／社会科学文献出版社

ISBN／9787509785683

出版日期／2016 年 1 月

568　甘肃文化发展分析与预测（2016）

（甘肃蓝皮书，皮书序列号：PSN B－2013－314－3/6）

著（编）者／安文华、周小华

研创机构／甘肃省社会科学院

出版社／社会科学文献出版社

ISBN／9787509784976

出版日期／2016 年 1 月

569　甘肃县域和农村发展报告（2016）

（甘肃蓝皮书，皮书序列号：PSN B－2013－316－5/6）

著（编）者／刘进军、柳民、王建兵

研创机构／甘肃省社会科学院、甘肃省统计局

出版社／社会科学文献出版社

ISBN／9787509785225

出版日期／2016 年 1 月

570　甘肃学前教育发展报告

著（编）者／沈建洲

研创机构／

出版社／陕西人民教育出版社

ISBN／9787545042948

出版日期／2016 年 3 月

571 甘肃舆情分析与预测（2016）
（甘肃蓝皮书，皮书序列号：PSN B‑2013‑315‑4/6）
著（编）者／陈双梅、张谦元
研创机构／甘肃省社会科学院
出版社／社会科学文献出版社
ISBN／9787509785232
出版日期／2016 年 1 月

572 高标准开放与制度创新：中国自由贸易试验区智库报告 2015/2016
著（编）者／肖林
研创机构／上海市人民政府发展研究中心、上海自由贸易区战略研究院
出版社／上海人民出版社
ISBN／9787543226388
出版日期／2016 年 8 月

573 高等教育改革发展专题观察报告：2015
著（编）者／中国高等教育学会
研创机构／
出版社／北京理工大学出版社
ISBN／9787568231510
出版日期／2016 年 9 月

574 高校思想政治理论课教师队伍发展报告：2014
著（编）者／许东波、谭顺
研创机构／山东理工大学
出版社／高等教育出版社
ISBN／9787040462104
出版日期／2016 年 9 月

575 高校图书馆发展蓝皮书（2015）
著（编）者／教育部高等学校图书情报工作指导委员会
研创机构／
出版社／高等教育出版社
ISBN／9787040471885
出版日期／2016 年 12 月

576　高中转型期职业教育发展问题报告

（当代中国教育转型丛书）

著（编）者／顾建军

研创机构／

出版社／江苏凤凰教育出版社

ISBN／9787549960453

出版日期／2016 年 9 月

577　各行业专利技术现状及其发展趋势报告：2015～2016

著（编）者／中国知识产权研究会

研创机构／

出版社／知识产权出版社

ISBN／9787513039994

出版日期／2016 年 1 月

578　工程造价专业人才培养与发展战略研究报告

（工程造价管理研究前沿丛书）

著（编）者／中国建设工程造价管理协会

研创机构／

出版社／中国建筑工业出版社

ISBN／9787112196456

出版日期／2016 年 10 月

579　公司互联网报告的风险及其治理机制研究

（福建省社会科学研究基地财务与会计研究中心系列丛书）

著（编）者／林琳

研创机构／福建江夏学院会计学院

出版社／经济科学出版社

ISBN／9787514174007

出版日期／2016 年 12 月

580　巩义经济社会发展报告（2016）

（巩义蓝皮书，皮书序列号：PSN B－2016－532－1/1）

著（编）者／丁同民、朱军、任晓莉、陈东辉

研创机构／河南省社会科学院、河南省社会科学院巩义分院

出版社／社会科学文献出版社

ISBN／9787509789513

出版日期／2016 年 4 月

581 构建中国政府财务报告制度研究

著（编）者／苑雪芳

研创机构／北京外国语大学

出版社／中国财政经济出版社

ISBN／9787509568521

出版日期／2016 年 12 月

582 广东地税调研报告（2015）

著（编）者／吴紫骊

研创机构／广东省地方税务局

出版社／暨南大学出版社

ISBN／9787566817488

出版日期／2016 年 4 月

583 广东对外经济贸易发展研究报告（2015～2016）

（广东外经贸蓝皮书，皮书序列号：PSN B－2012－286－1/1）

著（编）者／陈万灵、何传添、刘胜

研创机构／广东外语外贸大学

出版社／社会科学文献出版社

ISBN／9787509791370

出版日期／2016 年 8 月

584 广东发展蓝皮书（2016）

著（编）者／汪一洋

研创机构／

出版社／广东经济出版社

ISBN／9787545445657

出版日期／2016 年 5 月

585 广东服装行业"十三五"发展规划报告

著（编）者／广东省服装服饰行业协会

研创机构／

出版社／中国纺织出版社

ISBN／9787518030378

出版日期／2016 年 11 月

586 广东教育改革发展研究报告：基础教育课程教学教材研究卷

（广东教育蓝皮书）

著（编）者／广东省教育研究院

研创机构／

出版社／广东高等教育出版社

ISBN／9787536155800

出版日期／2016 年 3 月

587 广东教育改革发展研究报告：理论战略政策研究卷

（广东教育蓝皮书）

著（编）者／广东省教育研究院

研创机构／

出版社／广东高等教育出版社

ISBN／9787536155794

出版日期／2016 年 3 月

588 广东就业蓝皮书（2016）

著（编）者／欧真志

研创机构／广东省就业促进会

出版社／中国劳动社会保障出版社

ISBN／9787516727454

出版日期／2016 年 9 月

589 广东全面深化改革研究报告

（广东蓝皮书，皮书序列号：PSN B – 2015 – 504 – 3/3）

著（编）者／周林生、涂成林

研创机构／

出版社／社会科学文献出版社

ISBN／9787520101264

出版日期／2016 年 12 月

590 广东生产性服务业发展报告 2015～2016

著（编）者／祁明、程晓

研创机构／华南理工大学

出版社／南方日报出版社

ISBN／9787549114504

出版日期／2016 年 8 月

591 广东省创业投资行业发展报告：2016

著（编）者／《广东省创业投资行业发展报告 2016》编写组

研创机构／

出版社／暨南大学出版社

ISBN／9787566819840

出版日期／2016 年 11 月

592 广东省地方立法年度观察报告：2015

（区域法治与地方立法研究文丛）

著（编）者／石佑启、朱最新

研创机构／广东外语外贸大学法学院

出版社／广东教育出版社

ISBN／9787554813836

出版日期／2016 年 10 月

593 广东省教育信息化发展报告：2015

著（编）者／胡钦太、胡小勇

研创机构／华南师范大学

出版社／广东教育出版社

ISBN／9787554810859

出版日期／2016 年 6 月

594 广东省经济体制改革报告：2016

著（编）者／广东省发展和改革委员会

研创机构／

出版社／广东人民出版社

ISBN／9787218112404

出版日期／2016 年 9 月

595 广东省农村电商发展报告（2015～2016）

著（编）者／程晓、文丹枫

研创机构／

出版社／南方日报出版社

ISBN／9787549114856

出版日期／2016 年 11 月

596 广东省区域经济发展报告（2015）

著（编）者／广东省发展和改革委员会

研创机构／

出版社／暨南大学出版社

ISBN／9787566817648

出版日期／2016 年 12 月

597 广东省属境外投资企业社会责任状况与改进对策

著（编）者／"广东省属境外投资企业社会责任状况与改进对策"课题组

研创机构／

出版社／社会科学文献出版社

ISBN／9787509785706

出版日期／2016 年 1 月

598 广东省物流业发展报告：2014 ~ 2015

著（编）者／广东省现代物流研究院

研创机构／

出版社／暨南大学出版社

ISBN／9787566817044

出版日期／2016 年 1 月

599 广东现代服务业发展报告（2015）

著（编）者／祁明、程晓

研创机构／华南理工大学

出版社／南方日报出版社

ISBN／9787549114306

出版日期／2016 年 7 月

600 广东消费蓝皮书（2015）——2015 年广东消费发展分析、理论探讨及 2016 年的预测

著（编）者／李新家

研创机构／

出版社／广东经济出版社

ISBN／9787545452457

出版日期／2016 年 12 月

601 广西北部湾经济区开放开发报告（2014～2015）

（广西北部湾经济区蓝皮书，皮书序列号：PSN B - 2010 - 181 - 1/1）

著（编）者／广西壮族自治区北部湾经济区和东盟开放合作办公室、广西社
会科学院、广西北部湾发展研究院

研创机构／

出版社／社会科学文献出版社

ISBN／9787509787151

出版日期／2016 年 2 月

602 广西反腐倡廉建设报告

（2016 年广西蓝皮书）

著（编）者／广西社会科学院、广西纪检监察学会

研创机构／

出版社／广西人民出版社

ISBN／9787219102831

出版日期／2016 年 12 月

603 广西服务业发展报告 2016（上、下）

著（编）者／黄方方

研创机构／

出版社／广西民族出版社

ISBN／9787536370715

出版日期／2016 年 10 月

604 广西教育发展报告（2014）

著（编）者／秦斌

研创机构／

出版社／广西师范大学出版社

ISBN／9787549580880

出版日期／2016 年 5 月

605 广西经济社会调查报告 2015

著（编）者／国家统计局广西调查总队

研创机构／

出版社／广西人民出版社

ISBN／9787219100189

出版日期／2016 年 10 月

606 广西经济预测与决策中心年度报告 2015：宏观经济分析与预测

著（编）者／席鸿建 等

研创机构／广西财经学院

出版社／北京邮电大学出版社

ISBN／9787563547814

出版日期／2016 年 6 月

607 广西经济预测与决策中心年度报告 2015：微观经济分析与预测

著（编）者／席鸿建 等

研创机构／广西财经学院

出版社／北京邮电大学出版社

ISBN／9787563547807

出版日期／2016 年 6 月

608 广西科技工作者科学道德与学风建设状况调查报告

著（编）者／韦国善

研创机构／

出版社／东北师范大学出版社

ISBN／9787568125406

出版日期／2016 年 12 月

609 广西人才集聚研究报告：2015

著（编）者／李国君、桂昭明

研创机构／广西壮族自治区人力资源和社会保障研究所、武汉工程大学

出版社／中国言实出版社

ISBN／9787517119401

出版日期／2016 年 10 月

610 广西图书音像电子出版业发展报告

著（编）者／彭钢

研创机构／

出版社／广西教育出版社

ISBN／9787543581746

出版日期／2016 年 1 月

611　广西县域竞争力报告（2016）

　　著（编）者 ／ 杨鹏、袁珈玲、张鹏飞、曹剑飞

　　研创机构 ／ 广西社会科学院区域发展研究所、广西壮族自治区工业和信息化
　　　　　　　　委员会信息中心

　　出版社 ／ 社会科学文献出版社

　　ISBN ／ 9787509799413

　　出版日期 ／ 2016 年 10 月

612　广西沿边地区开发开放报告

　　（2015 年广西蓝皮书）

　　著（编）者 ／ 黄志勇

　　研创机构 ／ 广西社会科学院

　　出版社 ／ 广西科学技术出版社

　　ISBN ／ 9787219098271

　　出版日期 ／ 2016 年 4 月

613　广西重大项目报告 2011~2015

　　著（编）者 ／ 广西壮族自治区重大项目建设推进领导小组办公室、广西壮族
　　　　　　　　自治区发展和改革委员会

　　研创机构 ／

　　出版社 ／ 广西人民出版社

　　ISBN ／ 9787219099247

　　出版日期 ／ 2016 年 7 月

614　广州城市国际化发展报告（2016）

　　（广州蓝皮书，皮书序列号：PSN B－2012－246－11/15）

　　著（编）者 ／ 朱名宏、伍庆

　　研创机构 ／ 广州市社会科学院国际问题研究所

　　出版社 ／ 社会科学文献出版社

　　ISBN ／ 9787509794647

　　出版日期 ／ 2016 年 8 月

615　广州创新型城市发展报告（2016）

　　（广州蓝皮书，皮书序列号：PSN B－2012－247－12/15）

　　著（编）者 ／ 尹涛、张赛飞

　　研创机构 ／ 广州市社会科学院

　　出版社 ／ 社会科学文献出版社

　　ISBN ／ 9787509794654

　　出版日期 ／ 2016 年 7 月

616　广州经济发展报告（2016）

（广州蓝皮书，皮书序列号：PSN B – 2005 – 040 – 1/15）

著（编）者／朱名宏、欧江波

研创机构／广州市社会科学院

出版社／社会科学文献出版社

ISBN／9787509793886

出版日期／2016 年 7 月

617　广州农村发展报告（2016）

（广州蓝皮书，皮书序列号：PSN B – 2010 – 167 – 8/15）

著（编）者／朱名宏、郭艳华、张强

研创机构／广州市社会科学院

出版社／社会科学文献出版社

ISBN／9787509794203

出版日期／2016 年 8 月

618　广州汽车产业发展报告（2016）

（广州蓝皮书，皮书序列号：PSN B – 2006 – 066 – 3/15）

著（编）者／杨再高、冯兴亚、白国强、巫细波

研创机构／广州市社会科学院区域经济研究所、广州汽车产业研究中心

出版社／社会科学文献出版社

ISBN／9787509794661

出版日期／2016 年 7 月

619　广州青年发展报告（2016）

（广州蓝皮书，皮书序列号：PSN B – 2013 – 352 – 13/15）

著（编）者／徐柳、张强

研创机构／广州市团校、广州市穗港澳青少年研究所、香港中华基督教青年
　　　　　会、澳门基督教青年会

出版社／社会科学文献出版社

ISBN／9787509796900

出版日期／2016 年 9 月

620　广州商贸业发展报告（2016）

（广州蓝皮书，皮书序列号：PSN B – 2012 – 245 – 10/15）

著（编）者／李江涛、肖振宇、荀振英

研创机构／广州市社会科学院、广州市商务委员会、广州商业总会

出版社／社会科学文献出版社

ISBN／9787509792520

出版日期／2016 年 7 月

621 广州社会保障发展报告（2016）

（广州蓝皮书，皮书序列号：PSN B‐2014‐425‐14/15）

著（编）者／蔡国萱、黄玉

研创机构／广州市社会科学院

出版社／社会科学文献出版社

ISBN／9787509795767

出版日期／2016 年 8 月

622 广州社会保障改革发展报告：2016

著（编）者／岳经纶、黄远飞

研创机构／中山大学、广州市人力资源和社会保障局

出版社／人民出版社

ISBN／9787010168845

出版日期／2016 年 11 月

623 广州社区教育发展蓝皮书（2013～2014）

著（编）者／李训贵

研创机构／广州城市职业学院

出版社／辽宁教育出版社

ISBN／9787554911389

出版日期／2016 年 3 月

624 广州市非物质文化遗产保护发展报告（2016）

（非物质文化遗产蓝皮书，皮书序列号：PSN B‐2016‐589‐1/1）

著（编）者／宋俊华、蔺敏、黄艳

研创机构／中山大学

出版社／社会科学文献出版社

ISBN／9787520101271

出版日期／2016 年 12 月

625 广州市公益慈善事业发展报告（2016）

著（编）者／广州市慈善服务中心

研创机构／

出版社／中国社会出版社

ISBN／9787508753607

出版日期／2016 年 7 月

626 **广州文化创意产业发展报告（2016）**

（广州蓝皮书，皮书序列号：PSN B－2008－111－6/15）

著（编）者／徐咏虹

研创机构／广州市社会科学院

出版社／社会科学文献出版社

ISBN／9787509794678

出版日期／2016 年 7 月

627 **贵安新区发展报告（2015～2016）**

（贵州蓝皮书，皮书序列号：PSN B－2015－459－4/12）

著（编）者／马长青、吴大华

研创机构／贵安新区管委会、贵州省社会科学院

出版社／社会科学文献出版社

ISBN／9787509793206

出版日期／2016 年 6 月

628 **贵安新区绿色发展指数报告（2016）**

（国家级新区绿色发展丛书）

著（编）者／秦如培、马长青、梁盛平、潘善斌

研创机构／贵州省人民政府、贵州贵安新区管委会党工委

出版社／社会科学文献出版社

ISBN／9787509793893

出版日期／2016 年 6 月

629 **贵州册亨经济社会发展报告（2016）**

（贵州蓝皮书，皮书序列号：PSN B－2016－525－8/12）

著（编）者／黄德林、陈讯

研创机构／贵州省社会科学院社会学研究所

出版社／社会科学文献出版社

ISBN／9787509787526

出版日期／2016 年 3 月

630 **贵州法治发展报告（2016）**

（贵州蓝皮书，皮书序列号：PSN B－2012－254－2/12）

著（编）者／吴大华

研创机构／贵州省社会科学院

出版社／社会科学文献出版社

ISBN／9787509789391

出版日期／2016 年 5 月

631 贵州房地产发展报告 No. 3（2016）

（贵州房地产蓝皮书，皮书序列号：PSN B - 2014 - 426 - 1/1）

著（编）者／武廷方、夏刚、武赟

研创机构／贵州财经大学贵州省房地产研究院

出版社／社会科学文献出版社

ISBN／9787509794210

出版日期／2016 年 7 月

632 贵州国家级开放创新平台发展报告（2015～2016）

（贵州蓝皮书，皮书序列号：PSN B - 2016 - 518 - 7/12）

著（编）者／申晓庆、吴大华、季泓

研创机构／贵州省社会科学院

出版社／社会科学文献出版社

ISBN／9787509798584

出版日期／2016 年 11 月

633 贵州国有企业社会责任发展报告（2015～2016）

（贵州蓝皮书，皮书序列号：PSN B - 2015 - 511 - 6/12）

著（编）者／郭丽、周航、万强

研创机构／贵州省社会科学院党建研究所、贵州民族大学、贵州省水产研究所、贵州省社会科学院农村发展研究所、贵州省社会科学院法律研究所

出版社／社会科学文献出版社

ISBN／9787520100731

出版日期／2016 年 12 月

634 贵州民营经济发展报告（2015）

（贵州蓝皮书，皮书序列号：PSN B - 2016 - 530 - 9/12）

著（编）者／杨静、吴大华、王兴骥、杨晓航、张美涛

研创机构／贵州省社会科学院城市经济研究所

出版社／社会科学文献出版社

ISBN／9787509787168

出版日期／2016 年 3 月

635 贵州社会发展报告（2016）

（贵州蓝皮书，皮书序列号：PSN B - 2010 - 166 - 1/12）

著（编）者／王兴骥、高刚、周芳苓

研创机构／贵州省社会科学院城市经济研究所

出版社／社会科学文献出版社

ISBN／9787509793602

出版日期／2016 年 6 月

636 贵州省科技型企业成长梯队发展报告（2015）

著（编）者／贵州省科学技术情报研究所科技型企业成长梯队发展报告编写
委员会

研创机构／

出版社／贵州科技出版社

ISBN／9787553205496

出版日期／2016 年 12 月

637 国际城市发展报告（2016）

（国际城市蓝皮书，皮书序列号：PSN B‐2012‐260‐1/1）

著（编）者／屠启宇、苏宁、张剑涛、邓智团

研创机构／上海社会科学院城市与人口发展研究所

出版社／社会科学文献出版社

ISBN／9787509786574

出版日期／2016 年 2 月

638 国际出版业发展报告（2015 版）

（国际出版蓝皮书）

著（编）者／范军

研创机构／中国新闻出版研究院

出版社／中国书籍出版社

ISBN／9787506856652

出版日期／2016 年 7 月

639 国际教育信息化发展报告：2014～2015

著（编）者／张进宝、赵建华、樊磊 等

研创机构／教育信息化协同创新中心

出版社／北京师范大学出版社

ISBN／9787303199228

出版日期／2016 年 3 月

640 国际教育政策与发展趋势年度报告：2014

著（编）者／北京师范大学国际与比较教育研究院

研创机构／

出版社／北京师范大学出版社

ISBN／9787303208173

出版日期／2016 年 11 月

641 **国际教育政策与发展趋势年度报告：2015**

著（编）者／北京师范大学国际与比较教育研究院

研创机构／

出版社／北京师范大学出版社

ISBN／9787303207671

出版日期／2016 年 8 月

642 **国际金融发展报告（2016）**

著（编）者／靳玉英 等

研创机构／上海财经大学

出版社／上海财经大学出版社

ISBN／9787564226473

出版日期／2016 年 12 月

643 **国际金融中心发展报告 2016**

著（编）者／《国际金融中心发展报告》编写组

研创机构／

出版社／中国金融出版社

ISBN／9787504987181

出版日期／2016 年 10 月

644 **国际经济分析与展望（2015～2016）**

（CCIEE 智库报告）

著（编）者／中国国际经济交流中心

研创机构／

出版社／社会科学文献出版社

ISBN／9787509787755

出版日期／2016 年 3 月

645 **国际经贸治理重大议题 2016 年报**

（上海高校智库上海对外经贸大学国际经贸治理与中国改革开放联合研究中心
丛书）

著（编）者／张磊、（美）德博拉·埃尔姆斯

研创机构／

出版社／对外经济贸易大学出版社

ISBN／9787566316349

出版日期／2016 年 9 月

646 **国际科学仪器发展报告（2014~2015）**
著（编）者／国际科学仪器发展研究组
研创机构／
出版社／电子工业出版社
ISBN／9787121301131
出版日期／2016 年 1 月

647 **国际可再生能源发展报告：2016**
著（编）者／国家可再生能源中心
研创机构／
出版社／中国环境科学出版社
ISBN／9787511129079
出版日期／2016 年 10 月

648 **国际能源与电力价格分析报告：2016**
（能源与电力分析年度报告系列）
著（编）者／国网能源研究院
研创机构／
出版社／中国电力出版社
ISBN／9787512398443
出版日期／2016 年 10 月

649 **国际清洁能源发展报告（2015）**
（清洁能源蓝皮书，皮书序列号：PSN B－2013－348－1/1）
著（编）者／苏树辉、袁国林、李玉崙、周杰、施鹏飞、毕亚雄
研创机构／国际清洁能源论坛（澳门）
出版社／社会科学文献出版社
ISBN／9787509785737
出版日期／2016 年 1 月

650 **国际人力资源社会保障报告：2016**
著（编）者／莫荣、刘军、孟彤
研创机构／人力资源和社会保障部国际劳动保障研究所
出版社／中国劳动社会保障出版社
ISBN／9787516727300
出版日期／2016 年 8 月

651 国际问题研究报告：2015~2016
（中国国际问题研究基金会丛书）
著（编）者／刘古昌、沈国放 郭崇立
研创机构／中国国际问题研究基金会
出版社／世界知识出版社
ISBN／9787501251537
出版日期／2016 年 3 月

652 国际形势和中国外交蓝皮书（2016）
著（编）者／中国国际问题研究院
研创机构／
出版社／世界知识出版社
ISBN／9787501252060
出版日期／2016 年 5 月

653 国际治理与金砖国家的解决方案：金砖国家合作与全球治理年度报告（2016）
著（编）者／复旦大学金砖国家研究中心、金砖国家合作与全球治理协同创
新中心
研创机构／
出版社／上海人民出版社
ISBN／9787208140394
出版日期／2016 年 9 月

654 国家创新体系发展报告：2014
著（编）者／《国家创新体系发展报告》编写组
研创机构／
出版社／科学技术文献出版社
ISBN／9787518914975
出版日期／2016 年 6 月

655 国家创新型试点城市发展监测报告：2015
（国家创新调查制度系列报告）
著（编）者／科学技术部创新发展司、中国科学技术信息研究所
研创机构／
出版社／科学技术文献出版社
ISBN／9787518917549
出版日期／2016 年 8 月

656 国家创新指数报告：2015
（国家创新调查制度系列报告）
著（编）者／中国科学技术发展战略研究院
研创机构／
出版社／科学技术文献出版社
ISBN／9787518914180
出版日期／2016 年 5 月

657 国家风险分析报告 2016——国家风险参考评级、主权信用风险评级暨 62 个重点国家风险分析
著（编）者／中国出口信用保险公司
研创机构／
出版社／中国金融出版社
ISBN／9787503778780
出版日期／2016 年 8 月

658 国家风险分析报告 2015——30 个新兴市场国家贸易和投资风险指南
著（编）者／中国出口信用保险公司
研创机构／
出版社／中国金融出版社
ISBN／9787504984432
出版日期／2016 年 3 月

659 国家高新区创新能力评价报告：2015
（国家创新调查制度系列报告）
著（编）者／科学技术部火炬高技术产业开发中心、中国高新区研究中心
研创机构／
出版社／科学技术文献出版社
ISBN／9787518916474
出版日期／2016 年 6 月

660 国家高新区创新能力评价报告：2016
著（编）者／科学技术部火炬高技术产业开发中心、中国高新区研究中心
研创机构／
出版社／科学技术文献出版社
ISBN／9787518921829
出版日期／2016 年 12 月

661 国家海洋创新指数报告：2015
（国家海洋创新评估系列报告）
著（编）者／国家海洋局第一海洋研究所
研创机构／
出版社／海洋出版社
ISBN／9787502795757
出版日期／2016 年 12 月

662 国家级新区发展报告：2016
著（编）者／国家发展和改革委员会
研创机构／
出版社／中国计划出版社
ISBN／9787518204861
出版日期／2016 年 9 月

663 国家科学数据资源发展报告：2016
著（编）者／郭光磊
研创机构／
出版社／科学技术文献出版社
ISBN／9787518921614
出版日期／2016 年 12 月

664 国家农业科技园区创新能力评价报告：2014
（国家创新调查制度系列报告）
著（编）者／中国农村技术开发中心
研创机构／
出版社／科学技术文献出版社
ISBN／9787518911219
出版日期／2016 年 3 月

665 国家农业科技园区创新能力评价报告：2015
（国家创新调查制度系列报告）
著（编）者／中国农村技术开发中心
研创机构／
出版社／科学技术文献出版社
ISBN／9787518922703
出版日期／2016 年 12 月

666 **国家社会科学基金年度报告（2015）**
著（编）者／全国哲学社会科学规划办公室
研创机构／
出版社／学习出版社
ISBN／9787514706338
出版日期／2016 年 5 月

667 **国家统计数据质量管理研究（共 2 册）**
（国家社科基金重大项目结项报告）
著（编）者／邱东、吕光明
研创机构／北京师范大学国民核算研究院
出版社／北京师范大学出版社
ISBN／9787303206247
出版日期／2016 年 7 月

668 **国家新型城镇化报告：2015**
著（编）者／国家发展和改革委员会、徐绍史、胡祖才
研创机构／
出版社／中国计划出版社
ISBN／9787518203925
出版日期／2016 年 3 月

669 **国家职业社会体育指导员发展报告：2016**
著（编）者／肖林鹏、孙荣会、王梦阳 等
研创机构／天津体育学院
出版社／北京体育大学出版社
ISBN／9787564421694
出版日期／2016 年 10 月

670 **国家治理透明度报告：2015**
著（编）者／李媛媛、阎天、彭錞
研创机构／北京大学
出版社／法律出版社
ISBN／9787511891709
出版日期／2016 年 1 月

671 国家重点园区创新监测报告 2016

（国家创新调查制度系列报告）

著（编）者／科学技术部

研创机构／

出版社／科学技术文献出版社

ISBN／9787518922710

出版日期／2016 年 12 月

672 国民核算研究报告：2015

著（编）者／邱东、徐滇庆、赵楠

研创机构／北京师范大学国民核算研究院

出版社／中国财政经济出版社

ISBN／9787509566107

出版日期／2016 年 3 月

673 国民视觉健康报告

著（编）者／李玲

研创机构／北京大学国家发展研究院

出版社／北京大学出版社

ISBN／9787301276075

出版日期／2016 年 10 月

674 国内互联网金融发展报告

著（编）者／李淑锦、陈利祥、胡文彬

研创机构／杭州电子科技大学

出版社／浙江大学出版社

ISBN／9787308154871

出版日期／2016 年 11 月

675 国土资源法律评价报告（2015）

（国土资源蓝皮书）

著（编）者／国土资源部法律评价工程重点实验室

研创机构／

出版社／中国法制出版社

ISBN／9787509381045

出版日期／2016 年 12 月

676 国外石油科技发展报告：2015

著（编）者／吕建中

研创机构／中国石油集团经济技术研究院

出版社／石油工业出版社

ISBN／9787518310470

出版日期／2016 年 3 月

677 国有企业改革与创新发展研究报告：500 强企业研究报告之八

著（编）者／中国企业创新发展研究基地、上海财经大学 500 强企业研究
中心

研创机构／

出版社／上海财经大学出版社

ISBN／9787564225988

出版日期／2016 年 12 月

678 哈尔滨发展研究报告：2015

著（编）者／高超

研创机构／哈尔滨市政府发展研究中心

出版社／哈尔滨出版社

ISBN／9787548428411

出版日期／2016 年 8 月

679 哈尔滨市"十三五"文化产业发展研究报告

著（编）者／南京大学国家文化产业研究中心、中共哈尔滨市委宣传部

研创机构／

出版社／南京师范大学出版社

ISBN／9787565130588

出版日期／2016 年 12 月

680 哈尔滨文化发展报告（2016）

著（编）者／张晶

研创机构／

出版社／哈尔滨出版社

ISBN／9787548425564

出版日期／2016 年 4 月

681　海南公共治理现代化年度研究报告

著（编）者／王和平

研创机构／

出版社／海南出版社

ISBN／9787544367004

出版日期／2016 年 8 月

682　海南国际旅游岛建设报告：2016

（海南发展蓝皮书）

著（编）者／赵康太、曹锡仁

研创机构／海南师范大学、海南大学

出版社／南方出版社

ISBN／9787550128651

出版日期／2016 年 4 月

683　海南国际旅游岛建设发展报告：2015

著（编）者／海南国际旅游岛发展研究院

研创机构／

出版社／中国社会科学出版社

ISBN／9787516193563

出版日期／2016 年 9 月

684　海南省本科高校向应用型转变的研究报告

著（编）者／陈啸 等

研创机构／

出版社／海南出版社

ISBN／9787544366731

出版日期／2016 年 8 月

685　海南省产业园区发展报告

著（编）者／张作荣、曹锡仁

研创机构／

出版社／海南出版社

ISBN／9787544366052

出版日期／2016 年 12 月

686 **海南省经济发展报告：2016**
（海南省经济蓝皮书系列）
著（编）者／胡国柳
研创机构／海南大学经济与管理学院
出版社／中国经济出版社
ISBN／9787513643320
出版日期／2016 年 8 月

687 **海南省企业发展报告（2016）**
著（编）者／海南省企业联合会、海南省企业家协会
研创机构／
出版社／南方出版社
ISBN／9787550122925
出版日期／2016 年 9 月

688 **海南省重点行业发展报告：2016**
（海南省经济蓝皮书系列）
著（编）者／胡国柳、余升国、李世杰
研创机构／海南经济发展研究中心
出版社／中国经济出版社
ISBN／9787513643313
出版日期／2016 年 8 月

689 **海外华商与国际侨汇研究报告（2016）**
著（编）者／林勇
研创机构／福建社会科学院华侨华人研究所
出版社／世界图书出版公司
ISBN／9787519222628
出版日期／2016 年 12 月

690 **海外人文社会科学发展年度报告**
著（编）者／武汉大学中国高校哲学社会科学发展与评价研究中心
研创机构／
出版社／武汉大学出版社
ISBN／9787307191143
出版日期／2016 年 12 月

691 韩国发展报告（2015）

（韩国蓝皮书，皮书序列号：PSN B – 2010 – 155 – 1/1）

著（编）者／牛林杰、刘宝全

研创机构／山东大学韩国学院

出版社／社会科学文献出版社

ISBN／9787509788271

出版日期／2016 年 5 月

692 汉江区域发展报告 2015：城乡发展一体化专辑

著（编）者／王化凯、戴桂斌

研创机构／湖北文理学院

出版社／湖北人民出版社

ISBN／9787216087759

出版日期／2016 年 7 月

693 杭州都市圈发展报告（2016）

（杭州都市圈蓝皮书，皮书序列号：PSN B – 2012 – 302 – 1/1）

著（编）者／沈翔、戚建国、潘莫愁、张旭东、方晨光

研创机构／杭州市社会科学院

出版社／社会科学文献出版社

ISBN／9787509790984

出版日期／2016 年 5 月

694 杭州妇女发展报告（2016）

（杭州蓝皮书，皮书序列号：PSN B – 2014 – 403 – 1/1）

著（编）者／魏颖、侯公林

研创机构／杭州市妇女联合会、杭州市妇女研究会

出版社／社会科学文献出版社

ISBN／9787509792216

出版日期／2016 年 6 月

695 杭州市电子商务发展报告：2015

著（编）者／刘晓明

研创机构／杭州市人民政府

出版社／中国财富出版社

ISBN／9787504761842

出版日期／2016 年 7 月

696 杭州市会展业发展报告 2009

著（编）者／叶敏

研创机构／

出版社／吉林人民出版社

ISBN／9787206123986

出版日期／2016 年 4 月

697 杭州市会展业发展报告 2010

著（编）者／叶敏

研创机构／

出版社／吉林人民出版社

ISBN／9787206125133

出版日期／2016 年 6 月

698 杭州市会展业发展报告 2011

著（编）者／叶敏

研创机构／

出版社／吉林人民出版社

ISBN／9787206126086

出版日期／2016 年 7 月

699 杭州文化创意产业发展报告（2015）

著（编）者／中共杭州市委宣传部、杭州市文化创意产业办公室

研创机构／

出版社／杭州出版社

ISBN／9787556504374

出版日期／2016 年 3 月

700 好金融 好社会：中国普惠金融发展报告（2015）

著（编）者／贝多广、李焰

研创机构／中国人民大学

出版社／经济管理出版社

ISBN／9787509640579

出版日期／2016 年 2 月

701　河北经济社会发展报告（2016）

（河北蓝皮书，皮书序列号：PSN B－2014－372－1/3）

著（编）者／郭金平

研创机构／河北省社会科学院

出版社／社会科学文献出版社

ISBN／9787509784839

出版日期／2016 年 1 月

702　河北省金融稳定报告（2016）

著（编）者／中国人民银行石家庄中心支行金融稳定分析小组

研创机构／

出版社／河北人民出版社

ISBN／9787202115237

出版日期／2016 年 12 月

703　河北省经济发展报告（2016）

（河北经济蓝皮书，皮书序列号：PSN B－2014－380－1/1）

著（编）者／马树强、金浩、张贵

研创机构／河北工业大学京津冀发展研究中心

出版社／社会科学文献出版社

ISBN／9787509789933

出版日期／2016 年 4 月

704　河北省科技统计报告

著（编）者／李银生、聂永川

研创机构／河北省科学技术情报研究院

出版社／河北科学技术出版社

ISBN／9787537581981

出版日期／2016 年 2 月

705　河北省农村金融发展报告

著（编）者／赵慧峰、王秀芳

研创机构／河北农业大学

出版社／中国农业出版社

ISBN／9787109222809

出版日期／2016 年 11 月

706　河北省普通高等学校教学质量发展年度报告 – 2014

　　著（编）者／刘教民

　　研创机构／河北省教育厅

　　出版社／河北大学出版社

　　ISBN／9787566610379

　　出版日期／2016 年 6 月

707　河北省物流业发展报告：2015 ~ 2016

　　著（编）者／河北省现代物流业发展领导小组办公室

　　研创机构／

　　出版社／中国财富出版社

　　ISBN／9787504761644

　　出版日期／2016 年 6 月

708　河北食品药品安全研究报告（2016）

　　（河北食品药品安全蓝皮书，皮书序列号：PSN B – 2015 – 473 – 1/1）

　　著（编）者／丁锦霞、王金龙、彭建强

　　研创机构／河北省食品药品监督管理局

　　出版社／社会科学文献出版社

　　ISBN／9787509792223

　　出版日期／2016 年 6 月

709　河南城市发展报告（2016）

　　（河南蓝皮书，皮书序列号：PSN B – 2009 – 131 – 3/9）

　　著（编）者／张占仓、王建国、王新涛、左雯

　　研创机构／河南省社会科学院

　　出版社／社会科学文献出版社

　　ISBN／9787509791257

　　出版日期／2016 年 5 月

710　河南法治发展报告（2016）

　　（河南蓝皮书，皮书序列号：PSN B – 2014 – 376 – 6/9）

　　著（编）者／丁同民、张林海、李宏伟、王运慧

　　研创机构／河南省社会科学院

　　出版社／社会科学文献出版社

　　ISBN／9787509789162

　　出版日期／2016 年 5 月

711 河南工业发展报告（2016）

（河南蓝皮书，皮书序列号：PSN B－2013－317－5/9）

著（编）者／张占仓、丁同民、张富禄、赵西三

研创机构／河南省社会科学院

出版社／社会科学文献出版社

ISBN／9787509789940

出版日期／2016 年 5 月

712 河南经济发展报告（2016）

（河南蓝皮书，皮书序列号：PSN B－2010－157－4/9）

著（编）者／张占仓、完世伟、王玲杰

研创机构／河南省社会科学院

出版社／社会科学文献出版社

ISBN／9787509788479

出版日期／2016 年 3 月

713 河南商务发展报告（2016）

（河南商务蓝皮书，皮书序列号：PSN B－2014－399－1/1）

著（编）者／焦锦淼、穆荣国、张进才、王军、费全发、任秀苹

研创机构／河南省商务厅、河南省商业经济研究所

出版社／社会科学文献出版社

ISBN／9787509791240

出版日期／2016 年 6 月

714 河南社会治理发展报告（2016）

（社会治理河南省协同创新中心智库丛书）

著（编）者／郑永扣、郑志龙、刘学民、高卫星、樊红敏

研创机构／郑州大学公共管理学院

出版社／社会科学文献出版社

ISBN／9787509792841

出版日期／2016 年 7 月

715 河南省金融发展指数报告：2015 年卷

（社会治理河南省协同创新中心智库丛书）

著（编）者／李燕燕 等

研创机构／郑州大学

出版社／中国社会科学出版社

ISBN／9787516179635

出版日期／2016 年 3 月

716　河南文化发展报告（2016）

（河南蓝皮书，皮书序列号：PSN B – 2008 – 106 – 2/9）

著（编）者／卫绍生、李立新

研创机构／河南省社会科学院

出版社／社会科学文献出版社

ISBN／9787509787847

出版日期／2016 年 3 月

717　黑龙江经济发展报告（2016）

（黑龙江蓝皮书，皮书序列号：PSN B – 2011 – 190 – 2/3）

著（编）者／朱宇、王爱新、王刚、李小丽、笪志刚、马友君

研创机构／黑龙江省社会科学院

出版社／社会科学文献出版社

ISBN／9787509786239

出版日期／2016 年 1 月

718　黑龙江社会发展报告（2016）

（黑龙江蓝皮书，皮书序列号：PSN B – 2011 – 189 – 1/3）

著（编）者／谢宝禄、王爱丽、鲁锐、张慧霄、田雨

研创机构／黑龙江省社会科学院

出版社／社会科学文献出版社

ISBN／9787509786246

出版日期／2016 年 1 月

719　黑龙江省商业景气指数研究报告：2016

（商业蓝皮书）

著（编）者／曲振涛

研创机构／哈尔滨商业大学

出版社／中国财政经济出版社

ISBN／9787509566589

出版日期／2016 年 3 月

720　黑龙江省职业教育发展报告

著（编）者／吴涛

研创机构／

出版社／黑龙江教育出版社

ISBN／9787531689201

出版日期／2016 年 8 月

721 衡阳经济社会发展蓝皮书 2015 ~ 2016

（衡阳市情与对策研究中心系列丛书）

著（编）者／刘沛林、皮修平

研创机构／衡阳师范学院

出版社／光明日报出版社

ISBN／9787519406363

出版日期／2016 年 4 月

722 呼伦贝尔国家生态保护综合试验区建设研究报告

（地方智库报告）

著（编）者／秦大河、丁永健、方创琳

研创机构／中国科学院、大连理工大学

出版社／中国社会科学出版社

ISBN／9787516188828

出版日期／2016 年 8 月

723 湖北发展研究报告：2016

著（编）者／武汉大学湖北发展问题研究中心、武汉大学发展研究院

研创机构／

出版社／武汉大学出版社

ISBN／9787307185739

出版日期／2016 年 8 月

724 湖北经济社会发展实证报告：2015

著（编）者／湖北省统计局

研创机构／

出版社／中国统计出版社

ISBN／9787503777455

出版日期／2016 年 2 月

725 湖北绿色农业发展研究报告：2014

著（编）者／严立冬

研创机构／中南财经政法大学

出版社／湖北人民出版社

ISBN／9787216088817

出版日期／2016 年 10 月

726　湖北青少年思想道德教育研究报告

著（编）者／杨鲜兰、杨业华

研创机构／

出版社／长江出版社

ISBN／9787549249411

出版日期／2016 年 4 月

727　湖北上市公司年度综合报告研究 2013

著（编）者／胡伟、黄益雄

研创机构／湖北经济学院会计学院

出版社／中国财政经济出版社

ISBN／9787509566374

出版日期／2016 年 3 月

728　湖北省区域创新能力监测与分析报告：2015

著（编）者／邓宏兵

研创机构／中国地质大学经济学院区域经济研究所

出版社／湖北人民出版社

ISBN／9787216088862

出版日期／2016 年 6 月

729　湖北省生态文明建设与绿色发展研究报告：第二辑

著（编）者／郝翔

研创机构／中国地质大学（武汉）

出版社／湖北人民出版社

ISBN／9787216089173

出版日期／2016 年 4 月

730　湖北省生态文明建设与绿色发展研究报告：第一辑

著（编）者／郝翔

研创机构／中国地质大学（武汉）

出版社／湖北人民出版社

ISBN／9787216088879

出版日期／2016 年 3 月

731 湖北文化发展报告（2015）

（湖北文化蓝皮书，皮书序列号：PSN B – 2016 – 566 – 1/1）

著（编）者／湖北大学高等人文研究院、中华文化发展湖北省协同创新中心、
　　　　　吴成国、张敏、李荣娟

研创机构／

出版社／社会科学文献出版社

ISBN／9787509794494

出版日期／2016 年 10 月

732 湖北物流发展报告（2016）

著（编）者／李乐成

研创机构／

出版社／湖北科学技术出版社

ISBN／9787535292902

出版日期／2016 年 12 月

733 湖北新农村发展研究报告：2015

著（编）者／付宏

研创机构／湖北经济学院

出版社／湖北人民出版社

ISBN／9787216089166

出版日期／2016 年 4 月

734 湖南城乡一体化发展报告（2016）

（湖南蓝皮书，皮书序列号：PSN B – 2015 – 477 – 8/8）

著（编）者／陈文胜、王文强、陆福兴、邝奕轩

研创机构／湖南省农村发展研究院、湖南省社会科学院农村发展研究中心

出版社／社会科学文献出版社

ISBN／9787509792230

出版日期／2016 年 6 月

735 湖南非公有制经济发展报告（2015）

著（编）者／湖南省工商业联合会

研创机构／

出版社／湖南人民出版社

ISBN／9787556115259

出版日期／2016 年 11 月

736 **湖南固定资产投资年度报告（2016）**

著（编）者／湖南省发展和改革委员会、湖南省统计局

研创机构／

出版社／湖南人民出版社

ISBN／9787556115631

出版日期／2016 年 11 月

737 **湖南就业蓝皮书（2015）**

著（编）者／贺安杰、郑东亮

研创机构／中共湖南省委组织部、人力资源和社会保障部科学研究所

出版社／中国劳动社会保障出版社

ISBN／9787516728024

出版日期／2016 年 10 月

738 **湖南民生调查报告：2016**

著（编）者／国家统计局湖南调查总队

研创机构／

出版社／中国统计出版社

ISBN／9787503780004

出版日期／2016 年 10 月

739 **湖南省普通高校 2015 届毕业生就业质量年度报告**

著（编）者／熊俊钧、曹敏

研创机构／

出版社／新世界出版社

ISBN／9787510459092

出版日期／2016 年 9 月

740 **湖南省全面建成小康社会统计监测报告：2016**

著（编）者／湖南省全面建成小康社会推进工作领导小组办公室

研创机构／

出版社／湖南人民出版社

ISBN／9787556110216

出版日期／2016 年 9 月

741 湖南省学前教育事业年度发展报告（2014）

著（编）者／湖南省学前教育研究中心

研创机构／

出版社／湖南教育出版社

ISBN／9787553941547

出版日期／2016 年 6 月

742 湖南文化创意产业发展研究报告：2015

著（编）者／杨金鸢、刘建武、湖南文化创意产业研究中心

研创机构／

出版社／湖南人民出版社

ISBN／9787556112791

出版日期／2016 年 1 月

743 湖南县域文化产业发展报告

著（编）者／《湖南县域文化产业发展报告》编委会

研创机构／

出版社／海南出版社

ISBN／9787544364799

出版日期／2016 年 4 月

744 湖南现代物流发展研究报告：2014

著（编）者／黄福华、谢文辉

研创机构／湖南商学院工商管理学院、湖南粮食集团

出版社／中国财富出版社

ISBN／9787504762139

出版日期／2016 年 8 月

745 湖南现代物流发展研究报告：2015

著（编）者／黄福华、谢文辉

研创机构／湖南商学院工商管理学院、湖南粮食集团

出版社／中国财富出版社

ISBN／9787504761941

出版日期／2016 年 7 月

746　湖南养殖业发展报告 2015

著（编）者／袁延文

研创机构／

出版社／湖南科学技术出版社

ISBN／9787535785671

出版日期／2016 年 7 月

747　互联网金融报告：2016

著（编）者／BR 互联网金融研究院

研创机构／

出版社／中国经济出版社

ISBN／9787513641814

出版日期／2016 年 3 月

748　互联网金融风险与应对策略研究报告

著（编）者／新浪金融研究院、董希淼

研创机构／

出版社／中国金融出版社

ISBN／9787504985903

出版日期／2016 年 7 月

749　互联网与国家治理年度报告：2016

著（编）者／张志安

研创机构／中山大学传播与设计学院

出版社／商务印书馆

ISBN／9787100125673

出版日期／2016 年 10 月

750　沪港发展报告（2016）

（沪港蓝皮书，皮书序列号：PSN B－2013－362－1/1）

著（编）者／尤安山、盛垒

研创机构／上海社会科学院港澳研究中心

出版社／社会科学文献出版社

ISBN／9787509795019

出版日期／2016 年 9 月

751 华人高端科技人才发展状况研究报告

著（编）者／中国科协调研宣传部

研创机构／

出版社／中国科学技术出版社

ISBN／9787504670427

出版日期／2016 年 1 月

752 环太湖经济社会发展研究报告

著（编）者／肖新岳

研创机构／中共无锡市委

出版社／红旗出版社

ISBN／9787505138735

出版日期／2016 年 8 月

753 黄河三角洲高效生态经济区发展报告：2015

［教育部哲学社会科学系列发展报告（培育项目）］

著（编）者／魏建、李少星

研创机构／山东大学山东发展研究院

出版社／广西师范大学出版社

ISBN／9787549582969

出版日期／2016 年 5 月

754 基于财务视角的广西上市公司发展报告（2016）

著（编）者／韦德洪、杨海燕、潘柳芸 等

研创机构／广西大学商学院

出版社／广西人民出版社

ISBN／9787219100349

出版日期／2016 年 11 月

755 基于核心竞争力的管理层业绩评价内部报告研究

（山东财经大学公司财务研究中心学术丛书）

著（编）者／滕晓东

研创机构／山东财经大学

出版社／经济科学出版社

ISBN／9787514172621

出版日期／2016 年 10 月

756 基于上市公司财务报告分析研究

著（编）者／李翠玉、张宏

研创机构／

出版社／北京理工大学出版社

ISBN／9787568232784

出版日期／2016 年 1 月

757 吉林法治建设年度报告（2015）

著（编）者／吉林省法学会

研创机构／

出版社／吉林出版集团股份有限公司

ISBN／9787553472119

出版日期／2016 年 11 月

758 吉林农村金融发展报告 2014～2015

著（编）者／吉林农村金融研究中心

研创机构／

出版社／吉林人民出版社

ISBN／9787206128578

出版日期／2016 年 11 月

759 吉林普惠金融研究报告 2016

著（编）者／祝国平

研创机构／吉林财经大学

出版社／吉林大学出版社

ISBN／9787567782778

出版日期／2016 年 12 月

760 吉林青年发展报告（2016）蓝皮书

著（编）者／《吉林青年发展报告（2016）蓝皮书》编委会

研创机构／

出版社／吉林人民出版社

ISBN／9787206133657

出版日期／2016 年 12 月

761 吉林省城市竞争力报告（2015）

（吉林省城市竞争力蓝皮书，皮书序列号：PSN B – 2016 – 513 – 1/1）

著（编）者／崔岳春、张磊、赵光远、王天新、吴迪

研创机构／吉林省社会科学院

出版社／社会科学文献出版社

ISBN／9787509785782

出版日期／2016 年 3 月

762 吉林省城市竞争力报告（2016～2017）

（吉林省城市竞争力蓝皮书，皮书序列号：PSN B – 2016 – 513 – 1/1）

著（编）者／崔岳春、张磊、赵光远、王雨飞、姚震寰、李冬艳

研创机构／吉林省社会科学院

出版社／社会科学文献出版社

ISBN／9787520102605

出版日期／2016 年 12 月

763 吉林省民营经济发展报告 2015

著（编）者／吉林省工商业联合会

研创机构／

出版社／吉林人民出版社

ISBN／9787206133589

出版日期／2016 年 11 月

764 吉林省县域发展报告 2015

著（编）者／房俐

研创机构／

出版社／吉林人民出版社

ISBN／9787206133961

出版日期／2016 年 12 月

765 极地国家政策研究报告（2014～2015）

著（编）者／丁煌

研创机构／武汉大学

出版社／科学出版社

ISBN／9787030467072

出版日期／2016 年 1 月

766 极地国家政策研究报告（2015~2016）

著（编）者／丁煌

研创机构／武汉大学

出版社／科学出版社

ISBN／9787030512482

出版日期／2016 年 12 月

767 集体林权制度改革监测报告：2015

著（编）者／国家林业局"集体林权制度改革监测"项目组

研创机构／

出版社／中国林业出版社

ISBN／9787503884313

出版日期／2016 年 4 月

768 加拿大发展报告（2016）

（加拿大蓝皮书，皮书序列号：PSN B – 2014 – 389 – 1/1）

著（编）者／仲伟合、唐小松

研创机构／广东外语外贸大学加拿大研究中心

出版社／社会科学文献出版社

ISBN／9787509797464

出版日期／2016 年 9 月

769 嘉兴市南湖区民企发展蓝皮书

著（编）者／浙江大学企业成长研究中心

研创机构／

出版社／浙江大学出版社

ISBN／9787308163101

出版日期／2016 年 11 月

770 价格监测分析报告：2015 年

著（编）者／中国人民银行价格监测分析小组

研创机构／

出版社／经济科学出版社

ISBN／9787514171730

出版日期／2016 年 11 月

771　建材工业"十二五"发展报告

著（编）者／工业和信息化部原材料司、中国建筑材料工业规划研究院

研创机构／

出版社／中国建材工业出版社

ISBN／9787516017036

出版日期／2016 年 11 月

772　建筑业科技进步与管理创新调研报告

著（编）者／刘宇林

研创机构／

出版社／中国城市出版社

ISBN／9787507430653

出版日期／2016 年 4 月

773　江苏财政绩效发展研究报告

著（编）者／黄建元

研创机构／

出版社／江苏凤凰科学技术出版社

ISBN／9787553778815

出版日期／2016 年 12 月

774　江苏产业发展报告：2015——"江苏制造 2025"：前瞻布局与战略展望

（江苏产业发展研究院智库丛书）

著（编）者／宣烨、孔群喜

研创机构／南京财经大学江苏产业发展研究院

出版社／中国经济出版社

ISBN／9787513642118

出版日期／2016 年 3 月

775　江苏畜禽产业发展报告

（江苏农业产业发展报告：2011～2015）

著（编）者／江苏省农业科学院

研创机构／

出版社／江苏凤凰科学技术出版社

ISBN／9787553773100

出版日期／2016 年 11 月

776 江苏法治发展报告 No. 4（2015）

（江苏法治蓝皮书，皮书序列号：PSN B－2012－290－1/1）

著（编）者／蔡道通、龚廷泰、倪斐、侯菁如

研创机构／

出版社／社会科学文献出版社

ISBN／9787509791295

出版日期／2016 年 8 月

777 江苏基础教育政策研究报告 2015

著（编）者／邵泽斌

研创机构／南京师范大学教育科学学院

出版社／南京师范大学出版社

ISBN／9787565129278

出版日期／2016 年 11 月

778 江苏科技创新国际化发展研究报告－2015

（现代服务业发展系列报告）

著（编）者／黄建元

研创机构／

出版社／江苏凤凰科学技术出版社

ISBN／9787553772738

出版日期／2016 年 9 月

779 江苏流通产业发展报告 2015

著（编）者／宋学锋

研创机构／

出版社／江苏凤凰科学技术出版社

ISBN／9787553772486

出版日期／2016 年 1 月

780 江苏农村农业生产经营发展报告（2015）

（江苏新农村发展系列报告）

著（编）者／冯淑怡、陆华良、张兰

研创机构／南京农业大学、南京财经大学

出版社／科学出版社

ISBN／9787030511430

出版日期／2016 年 12 月

781 江苏深度融入"一带一路"国家战略发展报告
（现代服务业发展系列报告）
著（编）者／宣烨
研创机构／
出版社／江苏凤凰科学技术出版社
ISBN／9787553774114
出版日期／2016 年 11 月

782 江苏省 2015 届本科毕业生就业情况调查报告
著（编）者／潘漫
研创机构／江苏省教育厅
出版社／江苏凤凰教育出版社
ISBN／9787549962846
出版日期／2016 年 12 月

783 江苏省 2015 届毕业研究生就业情况调查报告
著（编）者／潘漫
研创机构／江苏省教育厅
出版社／江苏凤凰教育出版社
ISBN／9787549961221
出版日期／2016 年 12 月

784 江苏省 2015 届专科毕业生就业情况调查报告
著（编）者／潘漫
研创机构／江苏省教育厅
出版社／江苏凤凰教育出版社
ISBN／9787549962853
出版日期／2016 年 12 月

785 江苏省毕业研究生就业与培养质量调查报告 – 2015 年度
著（编）者／潘漫
研创机构／江苏省教育厅
出版社／江苏凤凰教育出版社
ISBN／9787549957682
出版日期／2016 年 6 月

786 **江苏省城市发展报告（2015）**

著（编）者／江苏省住房和城乡建设厅、江苏省推进城镇化工作联席会

研创机构／

出版社／东南大学出版社

ISBN／9787564168773

出版日期／2016 年 12 月

787 **江苏省高等职业教育质量年度报告：2016**

著（编）者／江苏省教育科学研究院

研创机构／

出版社／中国水利水电出版社

ISBN／9787517042891

出版日期／2016 年 5 月

788 **江苏省集成电路产业发展研究报告：2015 年度**

著（编）者／江苏省经济和信息化委员会、江苏省半导体行业协会

研创机构／

出版社／电子工业出版社

ISBN／9787121296925

出版日期／2016 年 8 月

789 **江苏省教育经费 2013 年度发展报告**

著（编）者／江苏省教育厅财务处、南京大学教育研究院

研创机构／

出版社／中国财政经济出版社

ISBN／9787509566015

出版日期／2016 年 1 月

790 **江苏省科技企业创新能力评价报告**

著（编）者／夏春阳、戚湧、戴力新

研创机构／

出版社／中国时代经济出版社

ISBN／9787511925893

出版日期／2016 年 6 月

791 江苏省人力资源服务业发展研究报告：2015
著（编）者／俞安平
研创机构／南京财经大学
出版社／南京大学出版社
ISBN／9787305177644
出版日期／2016 年 11 月

792 江苏省现代物流业发展研究报告 2014
（现代服务业发展系列报告）
著（编）者／乔均
研创机构／南京财经大学
出版社／江苏凤凰科学技术出版社
ISBN／9787553763026
出版日期／2016 年 5 月

793 江苏省现代物流业发展研究报告 2015
（现代服务业发展系列报告）
著（编）者／乔均
研创机构／南京财经大学
出版社／江苏凤凰科学技术出版社
ISBN／9787553764177
出版日期／2016 年 5 月

794 江苏水产产业发展报告
（江苏农业产业发展报告：2011～2015）
著（编）者／江苏省农业科学院
研创机构／
出版社／江苏凤凰科学技术出版社
ISBN／9787553773070
出版日期／2016 年 11 月

795 江苏水稻产业发展报告
（江苏农业产业发展报告：2011～2015）
著（编）者／江苏省农业科学院
研创机构／
出版社／江苏凤凰科学技术出版社
ISBN／9787553773087
出版日期／2016 年 11 月

796　江苏税务服务业发展报告
著（编）者／王开田
研创机构／
出版社／江苏凤凰科学技术出版社
ISBN／9787553773162
出版日期／2016 年 1 月

797　江苏文化产业发展报告
著（编）者／张为付
研创机构／南京财经大学
出版社／江苏凤凰科学技术出版社
ISBN／9787553774121
出版日期／2016 年 11 月

798　江苏文化产业发展研究报告：**2014**
著（编）者／张为付
研创机构／南京财经大学
出版社／南京大学出版社
ISBN／9787305177613
出版日期／2016 年 11 月

799　江苏现代民政建设年度发展报告：**2015**
著（编）者／侯学元、童星
研创机构／江苏省民政厅、南京大学
出版社／人民出版社
ISBN／9787010167121
出版日期／2016 年 11 月

800　江苏小麦产业发展报告
（江苏农业产业发展报告：2011 ~ 2015）
著（编）者／江苏省农业科学院
研创机构／
出版社／江苏凤凰科学技术出版社
ISBN／9787553773094
出版日期／2016 年 11 月

801 江苏园艺产业发展报告

（江苏农业产业发展报告：2011～2015）

著（编）者／江苏省农业科学院

研创机构／

出版社／江苏凤凰科学技术出版社

ISBN／9787553773124

出版日期／2016 年 11 月

802 江苏中小企业生态环境评价报告：2015

著（编）者／南京大学金陵学院企业生态研究中心

研创机构／

出版社／南京大学出版社

ISBN／9787305181610

出版日期／2016 年 12 月

803 江苏专利实力指数报告：2016

著（编）者／江苏省知识产权研究与保护协会

研创机构／

出版社／知识产权出版社

ISBN／9787513045193

出版日期／2016 年 10 月

804 江西"三农"发展报告（蓝皮书）

著（编）者／黄路生

研创机构／江西农业大学

出版社／江西人民出版社

ISBN／9787210088783

出版日期／2016 年 12 月

805 江西·智库报告：2016 秋季报告

著（编）者／姜玮、梁勇

研创机构／江西省社科院

出版社／江西人民出版社

ISBN／9787210088226

出版日期／2016 年 9 月

806 江西非物质文化遗产发展报告（2016）

（江西文化蓝皮书，皮书序列号：PSN B－2015－499－1/1）

著（编）者／张圣才、傅安平、刘爱华

研创机构／江西师范大学文化研究院

出版社／社会科学文献出版社

ISBN／9787520100793

出版日期／2016 年 12 月

807 江西高校科技创新服务区域经济社会发展报告

著（编）者／中共江西省委教育工委、江西省教育厅

研创机构／

出版社／江西高校出版社

ISBN／9787549349319

出版日期／2016 年 12 月

808 江西家庭发展报告：2016

著（编）者／姜玮、梁勇

研创机构／江西省社会科学院

出版社／江西人民出版社

ISBN／9787210084754

出版日期／2016 年 4 月

809 江西经济社会发展报告（2016）

（江西蓝皮书，皮书序列号：PSN B－2015－484－1/2）

著（编）者／张勇、姜玮、梁勇、陈石俊、龚建文

研创机构／江西省人民政府、江西省社会科学院

出版社／社会科学文献出版社

ISBN／9787509796351

出版日期／2016 年 10 月

810 江西全面建成小康社会研究报告：2016

著（编）者／江西全面建成小康社会决策支持协同创新中心

研创机构／

出版社／中国财政经济出版社

ISBN／9787509569405

出版日期／2016 年 8 月

811 江西设区市发展报告（2016）

（江西蓝皮书，皮书序列号：PSN B－2016－517－2/2）

著（编）者／姜玮、梁勇、龚建文

研创机构／江西省社会科学院

出版社／社会科学文献出版社

ISBN／9787509795033

出版日期／2016 年 10 月

812 江西省基础教育发展报告（2016）

（教育蓝皮书）

著（编）者／林加奇、徐晓泉、何声钟

研创机构／

出版社／江西高校出版社

ISBN／9787549347032

出版日期／2016 年 9 月

813 江西省风景名胜区事业发展报告

著（编）者／汪源林、周建国

研创机构／

出版社／江西科学技术出版社

ISBN／9787539058603

出版日期／2016 年 12 月

814 江西省工业和信息化发展报告：2016

著（编）者／胡世忠

研创机构／江西省吉安市委

出版社／江西人民出版社

ISBN／9787210085454

出版日期／2016 年 6 月

815 江西省国民经济和社会发展报告：2016

著（编）者／吴晓军

研创机构／江西省发展和改革委员会

出版社／江西人民出版社

ISBN／9787210082934

出版日期／2016 年 5 月

816 江西省教育发展报告

著（编）者／梅国平

研创机构／

出版社／江西人民出版社

ISBN／9787210077756

出版日期／2016 年 12 月

817 江西省战略性新兴产业发展报告：2014～2015

著（编）者／江西省战略性新兴产业发展报告课题组

研创机构／

出版社／经济科学出版社

ISBN／9787514170092

出版日期／2016 年 7 月

818 江阴经济社会发展报告（2011～2015）

（江阴蓝皮书）

著（编）者／《江阴经济社会发展报告（2011～2015）》编委会

研创机构／

出版社／中共中央党校出版社

ISBN／9787503559976

出版日期／2016 年 1 月

819 教育促进农村伦理文化发展研究——基于中国 12 乡村调查报告

著（编）者／李敏

研创机构／首都师范大学

出版社／中国农业大学出版社

ISBN／9787565515521

出版日期／2016 年 6 月

820 教育调查报告——面对基础教育的探索与实践

著（编）者／李大可、张贞、杨迪、林建

研创机构／

出版社／四川大学出版社

ISBN／9787561497708

出版日期／2016 年 8 月

821 **教育研究年度报告（2013）**
（国视教育研究书系）
著（编）者／高宝立 等
研创机构／中央教育科学研究所
出版社／教育科学出版社
ISBN／9787519103606
出版日期／2016 年 3 月

822 **节能与新能源汽车发展报告（2016）**
著（编）者／中国汽车技术研究中心
研创机构／
出版社／人民邮电出版社
ISBN／9787115446183
出版日期／2016 年 12 月

823 **金融风险指数构建与应用——区域金融风险监测分析报告（2016）**
（华南金融研究书系）
著（编）者／广州国际金融研究院、广州金融业协会、李正辉、马守荣 等
研创机构／广州国际金融研究院、广州金融业协会、湖南大学
出版社／中国金融出版社
ISBN／9787504988508
出版日期／2016 年 12 月

824 **金砖国家发展报告（2016）**
（新兴经济体蓝皮书，皮书序列号：PSN B－2011－195－1/1）
著（编）者／林跃勤、周文、刘文革、蔡春林
研创机构／中国社会科学院中国社会科学杂志社
出版社／社会科学文献出版社
ISBN／9787520100397
出版日期／2016 年 12 月

825 **近十年北京市文化创意产业政策实施情况绩效评估研究报告**
（文化政策与管理研究丛书）
著（编）者／祁述裕
研创机构／国家行政学院
出版社／清华大学出版社
ISBN／9787302426035
出版日期／2016 年 2 月

826　京津冀城市商业银行发展报告：2016

著（编）者／申富平、王重润

研创机构／河北经贸大学

出版社／中国金融出版社

ISBN／9787504988140

出版日期／2016 年 12 月

827　京津冀创业生态指数报告：2013

著（编）者／林嵩、刘小元、许进、陈金亮

研创机构／中央财经大学商学院

出版社／中国社会科学出版社

ISBN／9787516180310

出版日期／2016 年 5 月

828　京津冀发展报告（2016）

（京津冀蓝皮书，皮书序列号：PSN B – 2012 – 262 – 1/1）

著（编）者／文魁、祝尔娟、张贵祥、叶堂林

研创机构／首都经济贸易大学

出版社／社会科学文献出版社

ISBN／9787509789568

出版日期／2016 年 4 月

829　京津冀金融发展报告（2015）

（京津冀金融蓝皮书，皮书序列号：PSN B – 2016 – 527 – 1/1）

著（编）者／王爱俭、李向前

研创机构／中国滨海金融协同创新中心

出版社／社会科学文献出版社

ISBN／9787509787182

出版日期／2016 年 3 月

830　京津冀金融发展报告（2016）

（京津冀金融蓝皮书，皮书序列号：PSN B – 2016 – 527 – 1/1）

著（编）者／王爱俭、李向前

研创机构／中国滨海金融协同创新中心

出版社／社会科学文献出版社

ISBN／9787520102278

出版日期／2016 年 12 月

831 京津冀区域发展报告：2016

著（编）者／李国平

研创机构／北京大学

出版社／科学出版社

ISBN／9787030488022

出版日期／2016 年 7 月

832 京津冀协同发展蓝皮书

著（编）者／中共河北省委宣传部

研创机构／

出版社／河北美术出版社

ISBN／9787531071679

出版日期／2016 年 4 月

833 京津冀协同发展研究报告

著（编）者／王文录、赵其国

研创机构／

出版社／河北大学出版社

ISBN／9787566610225

出版日期／2016 年 6 月

834 京津冀信息服务业发展报告：2015——协同发展与产业升级

著（编）者／郭斌、陈倩

研创机构／北京第二外国语学院商学院

出版社／经济管理出版社

ISBN／9787509643310

出版日期／2016 年 5 月

835 京津冀信息服务业发展报告：2016——协同创新与绩效评价

（京津冀信息服务业协同发展研究丛书）

著（编）者／郭斌、陈倩

研创机构／北京第二外国语学院商学院

出版社／经济管理出版社

ISBN／9787509644713

出版日期／2016 年 7 月

836 京津冀一体化物流发展报告：2015

著（编）者／王旭东、王可山、郝玉柱

研创机构／北京物资学院

出版社／中国财富出版社

ISBN／9787504763006

出版日期／2016 年 10 月

837 京张冬奥发展报告：2016

著（编）者／陈剑、北京改革和发展研究会

研创机构／京张冬奥研究中心、北京改革和发展研究会

出版社／中国文史出版社

ISBN／9787503487576

出版日期／2016 年 12 月

838 境外投资环境报告：2015～2016

（国家智库报告）

著（编）者／杨立强、卢进勇 等

研创机构／对外经济贸易大学

出版社／中国社会科学出版社

ISBN／9787516188422

出版日期／2016 年 6 月

839 康美·中国中药材价格指数报告：2015

著（编）者／康美药业股份有限公司

研创机构／

出版社／华南理工大学出版社

ISBN／9787562349440

出版日期／2016 年 6 月

840 科技创新与当代青年——2015 上海青年发展报告

著（编）者／共青团上海市委员会、中共上海市科学技术工作委员会

研创机构／

出版社／上海人民出版社

ISBN／9787208136427

出版日期／2016 年 2 月

841 孔子学院研究发展报告：2016

著（编）者／宁继鸣

研创机构／山东大学国际教育学院

出版社／商务印书馆

ISBN／9787100127448

出版日期／2016 年 12 月

842 昆明科学发展蓝皮书 2016

著（编）者／吴瑛

研创机构／昆明科学发展研究院

出版社／云南大学出版社

ISBN／9787548228646

出版日期／2016 年 12 月

843 昆明市高新技术企业发展报告

（昆明蓝皮书）

著（编）者／昆明市科学技术局、昆明市民办科技机构管理处

研创机构／

出版社／云南科技出版社

ISBN／9787541698637

出版日期／2016 年 5 月

844 昆明调查报告（2016）

著（编）者／黄斌

研创机构／

出版社／云南大学出版社

ISBN／9787548228431

出版日期／2016 年 12 月

845 拉丁美洲和加勒比发展报告（2015～2016）

（拉美黄皮书，皮书序列号：PSN Y－1999－007－1/1）

著（编）者／吴白乙、刘维广

研创机构／中国社会科学院拉丁美洲研究所

出版社／社会科学文献出版社

ISBN／9787509790960

出版日期／2016 年 6 月

846 兰州市经济社会发展蓝皮书 – 2016 ~ 2017

著（编）者／陆春鸣

研创机构／兰州市社会科学院

出版社／光明日报出版社

ISBN／9787519422998

出版日期／2016 年 11 月

847 蓝色报告 2014——关于浙江舟山群岛新区经济社会的发展报告

著（编）者／方志华

研创机构／浙江海洋学院

出版社／海洋出版社

ISBN／9787502794217

出版日期／2016 年 5 月

848 澜沧江 – 湄公河次区域合作研究报告

著（编）者／刘金鑫

研创机构／昆明南亚东南亚国际物流研究院

出版社／云南大学出版社

ISBN／9787548226789

出版日期／2016 年 10 月

849 老字号企业案例及发展报告（2016 ~ 2017）

（老字号绿皮书）

著（编）者／张继焦、刘卫毕

研创机构／中国社会科学院、中国企业公民委员会

出版社／中国市场出版社

ISBN／9787509215319

出版日期／2016 年 12 月

850 两岸创意经济研究报告（2016）

（两岸创意经济蓝皮书，皮书序列号：PSN B – 2014 – 437 – 1/1）

著（编）者／罗昌智、林咏能

研创机构／厦门理工学院文化产业与旅游学院、台北教育大学文化创意产业
经营学系

出版社／社会科学文献出版社

ISBN／9787509799086

出版日期／2016 年 11 月

851 辽宁高等职业教育质量评估报告：2011～2015
（辽宁教育省情研究丛书）
著（编）者／董新伟、刘国瑞
研创机构／辽宁教育研究院
出版社／辽宁人民出版社
ISBN／9787205087142
出版日期／2016 年 9 月

852 辽宁教育事业发展报告 2015
著（编）者／辽宁省教育厅
研创机构／
出版社／辽宁人民出版社
ISBN／9787205087180
出版日期／2016 年 8 月

853 辽宁省服务业"十二五"发展报告
著（编）者／辽宁省服务业发展领导小组办公室、辽宁省服务业委员会
研创机构／
出版社／沈阳出版社
ISBN／9787544173674
出版日期／2016 年 4 月

854 辽宁省金融稳定报告：2015
著（编）者／中国人民银行沈阳分行金融稳定分析小组
研创机构／
出版社／辽宁人民出版社
ISBN／9787205086329
出版日期／2016 年 5 月

855 辽宁省文化产业年度发展报告 2014
著（编）者／辽宁省发展和改革委员会、辽宁省统计局
研创机构／
出版社／辽宁人民出版社
ISBN／9787205085896
出版日期／2016 年 5 月

856 辽宁省柞蚕产业可持续发展报告

著（编）者／王慧

研创机构／

出版社／吉林科学技术出版社

ISBN／9787557809034

出版日期／2016 年 6 月

857 林业重大问题调查研究报告：2015 生态建设与改革发展

著（编）者／张建龙

研创机构／国家林业局

出版社／中国林业出版社

ISBN／9787503888847

出版日期／2016 年 12 月

858 林业资金稽查监管报告（2015）

著（编）者／国家林业局林业基金管理总站

研创机构／

出版社／中国林业出版社

ISBN／9787509643297

出版日期／2016 年 10 月

859 临空产业生态建设与健康管理研究

（工业化、城镇化和农业现代化协调发展研究丛书）

著（编）者／郑秀峰、仝新顺、鞠红

研创机构／河南财经政法大学金融学院、郑州轻工业学院经济与管理学院

出版社／社会科学文献出版社

ISBN／9787509785805

出版日期／2016 年 2 月

860 流动人口卫生服务调查分析报告

著（编）者／国家卫生计生委统计信息中心

研创机构／

出版社／中国协和医科大学出版社

ISBN／9787567905665

出版日期／2016 年 11 月

861 柳州市县域经济形势分析与预测

（2016 年柳州蓝皮书）

著（编）者／广西壮族自治区社会科学界联合会、柳州市社会科学界联合会

研创机构／

出版社／广西人民出版社

ISBN／9787219099704

出版日期／2016 年 7 月

862 龙江社科智库报告：2015

著（编）者／黑龙江省社会科学界联合会

研创机构／

出版社／黑龙江大学出版社

ISBN／9787568600668

出版日期／2016 年 12 月

863 洛阳社会发展形势分析与预测（2016）

（洛阳蓝皮书）

著（编）者／韩洪涛

研创机构／

出版社／河南人民出版社

ISBN／9787215102545

出版日期／2016 年 7 月

864 洛阳文化发展报告（2016）

（洛阳蓝皮书，皮书序列号：PSN B－2015－476－1/1）

著（编）者／刘福兴、陈启明

研创机构／中共洛阳市委党校、洛阳市社会科学界联合会

出版社／社会科学文献出版社

ISBN／9787509793930

出版日期／2016 年 7 月

865 洛阳中小企业发展形势分析与预测（2016）

（洛阳蓝皮书）

著（编）者／刘玉来、刘建国

研创机构／

出版社／河南人民出版社

ISBN／9787215102545

出版日期／2016 年 7 月

866 马克思主义中国化研究（2015）

著（编）者／北京市中国特色社会主义理论体系研究中心

研创机构／

出版社／社会科学文献出版社

ISBN／9787509790182

出版日期／2016 年 6 月

867 煤炭行业企业社会责任报告：2015

著（编）者／中国煤炭工业协会

研创机构／

出版社／中国矿业大学出版社

ISBN／9787564630874

出版日期／2016 年 4 月

868 美国航天基金会 2015 年度报告

著（编）者／美国航天基金会

研创机构／

出版社／国防科技大学出版社

ISBN／9787567304659

出版日期／2016 年 12 月

869 美国破产法协会美国破产重整制度改革调研报告
（当代破产法丛书）

著（编）者／何欢、韩长印

研创机构／

出版社／中国政法大学出版社

ISBN／9787562071419

出版日期／2016 年 11 月

870 美国问题研究报告：2015

著（编）者／刘建武、周小毛、谢晶仁

研创机构／湖南省美国问题研究中心

出版社／光明日报出版社

ISBN／9787519402365

出版日期／2016 年 3 月

871 美国研究报告（2016）

（美国蓝皮书，皮书序列号：PSN B－2011－210－1/1）

著（编）者／傅莹、郑秉文、黄平、倪峰、王荣军

研创机构／中国社会科学院美国研究所、中华美国学会

出版社／社会科学文献出版社

ISBN／9787509791196

出版日期／2016 年 6 月

872 美国在亚太地区的军力报告：2016

著（编）者／中国南海研究院

研创机构／

出版社／时事出版社

ISBN／9787519500085

出版日期／2016 年 12 月

873 缅甸政治经济转型对中国在缅投资的影响与对策研究

（云南大学周边外交研究中心智库报告）

著（编）者／卢光盛

研创机构／云南大学国际关系研究院

出版社／社会科学文献出版社

ISBN／9787509794944

出版日期／2016 年 8 月

874 闽台文化发展报告

著（编）者／丁智才、林义斌

研创机构／

出版社／厦门大学出版社

ISBN／9787561562680

出版日期／2016 年 10 月

875 NAES 宏观经济形势分析（2016 年第 2 季度）

（国家智库报告）

著（编）者／中国社会科学院财经战略研究院

研创机构／

出版社／中国社会科学出版社

ISBN／9787516186770

出版日期／2016 年 7 月

876 **南昌发展蓝皮书（2016）**
著（编）者／李伟、喻凤林、南昌市发展和改革委员会、南昌社会科学院
研创机构／
出版社／江西人民出版社
ISBN／9787210088202
出版日期／2016 年 9 月

877 **南海地区形势报告：2014～2015**
著（编）者／鞠海龙
研创机构／暨南大学国际关系学院
出版社／时事出版社
ISBN／9787802328822
出版日期／2016 年 1 月

878 **南海局势深度分析报告（2014）**
著（编）者／中国国际问题研究院
研创机构／
出版社／世界知识出版社
ISBN／9787501252671
出版日期／2016 年 7 月

879 **南京交通发展白皮书**
著（编）者／南京市人民政府
研创机构／
出版社／南京出版社
ISBN／9787553316659
出版日期／2016 年 12 月

880 **南京文化发展报告（2016）**
（南京蓝皮书，皮书序列号：PSN B－2014－439－1/1）
著（编）者／郭榛树、中共南京市委宣传部
研创机构／
出版社／社会科学文献出版社
ISBN／9787509799451
出版日期／2016 年 12 月

881 南宁经济发展报告（2016）

（南宁蓝皮书，皮书序列号：PSN B – 2016 – 569 – 2/3）

著（编）者／胡建华、覃洁贞、吴金艳

研创机构／南宁市社会科学院

出版社／社会科学文献出版社

ISBN／9787509796641

出版日期／2016 年 9 月

882 南宁社会发展报告（2016）

（南宁蓝皮书，皮书序列号：PSN B – 2016 – 570 – 3/3）

著（编）者／胡建华、钟柳红、邓学龙

研创机构／南宁市社会科学院

出版社／社会科学文献出版社

ISBN／9787509796665

出版日期／2016 年 9 月

883 南通民营经济发展报告：2015 ~ 2016

著（编）者／徐守铭、南通市工商业联合会、南通市民营经济发展办公室

研创机构／南通市政协、南通市工商业联合会、南通市民营经济发展办公室

出版社／中华工商联合出版社

ISBN／9787515817385

出版日期／2016 年 7 月

884 南亚地区发展报告：2014 ~ 2015

著（编）者／李涛、文富德、张力

研创机构／四川大学南亚研究所

出版社／时事出版社

ISBN／9787802329096

出版日期／2016 年 1 月

885 内蒙古自治区经济社会发展报告：2015

著（编）者／张志华、内蒙古自治区社会科学院

研创机构／

出版社／远方出版社

ISBN／9787555506331

出版日期／2016 年 1 月

886　能源"金三角"发展战略研究

著（编）者／谢克昌

研创机构／中国工程院

出版社／化学工业出版社

ISBN／9787122248022

出版日期／2016 年 1 月

887　宁波餐饮产业发展报告：2015

（餐饮产业蓝皮书）

著（编）者／张建庆、郭海浩

研创机构／宁波城市职业技术学院、宁波市餐饮业与烹饪协会

出版社／中国原子能出版社

ISBN／9787502272968

出版日期／2016 年 5 月

888　宁波纺织服装产业发展报告

著（编）者／夏春玲、魏明、刘霞玲、裘晓雯 等

研创机构／浙江纺织服装职业技术学院

出版社／中国纺织出版社

ISBN／9787518029730

出版日期／2016 年 9 月

889　宁波广播电影电视发展报告：2016

（宁波广电蓝皮书）

著（编）者／宁波市广播电影电视学会、宁波市广播电影电视发展研究中心

研创机构／

出版社／中国广播电视出版社

ISBN／9787504377500

出版日期／2016 年 10 月

890　宁波经济社会发展经验年度报告：2013

著（编）者／邓纯东

研创机构／中国社会科学院马克思主义研究院

出版社／经济日报出版社

ISBN／9787519600150

出版日期／2016 年 10 月

891 宁波经济社会发展经验年度报告：2014
著（编）者／邓纯东
研创机构／中国社会科学院马克思主义研究院
出版社／经济日报出版社
ISBN／9787519600310
出版日期／2016 年 11 月

892 宁波人才发展报告（2016）
（人才蓝皮书）
著（编）者／阎勤、何兴法、童明荣
研创机构／宁波市人民政府发展研究中心
出版社／中国发展出版社
ISBN／9787517705703
出版日期／2016 年 9 月

893 宁波市新型城镇化发展报告－2015
著（编）者／宁波市发展和改革委员会
研创机构／
出版社／宁波出版社
ISBN／9787552627626
出版日期／2016 年 12 月

894 宁波市智慧城市发展报告－2015
著（编）者／宁波市智慧城市建设工作领导小组办公室
研创机构／
出版社／宁波出版社
ISBN／9787552626216
出版日期／2016 年 8 月

895 宁夏农业经济发展研究报告 2015～2016
著（编）者／王文宇
研创机构／宁夏农牧厅
出版社／宁夏人民出版社
ISBN／9787227065739
出版日期／2016 年 12 月

896 农村教师心理弹性状况调查报告

著（编）者／张旭东 等

研创机构／北京大学

出版社／中国轻工业出版社

ISBN／9787518412204

出版日期／2016 年 12 月

897 农商银行社会责任报告（2015）

著（编）者／《农商银行社会责任报告》编写组

研创机构／

出版社／中国金融出版社

ISBN／9787504984296

出版日期／2016 年 3 月

898 欧洲发展报告（2015～2016）

（欧洲蓝皮书，皮书序列号：PSN B－1999－009－1/1）

著（编）者／黄平、周弘、江时学

研创机构／中国社会科学院欧洲研究所、中国欧洲学会

出版社／社会科学文献出版社

ISBN／9787509791660

出版日期／2016 年 6 月

899 欧洲难民危机专题研究报告

（国家智库报告）

著（编）者／赵俊杰

研创机构／中国社会科学院

出版社／中国社会科学出版社

ISBN／9787516183946

出版日期／2016 年 6 月

900 平安地产金融报告（2016）

著（编）者／住房和城乡建设部政策研究中心、平安银行地产金融事业部

研创机构／

出版社／中国金融出版社

ISBN／9787504984524

出版日期／2016 年 4 月

901 平顶山市经济社会发展研究报告 2015

著（编）者／陈卫华

研创机构／

出版社／中国经济出版社

ISBN／9787513644228

出版日期／2016 年 9 月

902 鄱阳湖生态经济区发展报告

（教育部哲学社会科学系列发展报告）

著（编）者／孔凡斌、潘丹

研创机构／

出版社／中国环境出版社

ISBN／9787511129307

出版日期／2016 年 12 月

903 企业品牌会计报告研究

著（编）者／闫明杰

研创机构／

出版社／经济科学出版社

ISBN／9787514177053

出版日期／2016 年 12 月

904 企业社会责任报告决策价值研究

著（编）者／张正勇

研创机构／

出版社／西南财经大学出版社

ISBN／9787550427310

出版日期／2016 年 12 月

905 启航 2016：北京生物医药产业发展报告

著（编）者／北京生物医药产业发展报告编辑委员会

研创机构／

出版社／科学出版社

ISBN／9787030501998

出版日期／2016 年 10 月

906 气候变化对我国重大工程的影响与对策研究

（《第三次气候变化国家评估报告》特别报告）

著（编）者／丁一汇、杜详琬

研创机构／中国工程院

出版社／科学出版社

ISBN／9787030468314

出版日期／2016 年 1 月

907 气候变化与公共政策研究报告（2016）：科学认识雾霾影响，积极应对雾霾问题

著（编）者／史军、戈华清

研创机构／南京信息工程大学

出版社／气象出版社

ISBN／9787502964429

出版日期／2016 年 11 月

908 汽车企业社会责任蓝皮书：共建汽车社会（2016）

（中国社会责任百人论坛文库）

著（编）者／钟宏武、汪杰、王宁、赵思琪、李扬

研创机构／中国社会科学院、中星责任云社会责任机构

出版社／经济管理出版社

ISBN／9787509647080

出版日期／2016 年 12 月

909 青岛市经济社会发展蓝皮书 2017

著（编）者／佟宝军、青岛市社会科学院、青岛市城市发展研究中心

研创机构／

出版社／中国海洋大学出版社

ISBN／9787567012097

出版日期／2016 年 12 月

910 青岛市科技发展战略研究报告（2015）

著（编）者／青岛市科学技术信息研究所

研创机构／

出版社／中国海洋大学出版社

ISBN／9787567011496

出版日期／2016 年 5 月

911 青海生态文明建设报告（2016）

（青海生态文明建设蓝皮书，皮书序列号：PSN B – 2016 – 595 – 1/1）

著（编）者／张西明、高华、陈玮、杨时民

研创机构／青海省社会科学院

出版社／社会科学文献出版社

ISBN／9787509798744

出版日期／2016 年 12 月

912 青年亚文化研究年度报告：2015

著（编）者／马中红

研创机构／苏州大学

出版社／清华大学出版社

ISBN／9787302444442

出版日期／2016 年 10 月

913 清洁供热与建筑节能发展报告：2016

（清洁能源蓝皮书）

著（编）者／苏树辉、袁国林、姜耀东、周杰、韩文科、毕亚雄

研创机构／国际清洁论坛（澳门）

出版社／世界知识出版社

ISBN／9787501253586

出版日期／2016 年 11 月

914 "区域城市化"与城市群经济发展

［中浦院书系（研究报告系列）］

著（编）者／毛新雅

研创机构／中国浦东干部学院、"一带一路"与长江经济带研究中心

出版社／人民出版社

ISBN／9787010168890

出版日期／2016 年 11 月

915 区域经济与城市发展研究报告：2014～2015——服务地方的路径与策略研究

（REUD 智库丛书）

著（编）者／合肥区域经济与城市发展研究院、区域经济与城市发展协同创
新中心

研创机构／

出版社／经济管理出版社

ISBN／9787509642023

出版日期／2016 年 3 月

916 区域经济与城市发展研究报告：2015～2016——服务地方的路径与策略研究
（REUD 智库丛书）

著（编）者／合肥区域经济与城市发展研究院、安徽大学区域经济与城市发展协同创新中心

研创机构／

出版社／经济管理出版社

ISBN／9787509644560

出版日期／2016 年 6 月

917 全国广播电视新闻从业者调研报告

著（编）者／丁迈、缑赫、董光宇

研创机构／中国传媒大学

出版社／中国发展出版社

ISBN／9787517705093

出版日期／2016 年 8 月

918 全国经济与能源年度发展报告：2016

著（编）者／北京中电经纬咨询有限公司

研创机构／

出版社／中国水利水电出版社

ISBN／9787517046592

出版日期／2016 年 8 月

919 全国科学技术机构统计调查报告（2015）

著（编）者／科学技术部

研创机构／

出版社／科学技术文献出版社

ISBN／9787518921072

出版日期／2016 年 11 月

920 全国矿产资源节约与综合利用报告（2016）

著（编）者／王海军、薛亚洲、雷平喜、范继涛 等

研创机构／中国国土资源经济研究院

出版社／中国地质大学出版社

ISBN／9787116101449

出版日期／2016 年 12 月

921 全国目的地网络舆情监测报告
（旅游数据中心丛书）
著（编）者／邓宁
研创机构／北京大学
出版社／知识产权出版社
ISBN／9787513042987
出版日期／2016 年 6 月

922 全国三国文化遗存调查报告（成都地区）
著（编）者／成都武侯祠博物馆
研创机构／
出版社／科学出版社
ISBN／9787030515056
出版日期／2016 年 12 月

923 全面深化改革进程报告
著（编）者／石良平、沈开艳 等
研创机构／上海社会科学院经济研究所
出版社／上海社会科学院出版社
ISBN／9787552008654
出版日期／2016 年 1 月

924 全球创新创业教育研究报告
著（编）者／孙惠敏、陈工孟
研创机构／宁波大红鹰学院、中国股权投资研究院
出版社／经济管理出版社
ISBN／9787509642481
出版日期／2016 年 10 月

925 全球电视剧产业发展报告：2016
著（编）者／张海涛、胡占凡、张海潮、周然毅
研创机构／中国广播电视协会、中国国际电视总公司
出版社／中国广播电视出版社
ISBN／9787504377517
出版日期／2016 年 9 月

926 **全球电信运营企业发展报告：2010～2011——财务创新与可持续发展**
（中国社会科学权威报告系列）
著（编）者／何瑛
研创机构／北京邮电大学
出版社／经济管理出版社
ISBN／9787509643839
出版日期／2016 年 7 月

927 **全球互联网企业发展报告：2014～2015——资本市场、金融创新与可持续发展**
著（编）者／杨世伟、刘戒骄、何瑛
研创机构／中国社会科学院、北京邮电大学
出版社／经济管理出版社
ISBN／9787509643389
出版日期／2016 年 10 月

928 **全球积极、健康与智慧养老创新报告：2016**
著（编）者／丁辉、刘建兵
研创机构／北京市科学技术研究院
出版社／北京科学技术出版社
ISBN／9787530484791
出版日期／2016 年 10 月

929 **全球金融发展报告 2015/2016——长期融资**
著（编）者／世界银行
研创机构／
出版社／中国财政经济出版社
ISBN／9787509566305
出版日期／2016 年 4 月

930 **全球金融治理报告：2015～2016**
著（编）者／张礼卿、谭小芬
研创机构／中央财经大学
出版社／人民出版社
ISBN／9787010162201
出版日期／2016 年 7 月

931　全球竞争力报告：2014～2015——世界之半：丝绸之路城市网

著（编）者／倪鹏飞、丁如曦、（美）彼得·卡尔·克拉索、唐玉峨 等

研创机构／中国社会科学院财经战略研究院

出版社／中国社会科学出版社

ISBN／9787516189627

出版日期／2016 年 11 月

932　全球开发性金融发展报告：2015

著（编）者／中国开发性金融促进会、北京大学发展研究院联合编写组

研创机构／

出版社／中信出版社

ISBN／9787508656755

出版日期／2016 年 1 月

933　全球可持续能源竞争力报告 2016：聚焦金砖国家

（浙江大学公共管理蓝皮书系列）

著（编）者／郭苏建、方恺、王双、叶瑞克、周云亨、向淼

研创机构／浙江大学环境与能源政策研究中心

出版社／浙江大学出版社

ISBN／9787308164146

出版日期／2016 年 12 月

934　全球投资风险分析报告：2016

著（编）者／中国出口信用保险公司

研创机构／

出版社／中国财政经济出版社

ISBN／9787509569009

出版日期／2016 年 8 月

935　全球要事报告：2015～2016

著（编）者／王宪磊、张焕波、吕欣

研创机构／中国国际经济交流中心、国家信息中心博士后科研工作站

出版社／时事出版社

ISBN／9787802329102

出版日期／2016 年 1 月

936 **全球智库评价报告：2015**

（国家智库报告）

著（编）者／荆林波 等

研创机构／中国社会科学院财经战略研究院

出版社／中国社会科学出版社

ISBN／9787516186756

出版日期／2016 年 7 月

937 **泉州经济社会发展报告：2016**

（泉州蓝皮书）

著（编）者／刘义圣

研创机构／泉州师范学院社会发展学院

出版社／福建人民出版社

ISBN／9787211073849

出版日期／2016 年 6 月

938 **人民币国际化进程监测：人民币国际化发展报告 2016**

（华南金融研究书系）

著（编）者／任英华、许涤龙 等

研创机构／湖南大学金融与统计学院

出版社／中国金融出版社

ISBN／9787504988478

出版日期／2016 年 12 月

939 **人民日报社文化产业发展蓝皮书**

著（编）者／人民日报社企业监管部

研创机构／

出版社／人民日报出版社

ISBN／9787511539083

出版日期／2016 年 7 月

940 **日本经济与中日经贸关系研究报告（2016）**

（日本经济蓝皮书，皮书序列号：PSN B－2008－102－1/1）

著（编）者／张季风、刘瑞、叶琳

研创机构／全国日本经济学会、中国社会科学院日本研究所

出版社／社会科学文献出版社

ISBN／9787509790540

出版日期／2016 年 5 月

941 日本能源形势与能源战略转型（2016）
（国家智库报告）
著（编）者／张季风
研创机构／中国社会科学院日本研究所
出版社／中国社会科学出版社
ISBN／9787516180655
出版日期／2016 年 4 月

942 日本研究报告（2016）
（日本蓝皮书，皮书序列号：PSN B－2002－020－1/1）
著（编）者／杨伯江、吴怀中、林昶
研创机构／中华日本学会、中国社会科学院日本研究所
出版社／社会科学文献出版社
ISBN／9787509791547
出版日期／2016 年 5 月

943 融合之路：互联网周口发展报告（2014～2015）
（人民日报学术文库）
著（编）者／王锦春
研创机构／河南周口报业传媒集团
出版社／人民日报出版社
ISBN／9787511539687
出版日期／2016 年 9 月

944 融合坐标：中国媒体融合发展年度报告（2015）
著（编）者／人民日报社
研创机构／
出版社／人民日报出版社
ISBN／9787511539625
出版日期／2016 年 6 月

945 三都水族自治县经济社会发展报告（2016）
（贵州蓝皮书）
著（编）者／黄德林、黄昊
研创机构／贵州省社会科学院
出版社／中国社会出版社
ISBN／9787508754062
出版日期／2016 年 8 月

946 "三农"网络舆情报告：2015
著（编）者／农业部信息中心
研创机构／
出版社／中国农业出版社
ISBN／9787109217676
出版日期／2016 年 7 月

947 厦门民营经济发展报告：2013～2015
著（编）者／厦门市工商业联合会（厦门总商会）
研创机构／
出版社／中国统计出版社
ISBN／9787503780677
出版日期／2016 年 12 月

948 山东"省情与发展"调研报告（第四辑）
著（编）者／郑贵斌
研创机构／山东社会科学院
出版社／山东人民出版社
ISBN／9787209093828
出版日期／2016 年 5 月

949 山东半岛蓝色经济区发展报告：2015
［教育部哲学社会科学系列发展报告（培育项目）］
著（编）者／黄少安、李增刚
研创机构／中央财经大学、山东大学经济研究中心
出版社／广西师范大学出版社
ISBN／9787549581801
出版日期／2016 年 5 月

950 山东发展统计报告：2016
著（编）者／潘振文
研创机构／山东省统计局
出版社／山东大学出版社
ISBN／9787560755564
出版日期／2016 年 6 月

951 山东发展应用对策报告（第二辑）

著（编）者／郑贵斌、王志东

研创机构／

出版社／山东人民出版社

ISBN／9787209093811

出版日期／2016 年 5 月

952 山东宏观经济研究报告（2015）

著（编）者／关兆泉、刘冰

研创机构／

出版社／山东大学出版社

ISBN／9787560754826

出版日期／2016 年 5 月

953 山东监狱综合保障工作发展战略研究报告

著（编）者／王本群

研创机构／

出版社／法律出版社

ISBN／9787511890979

出版日期／2016 年 1 月

954 山东经济文化社会发展报告（2016）

（山东蓝皮书，皮书序列号：PSN B – 2016 – 535 – 4/5）

著（编）者／李广杰、李善峰、涂可国

研创机构／山东省社会科学院

出版社／社会科学文献出版社

ISBN／9787509793985

出版日期／2016 年 8 月

955 山东商业服务业蓝皮书（2014～2015）

著（编）者／马广水

研创机构／

出版社／经济科学出版社

ISBN／9787514167016

出版日期／2016 年 4 月

956 山东省第二次科技工作者状况调查报告
著（编）者／朱孔来、梁伟、岳卫丽
研创机构／
出版社／济南出版社
ISBN／9787548821472
出版日期／2016 年 5 月

957 山东省互联网金融发展报告：**2016**
著（编）者／孙国茂
研创机构／山东省资本市场创新发展协同创新中心
出版社／中国金融出版社
ISBN／9787504986481
出版日期／2016 年 8 月

958 山东省上市公司市值管理评价报告：**2016**
著（编）者／孙国茂
研创机构／山东省资本市场创新发展协同创新中心
出版社／中国金融出版社
ISBN／9787504986498
出版日期／2016 年 8 月

959 山东省渔业经济发展分析报告
著（编）者／陈盛伟、徐杰
研创机构／山东农业大学
出版社／红旗出版社
ISBN／9787505138971
出版日期／2016 年 12 月

960 山东调查研究报告选编：**2016**
著（编）者／王庆国
研创机构／国家统计局山东调查总队
出版社／中国统计出版社
ISBN／9787503778001
出版日期／2016 年 7 月

961 山西省情报告（2016）

（山西省情智库丛书）

著（编）者／李茂盛、李劲民、张志仁、冯林平

研创机构／山西省地方志办公室、山西省人民政府发展研究中心

出版社／社会科学文献出版社

ISBN／9787520102315

出版日期／2016 年 12 月

962 山西职业教育专题调研报告

著（编）者／王春玲

研创机构／

出版社／山西科学技术出版社

ISBN／9787537754224

出版日期／2016 年 9 月

963 山西资源型经济转型发展报告（2016）

（山西蓝皮书，皮书序列号：PSN B – 2011 – 197 – 1/1）

著（编）者／李志强、顾颖、和芸琴、赵建凤

研创机构／山西大学中国中部发展研究中心、山西大学经济与管理学院、山西大学资源型经济转型发展协同创新中心

出版社／社会科学文献出版社

ISBN／9787509794272

出版日期／2016 年 7 月

964 山西资源型经济转型国家综合配套改革试验区发展报告：2015——创新驱动与转型升级

著（编）者／郭泽光 等

研创机构／山西财经大学

出版社／中国财政经济出版社

ISBN／9787509566190

出版日期／2016 年 1 月

965 陕西餐饮产业发展报告（2016）

著（编）者／王喜庆、王鹏飞

研创机构／

出版社／陕西科学技术出版社

ISBN／9787536968103

出版日期／2016 年 11 月

966 陕西旅游发展报告（2016）

著（编）者／陕西省旅游局

研创机构／

出版社／陕西旅游出版社

ISBN／9787541833298

出版日期／2016 年 4 月

967 陕西省设区的市地方立法状况蓝皮书（2016）

著（编）者／西北政法大学法治陕西建设协同创新研究中心、西北政法大学
地方政府法治建设研究中心、陕西知行地方治理研究中心

研创机构／

出版社／知识产权出版社

ISBN／9787513047142

出版日期／2016 年 12 月

968 商丘发展研究报告（二）

著（编）者／侯俊榜

研创机构／中共商丘市委党校

出版社／河南人民出版社

ISBN／9787215101630

出版日期／2016 年 4 月

969 上海 2050：面向未来 30 年的上海发展战略研究平行报告

［上海市人民政府发展研究中心系列报告（面向未来 30 年的上海战略研究）］

著（编）者／上海市人民政府发展研究中心

研创机构／

出版社／格致出版社

ISBN／9787543226951

出版日期／2016 年 12 月

970 上海 2050 年发展愿景

（智库报告）

著（编）者／王战、王振 等

研创机构／上海社会科学院

出版社／上海社会科学院出版社

ISBN／9787552010954

出版日期／2016 年 1 月

971　上海传媒发展报告（2016）
（上海蓝皮书，皮书序列号：PSN B – 2012 – 295 – 5/8）
著（编）者／强荧、焦雨虹
研创机构／上海社会科学院新闻研究所
出版社／社会科学文献出版社
ISBN／9787509786291
出版日期／2016 年 1 月

972　上海电影产业发展报告：2016
（上海文化发展系列蓝皮书）
著（编）者／荣跃明、刘轶、刘春
研创机构／上海社会科学院文学研究所
出版社／上海社会科学院出版社
ISBN／9787552014389
出版日期／2016 年 6 月

973　上海法治发展报告（2016）
（上海蓝皮书，皮书序列号：PSN B – 2012 – 296 – 6/8）
著（编）者／叶青、杜文俊、王海峰、孟祥沛
研创机构／上海社会科学院法学研究所
出版社／社会科学文献出版社
ISBN／9787509791691
出版日期／2016 年 6 月

974　上海房地产发展报告：2015～2016
（中国社会科学院应用经济研究所智库研究丛书）
著（编）者／顾建发、张宏伟 等
研创机构／上海社会科学院应用经济研究所
出版社／上海社会科学院出版社
ISBN／9787552015409
出版日期／2016 年 9 月

975　上海公共文化服务发展报告2016：推动公共文化服务社会化专业化
（上海文化发展系列蓝皮书）
著（编）者／徐清泉、郑崇选
研创机构／上海社会科学院文学研究所
出版社／上海社会科学院出版社
ISBN／9787552014372
出版日期／2016 年 6 月

976 **上海公共政策与治理决策咨询报告：2015**

著（编）者／胡怡建

研创机构／上海财经大学

出版社／上海人民出版社

ISBN／9787208136687

出版日期／2016 年 4 月

977 **上海国际化大都市公共外交发展报告：第一卷**

（中国长三角城市群公共外交发展战略丛书）

著（编）者／朱新光、苏萍主

研创机构／上海师范大学法政学院

出版社／上海三联书店

ISBN／9787542656735

出版日期／2016 年 10 月

978 **上海合作组织发展报告（2016）**

（上海合作组织黄皮书，皮书序列号：PSN Y－2009－130－1/1）

著（编）者／李进峰、吴宏伟、李少捷

研创机构／中国社会科学院俄罗斯东欧中亚研究所、国务院发展研究中心欧
亚社会发展研究所

出版社／社会科学文献出版社

ISBN／9787509792551

出版日期／2016 年 6 月

979 **上海合作组织发展报告：2015**

著（编）者／刘军

研创机构／华东师范大学俄罗斯研究中心

出版社／时事出版社

ISBN／9787802329867

出版日期／2016 年 6 月

980 **上海互联网金融发展报告（2016）**

著（编）者／上海市互联网金融行业协会、上海大学上海科技金融研究所

研创机构／

出版社／上海交通大学出版社

ISBN／9787313161512

出版日期／2016 年 12 月

981　上海会展业发展报告（2016）
著（编）者／陈先进、季路德
研创机构／国际展览业协会、上海世博局研究中心
出版社／社会科学文献出版社
ISBN／9787509789209
出版日期／2016 年 4 月

982　上海郊区发展报告：2015～2016
著（编）者／上海市发展和改革委员会、上海社会科学院
研创机构／
出版社／上海社会科学院出版社
ISBN／9787552014341
出版日期／2016 年 6 月

983　上海金融发展报告：2016
著（编）者／郑杨
研创机构／上海市金融工委
出版社／上海人民出版社
ISBN／9787208140585
出版日期／2016 年 9 月

984　上海金融人才调查报告：2015
著（编）者／上海市金融服务办公室
研创机构／
出版社／上海人民出版社
ISBN／9787208138605
出版日期／2016 年 7 月

985　上海金融稳定报告：2016
著（编）者／中国人民银行上海总部金融稳定分析小组
研创机构／
出版社／中国金融出版社
ISBN／9787504986566
出版日期／2016 年 8 月

986　上海经济发展报告（2016）
（上海蓝皮书，皮书序列号：PSN B－2006－057－1/8）
著（编）者／沈开艳
研创机构／上海社会科学院
出版社／社会科学文献出版社
ISBN／9787509786307
出版日期／2016 年 1 月

987　上海科技人才发展研究报告：2016
著（编）者／王建平、杨耀武、顾承卫
研创机构／上海科技管理干部学院、上海科学技术政策研究所
出版社／上海交通大学出版社
ISBN／9787313159243
出版日期／2016 年 10 月

988　上海民生民意报告：2016
著（编）者／杨雄、陶希东 等
研创机构／上海社会科学院、华东理工大学城市管理学院
出版社／上海人民出版社
ISBN／9787208136458
出版日期／2016 年 3 月

989　上海浦东经济发展报告（2016）
（浦东新区蓝皮书，皮书序列号：PSN B－2011－225－1/1）
著（编）者／沈开艳、周奇、毛力熊、徐美芳
研创机构／上海社会科学院、中共上海市浦东新区区委党校
出版社／社会科学文献出版社
ISBN／9787509786314
出版日期／2016 年 1 月

990　上海商业发展报告：2015
（尚商系列丛书）
著（编）者／冯叔君、魏农建
研创机构／上海商业发展研究院、上海对外经贸大学
出版社／复旦大学出版社
ISBN／9787309122350
出版日期／2016 年 6 月

991 上海上市公司社会责任研究报告：2016

（中国社会责任百人论坛文库）

著（编）者／钟宏武、翟利峰、王梦娟、贾晶 等

研创机构／中国社会科学院企业社会责任研究中心、中国社会科学院社会发
展战略研究院

出版社／经济管理出版社

ISBN／9787509647646

出版日期／2016 年 12 月

992 上海社会发展报告（2016）

（上海蓝皮书，皮书序列号：PSN B－2006－058－2/8）

著（编）者／卢汉龙、杨雄、周海旺

研创机构／上海社会科学院

出版社／社会科学文献出版社

ISBN／9787509786895

出版日期／2016 年 1 月

993 上海社会质量研究（2010～2013）

（社会质量研究丛书）

著（编）者／张海东

研创机构／上海大学社会学院

出版社／社会科学文献出版社

ISBN／9787509789780

出版日期／2016 年 4 月

994 上海市电子商务报告：2015

著（编）者／上海市商务委员会

研创机构／

出版社／中国商务出版社

ISBN／9787510315527

出版日期／2016 年 6 月

995 上海市公共图书馆流通分析报告：2014 年度

著（编）者／上海图书馆

研创机构／

出版社／上海科学技术文献出版社

ISBN／9787543969278

出版日期／2016 年 1 月

996　上海市建筑业行业发展报告 2016

　　著（编）者／上海市住房和城乡建设管理委员会、上海市建筑科学研究院
　　　　　　　　（集团）有限公司、裴晓

　　研创机构／

　　出版社／上海人民出版社

　　ISBN／9787208140950

　　出版日期／2016 年 12 月

997　上海市科协学会发展报告（2016）

　　著（编）者／上海市科学技术协会

　　研创机构／

　　出版社／上海科学普及出版社

　　ISBN／9787542767844

　　出版日期／2016 年 10 月

998　上海市明清海防遗址调查报告

　　（上海文化遗产保护研究丛书）

　　著（编）者／上海市文物保护研究中心、上海大学文学院

　　研创机构／

　　出版社／上海大学出版社

　　ISBN／9787567123663

　　出版日期／2016 年 11 月

999　上海市依法行政状况白皮书（2010～2014）

　　著（编）者／上海市人民政府法制办公室

　　研创机构／

　　出版社／上海人民出版社

　　ISBN／9787208135802

　　出版日期／2016 年 1 月

1000　上海投资报告（2016）

　　著（编）者／上海市发展和改革委员会、上海市统计局、上海投资咨询公司

　　研创机构／

　　出版社／上海交通大学出版社

　　ISBN／9787313020543

　　出版日期／2016 年 10 月

1001 上海卫生政策研究年度报告：2015

著（编）者／上海市卫生和计划生育委员会、上海市医药卫生发展基金会、
上海市卫生发展研究中心

研创机构／

出版社／科学出版社

ISBN／9787030472632

出版日期／2016 年 1 月

1002 上海文化产业发展报告 2016：迈向"十三五"，开创新格局

（上海文化发展系列蓝皮书）

著（编）者／荣跃明、花建

研创机构／上海社会科学院文学研究所

出版社／上海社会科学院出版社

ISBN／9787552014396

出版日期／2016 年 6 月

1003 上海文化创意产业发展报告（2015～2016）

（创意上海蓝皮书，皮书序列号：PSN B－2016－561－1/1）

著（编）者／王慧敏、王兴全、曹祎遐、孙洁

研创机构／上海社会科学院

出版社／社会科学文献出版社

ISBN／9787509794760

出版日期／2016 年 8 月

1004 上海文化发展报告（2016）

（上海蓝皮书，皮书序列号：PSN B－2006－059－3/8）

著（编）者／荣跃明、郑崇选

研创机构／上海社会科学院

出版社／社会科学文献出版社

ISBN／9787509786628

出版日期／2016 年 1 月

1005 上海文学发展报告（2016）

（上海蓝皮书，皮书序列号：PSN B－2012－297－7/8）

著（编）者／陈圣来、袁红涛

研创机构／上海社会科学院文学研究所

出版社／社会科学文献出版社

ISBN／9787509792940

出版日期／2016 年 6 月

1006　上海现代服务业发展报告（2015）

著（编）者／上海市人民政府发展研究中心、上海现代服务业联合会

研创机构／

出版社／学林出版社

ISBN／9787548611615

出版日期／2016 年 11 月

1007　上海养老服务发展报告（白皮书）

著（编）者／上海市人民政府发展研究中心

研创机构／

出版社／格致出版社、上海人民出版社

ISBN／9787543226012

出版日期／2016 年 1 月

1008　上海艺术发展报告：2015 年

（上海艺术研究所研究报告系列）

著（编）者／上海艺术研究所

研创机构／

出版社／上海人民出版社

ISBN／9787208138339

出版日期／2016 年 6 月

1009　上海证券交易所研究报告（上卷）

著（编）者／吴清

研创机构／上海证券交易所

出版社／上海人民出版社

ISBN／9787208141537

出版日期／2016 年 11 月

1010　上海证券交易所研究报告（下卷）

著（编）者／吴清

研创机构／上海证券交易所

出版社／上海人民出版社

ISBN／9787208141544

出版日期／2016 年 11 月

1011 上海证券交易所研究报告 2016（博士后专辑）

著（编）者／吴清

研创机构／上海证券交易所

出版社／上海人民出版社

ISBN／9787208141520

出版日期／2016 年 11 月

1012 上海资源环境发展报告（2016）

（上海蓝皮书，皮书序列号：PSN B－2006－060－4/8）

著（编）者／周冯琦、汤庆合、任文伟

研创机构／上海社会科学院

出版社／社会科学文献出版社

ISBN／9787509786635

出版日期／2016 年 1 月

1013 社会工作服务机构发展报告（2015）

著（编）者／刘京

研创机构／中国社会工作联合会

出版社／中国社会出版社

ISBN／9787508754888

出版日期／2016 年 11 月

1014 社会建设与法治发展年度观察报告：2014～2015

著（编）者／马长山、马金芳、陆宇峰、王涛、张文龙

研创机构／华东政法大学

出版社／法律出版社

ISBN／9787519700775

出版日期／2016 年 12 月

1015 社会治理创新发展报告（2016）

（社会管理研究丛书）

著（编）者／姜晓萍、夏志强、李强彬

研创机构／四川大学公共管理学院

出版社／中国人民大学出版社

ISBN／9787300238777

出版日期／2016 年 12 月

1016 深入推进依法行政与法治政府建设

［上海行政体制改革研究报告（2015）］

著（编）者／陈奇星、陈保中

研创机构／中共上海市委党校、上海行政学院

出版社／上海人民出版社

ISBN／9787208135673

出版日期／2016 年 2 月

1017 深圳法治发展报告（2016）

（深圳蓝皮书，皮书序列号：PSN B - 2015 - 470 - 6/7）

著（编）者／张骁儒、陈少兵、王为理、李朝晖

研创机构／深圳市社会科学院

出版社／社会科学文献出版社

ISBN／9787509792957

出版日期／2016 年 6 月

1018 深圳房地产发展报告 2015～2016

著（编）者／深圳市规划和国土资源委员会（深圳市海洋局）

研创机构／

出版社／深圳报业集团出版社

ISBN／9787807097723

出版日期／2016 年 11 月

1019 深圳经济发展报告（2016）

（深圳蓝皮书，皮书序列号：PSN B - 2008 - 112 - 3/7）

著（编）者／张骁儒、陈少兵、王为理、董晓远

研创机构／深圳市社会科学院

出版社／社会科学文献出版社

ISBN／9787509792575

出版日期／2016 年 7 月

1020 深圳劳动关系发展报告（2016）

（深圳蓝皮书，皮书序列号：PSN B - 2007 - 097 - 2/7）

著（编）者／秦晓南、杨保华、李莹

研创机构／深圳市社会科学院

出版社／社会科学文献出版社

ISBN／9787509791158

出版日期／2016 年 6 月

1021 深圳全民阅读发展报告：2016
（深圳阅读蓝皮书）
著（编）者／尹昌龙
研创机构／深圳市出版发行集团
出版社／海天出版社
ISBN／9787550715912
出版日期／2016 年 4 月

1022 深圳社会建设与发展报告（2016）
（深圳蓝皮书，皮书序列号：PSN B－2008－113－4/7）
著（编）者／张骁儒、陈东平、陈少兵、赵洪宝、王为理、谢志岿
研创机构／深圳市社会科学院
出版社／社会科学文献出版社
ISBN／9787509793992
出版日期／2016 年 7 月

1023 深圳市企业社会责任评价报告（2015）
著（编）者／赵洪宝
研创机构／
出版社／海天出版社
ISBN／9787550717008
出版日期／2016 年 11 月

1024 深圳市职业教育事业发展蓝皮书 2015
著（编）者／深圳市教育局、李建求
研创机构／深圳市教育局、深圳职业技术学院技术与职业教育研究所
出版社／商务印书馆
ISBN／9787100125871
出版日期／2016 年 10 月

1025 深圳司法报告
著（编）者／万国营
研创机构／深圳市中级人民法院
出版社／法律出版社
ISBN／9787519700706
出版日期／2016 年 10 月

1026 深圳文化发展报告（2016）

（深圳蓝皮书，皮书序列号：PSN B－2016－554－7/7）

著（编）者／张骁儒、陈少兵、王为理、张军

研创机构／深圳市社会科学院

出版社／社会科学文献出版社

ISBN／9787509792964

出版日期／2016 年 7 月

1027 沈阳应急管理报告（2006～2016）

著（编）者／连茂君、肖枫

研创机构／

出版社／沈阳出版社

ISBN／9787544178686

出版日期／2016 年 11 月

1028 省级地方立法研究报告——地方立法双重功能的实现

（国家智库报告）

著（编）者／刘小妹

研创机构／黑龙江省食品药品监督管理局

出版社／中国社会科学出版社

ISBN／9787516191149

出版日期／2016 年 10 月

1029 "十二五"期间中国对外贸易监测报告暨中国外贸进出口年度报告：2016

著（编）者／海关总署综合统计司

研创机构／

出版社／中国海关出版社

ISBN／9787517501510

出版日期／2016 年 8 月

1030 "十二五"应对气候变化国家研究进展报告

著（编）者／中国 21 世纪议程管理中心

研创机构／

出版社／科学出版社

ISBN／9787030484468

出版日期／2016 年 6 月

1031 "十二五"中国鲖鱼产业报告

著（编）者／全国水产技术推广总站

研创机构／

出版社／中国农业出版社

ISBN／9787109222670

出版日期／2016 年 12 月

1032 "十二五"中国教育经费发展报告

著（编）者／国家统计局安徽调查总队

研创机构／

出版社／中国统计出版社

ISBN／9787503780356

出版日期／2016 年 1 月

1033 "十二五"中国物流统计报告（2011~2015）

（中国物流与采购联合会系列报告）

著（编）者／国家发展和改革委员会经济运行调节局、中国物流与采购联合
会、中国物流信息中心

研创机构／

出版社／中国财富出版社

ISBN／9787504763914

出版日期／2016 年 12 月

1034 "十三五"到2030 年国内外宏观经济形势分析与研判

著（编）者／杜天佳、王佳佳

研创机构／国务院国有资产监督管理委员会研究中心

出版社／中国经济出版社

ISBN／9787513643337

出版日期／2016 年 8 月

1035 "十三五"及2030 年发展目标与战略研究

（中国社会科学院·智库报告）

著（编）者／李雪松、娄峰、张友国

研创机构／中国社会科学院财经战略研究院、中国社会科学院数量经济与技
术经济研究所

出版社／社会科学文献出版社

ISBN／9787509783863

出版日期／2016 年 1 月

1036 **"十三五"全民科学素质行动发展专题研究报告**

（中国科协高端科技创新智库丛书）

著（编）者／罗晖、王康友

研创机构／

出版社／中国科学技术出版社

ISBN／9787504671509

出版日期／2016 年 6 月

1037 **"十三五"时期城镇化和区域发展战略研究**

（中国社会科学院·智库报告）

著（编）者／魏后凯、王业强、苏红键

研创机构／中国社会科学院城市发展与环境研究所

出版社／社会科学文献出版社

ISBN／9787509783931

出版日期／2016 年 1 月

1038 **"十三五"时期促进服务业发展改革研究**

（中国社会科学院·智库报告）

著（编）者／夏杰长、倪红福

研创机构／中国社会科学院财经战略研究院

出版社／社会科学文献出版社

ISBN／9787509783856

出版日期／2016 年 1 月

1039 **"十三五"时期工业转型升级的方向与政策**

（中国社会科学院·智库报告）

著（编）者／黄群慧、李晓华、贺俊

研创机构／中国社会科学院工业经济研究所

出版社／社会科学文献出版社

ISBN／9787509783917

出版日期／2016 年 1 月

1040 **"十三五"时期国有企业改革重点思路**

（中国社会科学院·智库报告）

著（编）者／杨春学、杨新铭

研创机构／中国社会科学院经济研究所

出版社／社会科学文献出版社

ISBN／9787509783924

出版日期／2016 年 1 月

1041 "十三五"时期劳动力市场转型对策研究

（中国社会科学院·智库报告）

著（编）者／都阳

研创机构／中国社会科学院人口与劳动经济研究所

出版社／社会科学文献出版社

ISBN／9787509783900

出版日期／2016 年 1 月

1042 "十三五"时期老龄化形势与对策

（中国社会科学院·智库报告）

著（编）者／张车伟、林宝、杨舸

研创机构／中国社会科学院人口与劳动经济研究所

出版社／社会科学文献出版社

ISBN／9787509783849

出版日期／2016 年 1 月

1043 "十三五"时期全面建成小康社会的"短板"及对策

（中国社会科学院·智库报告）

著（编）者／张平、王宏淼、张自然

研创机构／中国社会科学院国家金融与发展实验室、中国社会科学院经济研
究所

出版社／社会科学文献出版社

ISBN／9787509783870

出版日期／2016 年 1 月

1044 "十三五"时期收入分配问题及对策研究

（中国社会科学院·智库报告）

著（编）者／邓曲恒、张平、孙婧芳

研创机构／中国社会科学院经济研究所、中国社会科学院国家金融与发展实
验室

出版社／社会科学文献出版社

ISBN／9787509783955

出版日期／2016 年 1 月

**1045 "十三五"时期首都多层次资本市场发展战略研究：北京财经研究基地年度
报告 2015**

著（编）者／北京财经研究基地、北京市金融工作局

研创机构／

出版社／经济科学出版社

ISBN／9787514165302

出版日期／2016 年 11 月

1046 "十三五"时期中国经济社会发展主要趋势和思路
（中国社会科学院·智库报告）
著（编）者／张晓晶、李成、董昀
研创机构／中国社会科学院金融研究所、中国社会科学院经济研究所
出版社／社会科学文献出版社
ISBN／9787509783894
出版日期／2016 年 1 月

1047 "十三五"时期中国文化发展环境和重大问题研究
（中国社会科学院·智库报告）
著（编）者／张晓明、李河、章建刚
研创机构／中国社会科学院文化研究中心、中国社会科学院哲学研究所
出版社／社会科学文献出版社
ISBN／9787509783962
出版日期／2016 年 1 月

1048 "十三五"时期资源环境发展战略研究
（中国社会科学院·智库报告）
著（编）者／潘家华、李萌
研创机构／中国社会科学院城市发展与环境研究所
出版社／社会科学文献出版社
ISBN／9787509783948
出版日期／2016 年 1 月

1049 十五副省级城市综合大学发展报告：2015
（城市大学蓝皮书）
著（编）者／桑建平、肖引
研创机构／江汉大学
出版社／武汉出版社
ISBN／9787558208737
出版日期／2016 年 10 月

1050 食品工业发展报告：2015 年度
著（编）者／工业和信息化部消费品工业司
研创机构／
出版社／中国轻工业出版社
ISBN／9787518411085
出版日期／2016 年 9 月

1051 食品药品安全与监管政策研究报告（2014～2015）

（食品药品蓝皮书，皮书序列号：PSN B－2009－129－1/1）

著（编）者／上海市食品药品安全研究会、上海市食品药品安全研究中心、
唐民皓

研创机构／

出版社／社会科学文献出版社

ISBN／9787509792971

出版日期／2016 年 6 月

1052 世界教育发展报告：2013

（国际教育研究书系）

著（编）者／中国教育科学研究院国际比较教育研究中心

研创机构／

出版社／教育科学出版社

ISBN／9787519102111

出版日期／2016 年 3 月

1053 世界经济发展报告：2015

（教育部哲学社会科学系列发展报告）

著（编）者／上海财经大学世界经济发展报告课题组

研创机构／

出版社／高等教育出版社

ISBN／9787040456363

出版日期／2016 年 6 月

1054 世界经济运行报告：2015/16

著（编）者／国家统计局国际统计信息中心

研创机构／

出版社／中国统计出版社

ISBN／9787503777813

出版日期／2016 年 5 月

1055 世界旅游城市发展报告（2015）

（世界旅游城市绿皮书，皮书序列号：PSN G－2014－400－1/1）

著（编）者／宋宇

研创机构／世界旅游城市联合会

出版社／社会科学文献出版社

ISBN／9787509784150

出版日期／2016 年 1 月

1056　**世界贸易组织发展报告：2015**

（教育部哲学社会科学系列发展报告）

著（编）者／屠新泉

研创机构／对外经济贸易大学

出版社／高等教育出版社

ISBN／9787040460742

出版日期／2016 年 10 月

1057　**世界贸易组织贸易政策审议报告：美国 2004 年**

著（编）者／上海对外经贸大学世界贸易组织贸易政策审议中心

研创机构／

出版社／法律出版社

ISBN／9787511884350

出版日期／2016 年 3 月

1058　**世界贸易组织贸易政策审议报告：美国 2008 年**

著（编）者／上海对外经贸大学世界贸易组织贸易政策审议中心

研创机构／

出版社／法律出版社

ISBN／9787511884282

出版日期／2016 年 2 月

1059　**世界能源发展报告（2016）**

（世界能源蓝皮书，皮书序列号：PSN B－2013－349－1/1）

著（编）者／黄晓勇、邢广程、解树江

研创机构／中国社会科学院研究生院国际能源安全研究中心

出版社／社会科学文献出版社

ISBN／9787509792988

出版日期／2016 年 6 月

1060　**世界能源与电力发展状况分析报告：2016**

（能源与电力分析年度报告系列）

著（编）者／国网能源研究院

研创机构／

出版社／中国电力出版社

ISBN／9787512398191

出版日期／2016 年 10 月

1061　世界前沿技术发展报告：2015

著（编）者／国务院发展研究中心国际技术经济研究所

研创机构／

出版社／科学出版社

ISBN／9787030481351

出版日期／2016 年 5 月

1062　世界社会主义跟踪研究报告（2015～2016）

（世界社会主义黄皮书，皮书序列号：PSN Y－2005－042－1/1）

著（编）者／李慎明

研创机构／中国社会科学院世界社会主义研究中心

出版社／社会科学文献出版社

ISBN／9787509787458

出版日期／2016 年 3 月

1063　世界税收发展研究报告（2016）

著（编）者／中国国际税收研究会

研创机构／

出版社／中国税务出版社

ISBN／9787567804579

出版日期／2016 年 11 月

1064　世界网络安全发展报告（2015～2016）

（工业和信息化蓝皮书，皮书序列号：PSN B－2015－452－5/6）

著（编）者／洪京一

研创机构／工业和信息化部电子科学技术情报研究所

出版社／社会科学文献出版社

ISBN／9787509788707

出版日期／2016 年 4 月

1065　世界问题研究报告：2015

著（编）者／新华社世界问题研究中心

研创机构／

出版社／新华出版社

ISBN／9787516624135

出版日期／2016 年 6 月

1066 **世界武器装备与军事技术年度发展报告：2015**

著（编）者／中国国防科技信息中心

研创机构／

出版社／国防工业出版社

ISBN／9787118110920

出版日期／2016 年 9 月

1067 **世界信息化发展报告（2015～2016）**

（工业和信息化蓝皮书，皮书序列号：PSN B－2015－451－4／6）

著（编）者／洪京一

研创机构／工业和信息化部电子科学技术情报研究所

出版社／社会科学文献出版社

ISBN／9787509788226

出版日期／2016 年 4 月

1068 **世界信息技术产业发展报告（2015～2016）**

（工业和信息化蓝皮书，皮书序列号：PSN B－2015－449－2／6）

著（编）者／洪京一

研创机构／工业和信息化部电子科学技术情报研究所

出版社／社会科学文献出版社

ISBN／9787509787700

出版日期／2016 年 4 月

1069 **世界语言生活报告（2016）**

（语言生活黄皮书）

著（编）者／教育部语言文字信息管理司、王克非、蔡永良

研创机构／教育部语言文字信息管理司、北京外国语大学语言研究所、上海
　　　　　海事大学外国语学院

出版社／商务印书馆

ISBN／9787100122726

出版日期／2016 年 10 月

1070 **世界知识产权组织竞争政策调研报告介评**

著（编）者／韩伟

研创机构／中国青年政治学院法学院

出版社／法律出版社

ISBN／9787519700119

出版日期／2016 年 10 月

1071 世界主要国家电力市场化改革与发展报告：美洲篇
著（编）者／北京中电经纬咨询有限公司
研创机构／
出版社／中国水利水电出版社
ISBN／9787517036623
出版日期／2016 年 1 月

1072 世界主要国家电力市场化改革与发展报告：欧洲篇
著（编）者／北京中电经纬咨询有限公司
研创机构／
出版社／中国水利水电出版社
ISBN／9787517036609
出版日期／2016 年 1 月

1073 世界主要国家电力市场化改革与发展报告：亚洲篇
著（编）者／北京中电经纬咨询有限公司
研创机构／
出版社／中国水利水电出版社
ISBN／9787517036616
出版日期／2016 年 1 月

1074 首次居民环境与健康素养调查报告：北京、湖北、甘肃
著（编）者／中国环境科学学会
研创机构／
出版社／科学普及出版社
ISBN／9787110073278
出版日期／2016 年 12 月

1075 首都高校党建研究报告（2015）
著（编）者／首都高校党建研究基地
研创机构／
出版社／北京航空航天大学出版社
ISBN／9787512414891
出版日期／2016 年 11 月

1076   首都基础教育发展报告（2015）

著（编）者／首都师范大学首都基础教育发展研究院

研创机构／

出版社／首都师范大学出版社

ISBN／9787565630613

出版日期／2016 年 7 月

1077   首都科技创新发展报告：2016

著（编）者／首都科技发展战略研究院

研创机构／

出版社／科学出版社

ISBN／9787030491299

出版日期／2016 年 7 月

1078   首都社会安全研究报告

著（编）者／宫志刚、张光

研创机构／

出版社／中国人民公安大学出版社

ISBN／9787565327964

出版日期／2016 年 11 月

1079   首都食品产业发展报告（2016）

（食品蓝皮书）

著（编）者／北京食品科学研究院

研创机构／

出版社／中国质检出版社

ISBN／9787502643324

出版日期／2016 年 7 月

1080   首都文化贸易发展报告：2016

著（编）者／李嘉珊

研创机构／北京第二外国语学院国家文化发展国际战略研究院

出版社／中国商务出版社

ISBN／9787510315343

出版日期／2016 年 5 月

1081　数字图书馆发展趋势研究报告

著（编）者／刘小琴、吴建中

研创机构／文化部公共文化司、上海图书馆

出版社／上海科学技术文献出版社

ISBN／9787543970298

出版日期／2016 年 5 月

1082　司法文明年度报告（2015）

著（编）者／江国华

研创机构／武汉大学

出版社／中国政法大学出版社

ISBN／9787562070535

出版日期／2016 年 1 月

1083　丝绸之路经济带发展报告：2016

著（编）者／西安电子科技大学丝绸之路经济带发展研究院

研创机构／

出版社／西安电子科技大学出版社

ISBN／9787560643250

出版日期／2016 年 11 月

1084　丝绸之路经济带与哈萨克斯坦光明之路新经济政策对接合作的问题与前景（国家智库报告）

著（编）者／李永全、王晓泉

研创机构／中国社会科学院

出版社／中国社会科学出版社

ISBN／9787516192054

出版日期／2016 年 10 月

1085　丝绸之路旅游发展报告：2016

著（编）者／李振亭、李君轶、陈宏飞

研创机构／陕西师范大学旅游与环境学院

出版社／陕西师范大学出版总社

ISBN／9787561386378

出版日期／2016 年 12 月

1086 四川藏区全域旅游发展报告（2014 年度）

著（编）者／李柏槐、王晓琴 等

研创机构／四川大学旅游学院

出版社／四川大学出版社

ISBN／9787561492932

出版日期／2016 年 1 月

1087 四川城镇化发展报告（2016）

（四川蓝皮书，皮书序列号：PSN B－2015－456－7/9）

著（编）者／侯水平、陈炜、郭晓鸣、陈智、张鸣鸣

研创机构／四川省社会科学院、四川省统计局

出版社／社会科学文献出版社

ISBN／9787509788578

出版日期／2016 年 4 月

1088 四川企业社会责任研究报告（2015～2016）

（四川蓝皮书，皮书序列号：PSN B－2014－386－4/9）

著（编）者／侯水平、盛毅、翟刚、平文艺、陈杰、王蕴虹

研创机构／四川省社会科学院

出版社／社会科学文献出版社

ISBN／9787509787441

出版日期／2016 年 4 月

1089 四川社会发展报告（2016）

（四川蓝皮书，皮书序列号：PSN B－2008－127－3/9）

著（编）者／李羚、张祥荣、张雪梅

研创机构／四川省社会科学院社会学研究所

出版社／社会科学文献出版社

ISBN／9787509790601

出版日期／2016 年 5 月

1090 四川生态建设报告（2016）

（四川蓝皮书，皮书序列号：PSN B－2015－455－6/9）

著（编）者／李晟之、车茂娟、凌娟

研创机构／四川省社会科学院

出版社／社会科学文献出版社

ISBN／9787509788882

出版日期／2016 年 4 月

1091 四川省"大众创业、万众创新"蓝皮书（2015）

著（编）者／四川省"双创"政策措施落实情况第三方评估工作小组、四川
省科学技术协会

研创机构／

出版社／西南交通大学出版社

ISBN／9787564346522

出版日期／2016 年 5 月

1092 四川省"十二五"中等职业教育发展报告

著（编）者／四川省职业教育与成人教育学会、四川兴合田职业教育研究院

研创机构／

出版社／电子科技大学出版社

ISBN／9787564735302

出版日期／2016 年 4 月

1093 四川省地理信息产业发展研究报告（2015）

著（编）者／四川省地理信息产业协会

研创机构／

出版社／科学技术文献出版社

ISBN／9787518916603

出版日期／2016 年 6 月

1094 四川文化产业发展报告（2016）

（四川蓝皮书，皮书序列号：PSN B－2006－074－1/9）

著（编）者／向宝云、张立伟

研创机构／四川省社会科学院

出版社／社会科学文献出版社

ISBN／9787509788585

出版日期／2016 年 4 月

1095 四川依法治省年度报告 No. 2（2016）

（四川法治蓝皮书，皮书序列号：PSN B－2015－447－3/5）

著（编）者／李林、杨天宗、田禾、吕艳滨

研创机构／中国社会科学院法学研究所

出版社／社会科学文献出版社

ISBN／9787509787434

出版日期／2016 年 3 月

1096 四平法治建设蓝皮书

著（编）者／四平市全面推进依法治市领导小组办公室

研创机构／

出版社／吉林出版集团股份有限公司

ISBN／9787553471983

出版日期／2016 年 11 月

1097 四平法治建设年度报告（2015）

著（编）者／四平市全面推进依法治市领导小组办公室

研创机构／

出版社／吉林出版集团股份有限公司

ISBN／9787553471976

出版日期／2016 年 11 月

1098 苏商经济发展报告（2015）

（现代服务业发展系列报告）

著（编）者／宋学锋

研创机构／

出版社／江苏凤凰科学技术出版社

ISBN／9787553772226

出版日期／2016 年 9 月

1099 苏州本土品牌企业发展报告（信用企业卷）

著（编）者／魏文斌、洪海

研创机构／

出版社／苏州大学出版社

ISBN／9787567219380

出版日期／2016 年 12 月

1100 苏州城市国际竞争力报告：精致创新驱动从容转型

（地方智库报告）

著（编）者／高培勇、周伟强、倪鹏飞、丁如曦、王雨飞、郑琼洁 等

研创机构／中国社会科学院、北京邮电大学、苏州市政协

出版社／中国社会科学出版社

ISBN／9787516189832

出版日期／2016 年 9 月

1101　苏州上市公司发展报告：2016

著（编）者／贝政新、吴永敏、薛誉华

研创机构／苏州大学

出版社／复旦大学出版社

ISBN／9787309125030

出版日期／2016 年 9 月

1102　苏州市电子商务发展报告：2014～2015

著（编）者／陈福明 等

研创机构／苏州经贸职业技术学院

出版社／苏州大学出版社

ISBN／9787567217522

出版日期／2016 年 6 月

1103　遂宁绿色城镇发展报告

著（编）者／四川省统筹城乡研究会

研创机构／

出版社／光明日报出版社

ISBN／9787519411565

出版日期／2016 年 6 月

1104　太原发展报告：2015

著（编）者／胡建林

研创机构／太原市社会科学院

出版社／山西经济出版社

ISBN／9787557700997

出版日期／2016 年 11 月

1105　泰国研究报告（2016）

（泰国蓝皮书，皮书序列号：PSN B－2016－556－1/1）

著（编）者／庄国土、张禹东、刘文正

研创机构／华侨大学泰国研究所、厦门大学南洋研究院

出版社／社会科学文献出版社

ISBN／9787509795156

出版日期／2016 年 8 月

1106 **探底反弹进程中的中国宏观经济（2015~2016）**
（国家智库报告）
著（编）者／刘元春
研创机构／中国人民大学经济学院
出版社／中国社会科学出版社
ISBN／9787516175071
出版日期／2016 年 1 月

1107 **探索新型智库发展之路：蓝迪国际智库报告（2015）**
著（编）者／王伟光、赵白鸽、蔡昉、王镭、王灵桂
研创机构／中国社会科学院
出版社／中国社会科学出版社
ISBN／9787516176955
出版日期／2016 年 8 月

1108 **体育科技发展报告**
著（编）者／钟秉枢
研创机构／首都体育学院
出版社／北京体育大学出版社
ISBN／9787564423049
出版日期／2016 年 9 月

1109 **天津滨海新区发展报告：2006~2015**
著（编）者／宗国英
研创机构／
出版社／天津人民出版社
ISBN／9787201104652
出版日期／2016 年 5 月

1110 **天津文化创意产业发展报告（2015~2016）**
（创意城市蓝皮书，皮书序列号：PSN B－2016－536－7/7）
著（编）者／谢思全、康军、王琳、荆克迪
研创机构／南开大学滨海开发研究院文化创意产业研究中心
出版社／社会科学文献出版社
ISBN／9787509792322
出版日期／2016 年 6 月

1111 同济调查：上海社会治理调研报告

著（编）者／郭强、覃文忠、黄蓉

研创机构／同济大学

出版社／同济大学出版社

ISBN／9787560864228

出版日期／2016 年 6 月

1112 透视中国——中国宏观经济报告

（中国国际经济交流中心智库丛书）

著（编）者／陈文玲

研创机构／中国国际经济交流中心

出版社／中国经济出版社

ISBN／9787513639194

出版日期／2016 年 3 月

1113 透视中国——中国社会信用体系与文化报告

（中国国际经济交流中心智库丛书）

著（编）者／陈文玲

研创机构／中国国际经济交流中心

出版社／中国经济出版社

ISBN／9787513639200

出版日期／2016 年 3 月

1114 透视中国——中国现代流通报告：上

（中国国际经济交流中心智库丛书）

著（编）者／陈文玲

研创机构／中国国际经济交流中心

出版社／中国经济出版社

ISBN／9787513639149

出版日期／2016 年 4 月

1115 透视中国——中国现代流通报告：下

（中国国际经济交流中心智库丛书）

著（编）者／陈文玲

研创机构／中国国际经济交流中心

出版社／中国经济出版社

ISBN／9787513639163

出版日期／2016 年 4 月

1116 透视中国——中国现代流通报告：中

（中国国际经济交流中心智库丛书）

著（编）者／陈文玲

研创机构／中国国际经济交流中心

出版社／中国经济出版社

ISBN／9787513639156

出版日期／2016 年 4 月

1117 透视中国——中国相关国家战略报告：上

（中国国际经济交流中心智库丛书）

著（编）者／陈文玲

研创机构／中国国际经济交流中心

出版社／中国经济出版社

ISBN／9787513641685

出版日期／2016 年 2 月

1118 透视中国——中国相关国家战略报告：下

（中国国际经济交流中心智库丛书）

著（编）者／陈文玲

研创机构／中国国际经济交流中心

出版社／中国经济出版社

ISBN／9787513641692

出版日期／2016 年 2 月

1119 图们江区域合作发展报告（2016）

（图们江区域合作蓝皮书，皮书序列号：PSN B - 2015 - 464 - 1/1）

著（编）者／李铁、高玉龙、于潇

研创机构／中国国际贸易学会图们江分会

出版社／社会科学文献出版社

ISBN／9787509791134

出版日期／2016 年 6 月

1120 土耳其发展报告（2016）

（土耳其蓝皮书，皮书序列号：PSN B - 2014 - 412 - 1/1）

著（编）者／郭长刚、刘义、李鑫均、王三义

研创机构／上海大学土耳其研究中心

出版社／社会科学文献出版社

ISBN／9787509796238

出版日期／2016 年 9 月

1121 皖北经济社会发展研究报告：皖北地区扩大开放及区域合作专题研究
［安徽财经大学服务安徽经济社会发展系列研究报告（2016）］
著（编）者／安徽皖北经济社会发展研究院、胡登峰 等
研创机构／
出版社／合肥工业大学出版社
ISBN／9787565027123
出版日期／2016 年 4 月

1122 皖江经济发展研究报告（2015）：工业制造业专题
著（编）者／丁家云、倪国爱、付旭军
研创机构／铜陵学院
出版社／经济科学出版社
ISBN／9787514167757
出版日期／2016 年 4 月

1123 网站商业价值评估报告（2016）
著（编）者／谢新洲、施侃
研创机构／北京大学
出版社／华夏出版社
ISBN／9787508090122
出版日期／2016 年 11 月

1124 温室气体减排与碳市场发展报告（2016）
（清洁能源蓝皮书）
著（编）者／国际清洁论坛（澳门）、苏树辉、袁国林、周杰、毕亚雄
研创机构／
出版社／世界知识出版社
ISBN／9787501253388
出版日期／2016 年 11 月

1125 文化大数据 2015
著（编）者／苏峰
研创机构／
出版社／知识产权出版社
ISBN／9787513044455
出版日期／2016 年 8 月

1126　文化发展统计分析报告：2016
　　著（编）者／文化部
　　研创机构／
　　出版社／中国统计出版社
　　ISBN／9787503778834
　　出版日期／2016 年 8 月

1127　文化科技创新发展报告（2016）
　　（文化科技蓝皮书，皮书序列号：PSN B – 2013 – 342 – 1/1）
　　著（编）者／于平、李凤亮、周建新、周志民、黄玉蓉
　　研创机构／深圳大学文化产业研究院、国家文化创新研究中心（筹）
　　出版社／社会科学文献出版社
　　ISBN／9787509798317
　　出版日期／2016 年 10 月

1128　文化流动与文化创新报告
　　著（编）者／王京生
　　研创机构／北京师范大学
　　出版社／广东人民出版社
　　ISBN／9787218107479
　　出版日期／2016 年 5 月

1129　文化研究年度报告（2014）
　　（教育部哲学社会科学系列发展报告）
　　著（编）者／陶东风
　　研创机构／首都师范大学文化研究院
　　出版社／社会科学文献出版社
　　ISBN／9787509787397
　　出版日期／2016 年 3 月

1130　稳定和完善农村基本经营制度研究
　　（国家智库报告）
　　著（编）者／魏后凯、崔红志
　　研创机构／中国社会科学院农村发展研究所
　　出版社／中国社会科学出版社
　　ISBN／9787516191170
　　出版日期／2016 年 10 月

1131 我国环保产业投入绩效与发展研究报告

著（编）者／孙红梅 等

研创机构／上海师范大学商学院

出版社／上海财经大学出版社

ISBN／9787564225506

出版日期／2016 年 10 月

1132 武汉城市圈制造业发展研究报告：2014

（武汉城市圈制造业研究丛书）

著（编）者／于敏、肖华东

研创机构／江汉大学

出版社／武汉理工大学出版社

ISBN／9787562951360

出版日期／2016 年 11 月

1133 武汉法治建设年度报告：2015

著（编）者／武汉市法学会

研创机构／

出版社／武汉出版社

ISBN／9787558205705

出版日期／2016 年 8 月

1134 武汉文化创意产业发展报告（2016）

（创意城市蓝皮书，皮书序列号：PSN B – 2013 – 354 – 4/7）

著（编）者／黄永林、陈汉桥、吴天勇、詹一虹、谈国新

研创机构／华中师范大学

出版社／社会科学文献出版社

ISBN／9787520100281

出版日期／2016 年 12 月

1135 武汉中小企业民营经济发展报告（2016）

著（编）者／武汉市经济和信息化委员会、武汉市工商业联合会

研创机构／

出版社／武汉出版社

ISBN／9787558210822

出版日期／2016 年 12 月

1136　物联网产业专利信息分析与预警研究报告
著（编）者／广东省知识产权研究会、北京国知专利预警咨询有限公司
研创机构／
出版社／知识产权出版社
ISBN／9787513043274
出版日期／2016 年 7 月

1137　西安经济发展报告（2016）
著（编）者／王作权、高东新、程丽辉
研创机构／
出版社／西安出版社
ISBN／9787554113851
出版日期／2016 年 2 月

1138　西安社会发展报告（2016）
著（编）者／王作权、高东新、张永春
研创机构／
出版社／西安出版社
ISBN／9787554113844
出版日期／2016 年 2 月

1139　西部教育报告 2016
著（编）者／郝文武
研创机构／陕西师范大学教育学院
出版社／教育科学出版社
ISBN／9787519109196
出版日期／2016 年 12 月

1140　西藏农村发展报告（2016）
（中国西藏新农村建设绿皮书）
著（编）者／白玛朗杰
研创机构／
出版社／西藏藏文古籍出版社
ISBN／9787805898681
出版日期／2016 年 12 月

1141 西藏特色经济发展研究（全 2 卷）

（西藏历史与现状综合研究项目）

著（编）者／王天津、王天兰

研创机构／中央民族大学经济学院少数民族经济研究所、青岛滨海学院

出版社／社会科学文献出版社

ISBN／9787509782231

出版日期／2016 年 1 月

1142 西藏自治区教育经费年度发展报告（2010～2014）

著（编）者／陈爱东、吴爱珍、刘炳江

研创机构／

出版社／光明日报出版社

ISBN／9787519422097

出版日期／2016 年 1 月

1143 西咸新区发展报告（2011～2015）

（西咸新区蓝皮书，皮书序列号：PSN B－2016－534－1/1）

著（编）者／李扬、王军

研创机构／陕西省西咸新区开发建设管理委员会

出版社／社会科学文献出版社

ISBN／9787509791455

出版日期／2016 年 6 月

1144 湘潭经济社会发展报告 2016

著（编）者／李伯超

研创机构／湖南科技大学

出版社／湘潭大学出版社

ISBN／9787568700542

出版日期／2016 年 12 月

1145 新常态背景下推进城市转型发展：2015 宁波发展研究报告

著（编）者／阎勤

研创机构／宁波市人民政府发展研究中心

出版社／中国发展出版社

ISBN／9787517705697

出版日期／2016 年 9 月

1146 新常态下的区域金融发展：珠江三角洲金融改革发展报告（2016）
（华南金融研究书系）
著（编）者／许涤龙、钟雄 等
研创机构／湖南大学统计学院、广州国际金融研究院
出版社／中国金融出版社
ISBN／9787504988430
出版日期／2016 年 12 月

1147 新疆生产建设兵团"十二五"发展报告（2011～2015）
著（编）者／新疆生产建设兵团统计局、国家统计局新疆生产建设兵团调查
总队、新疆生产建设兵团党委政研室
研创机构／
出版社／中国统计出版社
ISBN／9787503780295
出版日期／2016 年 11 月

1148 新疆文化发展报告（2016）
著（编）者／葛志新、木拉提·黑尼亚提、周丽
研创机构／新疆维吾尔自治区党委、新疆社会科学院、新疆社会科学院哲学
研究所
出版社／新疆人民出版社
ISBN／9787228198344
出版日期／2016 年 11 月

1149 新媒体联盟地平线报告（2015 年博物馆版）
著（编）者／美国新媒体联盟、中国科协科学技术普及部
研创机构／
出版社／中国科学技术出版社
ISBN／9787504670502
出版日期／2016 年 5 月

1150 新媒体前沿发展报告（2015）
著（编）者／胡正荣、唐晓芬、李继东
研创机构／中国传媒大学广播电视研究中心
出版社／社会科学文献出版社
ISBN／9787509787922
出版日期／2016 年 3 月

1151 新起点 新高度 新辉煌：2016 年镇江发展研究报告

著（编）者／童国祥、潘法强

研创机构／中共镇江市委、镇江市社会科学界联合会、镇江市社会科学院

出版社／江苏大学出版社

ISBN／9787568401906

出版日期／2016 年 12 月

1152 新生代农民工收入状况与消费行为研究——基于河南省 18 个省辖市的问卷调查

著（编）者／高中建、王萌

研创机构／河南师范大学社会事业学院

出版社／社会科学文献出版社

ISBN／9787509789032

出版日期／2016 年 3 月

1153 新闻传播与媒介法治年度研究报告 2016

（中国人民大学研究报告系列）

著（编）者／陈绚、杨秀 等

研创机构／中国人民大学新闻学院、重庆大学新闻学院

出版社／中国人民大学出版社

ISBN／9787300235578

出版日期／2016 年 11 月

1154 新型城镇化发展报告（2015）

（新型城镇化蓝皮书，皮书序列号：PSN B – 2014 – 431 – 1/1）

著（编）者／李伟、宋敏、沈体雁

研创机构／北京荣邦瑞明投资管理有限责任公司、中国系统工程学会、中国
区域科学学会

出版社／社会科学文献出版社

ISBN／9787509786642

出版日期／2016 年 3 月

1155 新型城镇化与基础教育布局蓝皮书

（新型城镇化与教育发展丛书）

著（编）者／谈松华

研创机构／

出版社／同济大学出版社

ISBN／9787560863252

出版日期／2016 年 5 月

1156 **新型智慧城市发展报告：2015~2016**

著（编）者／城市新型智慧建设部际协调工作组、林念修、庄荣文、聂成
元、秦海、杜平、单志广、伍浩、刘勇

研创机构／

出版社／中国计划出版社

ISBN／9787518205004

出版日期／2016年9月

1157 **新一代通信产业专利信息分析与预警研究报告**

著（编）者／广东省知识产权研究会、北京国知专利预警咨询有限公司

研创机构／

出版社／知识产权出版社

ISBN／9787513043267

出版日期／2016年7月

1158 **刑事法治发展研究报告：2013~2014年卷**

著（编）者／赵秉志

研创机构／北京师范大学

出版社／法律出版社

ISBN／9787511890740

出版日期／2016年1月

1159 **徐汇教育事业"十二五"发展报告**

著（编）者／刘东昌、庄小凤

研创机构／

出版社／上海教育出版社

ISBN／9787544469326

出版日期／2016年5月

1160 **寻求突破的中国经济：不确定性加大背景下的经济金融形势分析**

［中国经济金融形势展望报告（2016年）］

著（编）者／刘伟、苏剑

研创机构／中国人民大学

出版社／中国人民大学出版社

ISBN／9787300227887

出版日期／2016年6月

1161 循环经济研究报告：第一集
著（编）者／葛新权
研创机构／北京信息科技大学经济管理学院
出版社／北京邮电大学出版社
ISBN／9787563546831
出版日期／2016 年 3 月

1162 亚非拉国际人才战略研究
（国家智库报告）
著（编）者／中国社会科学院人事教育局
研创机构／
出版社／中国社会科学出版社
ISBN／9787516178294
出版日期／2016 年 5 月

1163 亚太城市报告 2015
著（编）者／联合国人居署、联合国亚洲及太平洋经济社会委员会
研创机构／
出版社／同济大学出版社
ISBN／9787560864235
出版日期／2016 年 10 月

1164 亚太城市绿色发展报告：建设面向 2030 年的美好城市家园
著（编）者／赵峥
研创机构／北京师范大学
出版社／中国社会科学出版社
ISBN／9787516186114
出版日期／2016 年 7 月

1165 亚太地区发展报告（2016）
（亚太蓝皮书，皮书序列号：PSN B－2001－015－1/1）
著（编）者／李向阳
研创机构／中国社会科学院亚太与全球战略研究院
出版社／社会科学文献出版社
ISBN／9787509789247
出版日期／2016 年 5 月

1166　亚太经济合作组织 2020 悉尼林业目标进展评估综合报告

著（编）者／亚太森林恢复与可持续管理组织

研创机构／

出版社／中国林业出版社

ISBN／9787503884368

出版日期／2016 年 3 月

1167　亚洲电影蓝皮书（2016）

著（编）者／周星、张燕

研创机构／北京师范大学

出版社／中国电影出版社

ISBN／9787106045142

出版日期／2016 年 11 月

1168　亚洲环境情况报告：第 4 卷

著（编）者／日本环境会议《亚洲环境情况报告》编辑委员会

研创机构／

出版社／中国环境科学出版社

ISBN／9787511125491

出版日期／2016 年 9 月

1169　延安市统筹城乡发展年度报告（2015）

著（编）者／延安市人民政府研究室

研创机构／

出版社／陕西人民出版社

ISBN／9787224121292

出版日期／2016 年 12 月

1170　延边旅游发展报告（2016）

著（编）者／延边大学、延边朝鲜族自治州旅游局

研创机构／

出版社／延边大学出版社

ISBN／9787563494187

出版日期／2016 年 11 月

1171 扬州经济社会发展报告（2016）

（扬州蓝皮书，皮书序列号：PSN B – 2011 – 191 – 1/1）

著（编）者／陈扬、姜龙、孙永如、董玉海、王克胜、李忠盛

研创机构／扬州市哲学社会科学界联合会、扬州市社会科学院

出版社／社会科学文献出版社

ISBN／9787520102346

出版日期／2016 年 12 月

1172 "一带一路"大数据报告：2016

著（编）者／国家信息中心"一带一路"大数据中心

研创机构／

出版社／商务印书馆

ISBN／9787100126199

出版日期／2016 年 10 月

1173 "一带一路"公共外交报告：2016

著（编）者／孙治国

研创机构／中国公共外交协同创新中心

出版社／海洋出版社

ISBN／9787502795146

出版日期／2016 年 7 月

1174 "一带一路"国家法律风险报告

著（编）者／国家开发银行

研创机构／

出版社／法律出版社

ISBN／9787511898319

出版日期／2016 年 8 月

1175 "一带一路"国家级新区发展报告（2015）

著（编）者／卢山冰

研创机构／西北大学

出版社／西北大学出版社

ISBN／9787560439815

出版日期／2016 年 12 月

1176 "一带一路"环球行动报告（2016）

著（编）者／杨善民

研创机构／山东大学哲学与社会发展学院社会学系

出版社／社会科学文献出版社

ISBN／9787509797068

出版日期／2016 年 10 月

1177 "一带一路"黄皮书（2015）

著（编）者／杨言洪

研创机构／北方民族大学

出版社／宁夏人民出版社

ISBN／9787227065159

出版日期／2016 年 11 月

1178 "一带一路"建设发展报告（2016）

（"一带一路"蓝皮书，皮书序列号：PSN B－2016－552－1/1）

著（编）者／李永全、王晓泉

研创机构／中国社会科学院"一带一路"研究中心、中信改革发展研究基金

会

出版社／社会科学文献出版社

ISBN／9787509791578

出版日期／2016 年 7 月

1179 "一带一路"跨境通道建设研究报告（2016）

（"一带一路"跨境通道蓝皮书，皮书序列号：PSN B－2016－557－1/1）

著（编）者／郭业洲、胡昊、金鑫、许永权

研创机构／当代世界研究中心

出版社／社会科学文献出版社

ISBN／9787509793558

出版日期／2016 年 8 月

1180 "一带一路"年度报告 2016：从愿景到行动

著（编）者／赵磊

研创机构／中共中央党校

出版社／商务印书馆

ISBN／9787100119009

出版日期／2016 年 1 月

1181 "一带一路"沿线国家投资经商环境报告：巴基斯坦分册

著（编）者／凌子

研创机构／

出版社／中国商务出版社

ISBN／9787510314223

出版日期／2016 年 3 月

1182 "一带一路"沿线国家五通指数报告

著（编）者／北京大学"一带一路"五通指数研究课题组

研创机构／

出版社／经济日报出版社

ISBN／9787519600020

出版日期／2016 年 11 月

1183 "一带一路"油气合作国别报告：南亚和东南亚地区

（"一带一路"油气系列丛书）

著（编）者／徐建山、吴谋远 等

研创机构／中国石油集团经济技术研究院海外投资环境研究所

出版社／石油工业出版社

ISBN／9787518313273

出版日期／2016 年 6 月

1184 "一带一路"油气合作国别报告：中亚、俄罗斯和中东地区

（"一带一路"油气系列丛书）

著（编）者／徐建山、吴谋远 等

研创机构／中国石油集团经济技术研究院海外投资环境研究所

出版社／石油工业出版社

ISBN／9787518313129

出版日期／2016 年 6 月

1185 伊朗发展报告（2015～2016）

（伊朗蓝皮书，皮书序列号：PSN G－2016－574－1/1）

著（编）者／冀开运、陆瑾、张立明

研创机构／西南大学伊朗研究中心

出版社／社会科学文献出版社

ISBN／9787509797303

出版日期／2016 年 10 月

1186　移动互联网产业发展报告（2015~2016）

（工业和信息化蓝皮书，皮书序列号：PSN B – 2015 – 448 – 1/6）

著（编）者／洪京一

研创机构／工业和信息化部电子科学技术情报研究所

出版社／社会科学文献出版社

ISBN／9787509788349

出版日期／2016 年 4 月

1187　以法律促进孝亲敬老——中国老龄化困局的法治对策

（国家智库报告）

著（编）者／韩莹莹、王思锋、支振锋

研创机构／华南理工大学政治与公共管理学院、西北大学法学院、中国社会

　　　　　科学院法学研究所

出版社／中国社会科学出版社

ISBN／9787516191200

出版日期／2016 年 10 月

1188　以色列发展报告（2016）

（以色列蓝皮书，皮书序列号：PSN B – 2015 – 483 – 1/1）

著（编）者／张倩红、艾仁贵、马丹静

研创机构／郑州大学、河南大学以色列研究中心

出版社／社会科学文献出版社

ISBN／9787509794548

出版日期／2016 年 8 月

1189　印度尼西亚国情报告（2016）

著（编）者／韦红、王勇辉

研创机构／华中师范大学政治学研究院

出版社／社会科学文献出版社

ISBN／9787520100250

出版日期／2016 年 12 月

1190　印度洋地区发展报告（2016）

（印度洋地区蓝皮书，皮书序列号：PSN B – 2013 – 334 – 1/1）

著（编）者／汪戎、朱翠萍、吴建民

研创机构／云南财经大学印度洋地区研究中心

出版社／社会科学文献出版社

ISBN／9787509794319

出版日期／2016 年 6 月

1191　英国发展报告（2015～2016）

（英国蓝皮书，皮书序列号：PSN B－2015－486－1/1）

著（编）者／王展鹏

研创机构／北京外国语大学英国研究中心

出版社／社会科学文献出版社

ISBN／9787520100243

出版日期／2016 年 12 月

1192　英美金融道路的历史经验与中国启示

（国家智库报告）

著（编）者／伍聪

研创机构／中国人民大学国家发展与战略研究院

出版社／中国社会科学出版社

ISBN／9787516186787

出版日期／2016 年 8 月

1193　英语类高职高专毕业生社会需求与培养质量跟踪评价报告

著（编）者／刘黛琳

研创机构／

出版社／北京语言大学出版社

ISBN／9787561945407

出版日期／2016 年 6 月

1194　营运资金管理发展报告（2016）

（营运资金管理发展报告系列丛书）

著（编）者／王竹泉、孙莹、孙建强、王苑琢、王贞洁、王秀华、张先敏、
　　　　　　杜媛、程六兵、杜瑞、赵璨

研创机构／中国海洋大学、青岛科技大学

出版社／中国财政经济出版社

ISBN／9787509570036

出版日期／2016 年 10 月

1195　应对气候变化报告（2016）：《巴黎协定》重在落实

（气候变化绿皮书，皮书序列号：PSN G－2009－144－1/1）

著（编）者／王伟光、郑国光、陈迎、巢清尘、胡国权、潘家华

研创机构／中国社会科学院城市发展与环境研究所

出版社／社会科学文献出版社

ISBN／9787509798904

出版日期／2016 年 11 月

1196 应急管理典型案例研究报告（2016）

（应急管理系列丛书·案例研究）

著（编）者／国家行政学院应急管理案例研究中心

研创机构／

出版社／社会科学文献出版社

ISBN／9787509798911

出版日期／2016 年 10 月

1197 "渝新欧"沿线国家发展报告（2016）

著（编）者／杨柏、黄森、陈银忠、陈伟、代彬、杨红、林川、黄俊

研创机构／四川外语学院国别经济与国际商务研究中心

出版社／社会科学文献出版社

ISBN／9787509788783

出版日期／2016 年 5 月

1198 越南国情报告（2016）

（越南蓝皮书，皮书序列号：PSN B－2006－056－1/1）

著（编）者／谢林城、李碧华、罗梅、陈红升

研创机构／广西社会科学院、广西东南亚研究会

出版社／社会科学文献出版社

ISBN／9787509768709

出版日期／2016 年 11 月

1199 云南发展报告：2015

著（编）者／《云南发展报告》编辑部

研创机构／

出版社／云南美术出版社

ISBN／9787548923534

出版日期／2016 年 3 月

1200 云南发展报告：2016

著（编）者／《云南发展报告》编辑部

研创机构／

出版社／云南美术出版社

ISBN／9787548926801

出版日期／2016 年 12 月

1201　云南教育经费年度发展报告

著（编）者／云南省教育厅

研创机构／

出版社／云南教育出版社

ISBN／9787541597374

出版日期／2016 年 1 月

1202　云南旅游产业投融资年度报告

（云南旅游发展研究丛书）

著（编）者／陈述云

研创机构／

出版社／云南教育出版社

ISBN／9787541596537

出版日期／2016 年 12 月

1203　云南民营经济蓝皮书（2014～2015）

（云南蓝皮书）

著（编）者／云南省工商业联合会、云南省总商会

研创机构／

出版社／云南大学出版社

ISBN／9787548226185

出版日期／2016 年 6 月

1204　云南社会形势分析与预测（2015～2016）

（云南蓝皮书）

著（编）者／樊坚

研创机构／

出版社／云南大学出版社

ISBN／9787548227359

出版日期／2016 年 8 月

1205　云南省道路运输发展报告：2015

著（编）者／云南省道路运输管理局

研创机构／

出版社／人民交通出版社

ISBN／9787114134302

出版日期／2016 年 11 月

1206 云南省学生体质健康调研分析报告（1975～2014）

著（编）者／董一凡、徐忠祥、陆林、查舜

研创机构／

出版社／云南科技出版社

ISBN／9787541698477

出版日期／2016 年 6 月

1207 云南文化发展蓝皮书（2015～2016）

（云南蓝皮书）

著（编）者／王亚南、刘荣

研创机构／

出版社／云南大学出版社

ISBN／9787548227595

出版日期／2016 年 9 月

1208 战略性新兴产业发展报告（2015～2016）

（工业和信息化蓝皮书，皮书序列号：PSN B－2015－450－3/6）

著（编）者／洪京一

研创机构／工业和信息化部电子科学技术情报研究所

出版社／社会科学文献出版社

ISBN／9787509788356

出版日期／2016 年 4 月

1209 浙江改革发展研究报告：2016

著（编）者／浙江省区域经济与社会发展研究会

研创机构／

出版社／浙江教育出版社

ISBN／9787553645636

出版日期／2016 年 6 月

1210 浙江海洋文化产业发展报告

著（编）者／苏勇军 等

研创机构／浙江省海洋文化与经济研究中心

出版社／海洋出版社

ISBN／9787502796174

出版日期／2016 年 11 月

1211 浙江节能低碳发展报告

著（编）者／黄东风、佘孝云、何斯征、姚烨彬

研创机构／浙江省能源与核技术应用研究院

出版社／浙江大学出版社

ISBN／9787308154024

出版日期／2016 年 4 月

1212 浙江金融发展报告

（浙江金融发展报告系列丛书）

著（编）者／汪炜、章华

研创机构／武汉理工大学文法学院

出版社／浙江大学出版社

ISBN／9787308165556

出版日期／2016 年 12 月

1213 浙江旅游业发展报告

著（编）者／浙江省旅游局

研创机构／

出版社／中国旅游出版社

ISBN／9787503256639

出版日期／2016 年 9 月

1214 浙江人才发展蓝皮书 2015

著（编）者／中共浙江省委人才工作领导小组办公室、浙江省人才发展研
究院

研创机构／

出版社／浙江大学出版社

ISBN／9787308157827

出版日期／2016 年 6 月

1215 浙江省滨海旅游发展报告

（海洋资源环境与浙江海洋经济丛书）

著（编）者／苏勇军、李加林 等

研创机构／宁波大学

出版社／浙江大学出版社

ISBN／9787308159586

出版日期／2016 年 11 月

1216 **浙江省高职教育发展报告：2006 ~ 2015**

（现代职业教育研究前沿论丛）

著（编）者／王振洪、成军、邵建东、方展画、王振洪

研创机构／浙江省现代职业教育研究中心

出版社／浙江大学出版社

ISBN／9787308163477

出版日期／2016 年 9 月

1217 **浙江省海洋资源环境发展报告**

（海洋资源环境与浙江海洋经济丛书）

著（编）者／徐皓、李冬玲、李加林

研创机构／中国水产科学研究院渔业机械仪器研究所

出版社／浙江大学出版社

ISBN／9787308157223

出版日期／2016 年 8 月

1218 **浙江省社会舆情蓝皮书（2016）**

著（编）者／浙江省舆情研究中心

研创机构／

出版社／浙江人民出版社

ISBN／9787213071089

出版日期／2016 年 2 月

1219 **浙江省新型城市化发展报告**

著（编）者／钱建民

研创机构／浙江省人大财政经济委员会

出版社／浙江人民出版社

ISBN／9787213068362

出版日期／2016 年 3 月

1220 **浙江数字出版网络视听新媒体发展报告：2014 ~ 2015**

著（编）者／浙江省新闻出版广电局

研创机构／

出版社／浙江大学出版社

ISBN／9787308155663

出版日期／2016 年 8 月

1221 浙江调查与监测报告：2016

著（编）者／国家统计局浙江调查总队

研创机构／

出版社／中国统计出版社

ISBN／9787503777592

出版日期／2016 年 4 月

1222 郑州航空港经济综合实验区发展报告（2016）

（中原发展研究院智库丛书）

著（编）者／耿明斋、王文光、王国安

研创机构／河南大学中原发展研究院、河南省政府民航发展建设委员会办公
室、郑州市发展和改革委员会

出版社／社会科学文献出版社

ISBN／9787509788196

出版日期／2016 年 3 月

1223 郑州航空港经济综合实验区年度发展报告（2016）

著（编）者／张占仓、高友才

研创机构／河南省社会科学院、郑州大学商学院

出版社／社会科学文献出版社

ISBN／9787509796559

出版日期／2016 年 10 月

1224 郑州农村发展报告

著（编）者／郑州市人民政府

研创机构／

出版社／中国统计出版社

ISBN／9787503778483

出版日期／2016 年 8 月

1225 政府采购透明度评估报告（2016）

（国家智库报告）

著（编）者／中国社会科学院法学研究所国家法治指数研究中心、中国社会
科学院法学研究所法治指数创新工程项目组

研创机构／

出版社／中国社会科学出版社

ISBN／9787516191194

出版日期／2016 年 10 月

1226 政府质量工作社会公众满意度调查报告：2015 年

著（编）者／冯蕾、肖震宇、赵曙光

研创机构／中国标准化研究院

出版社／中国标准出版社

ISBN／9787506684200

出版日期／2016 年 9 月

1227 政府综合财务报告制度研究

著（编）者／李霁友

研创机构／东华大学

出版社／科学出版社

ISBN／9787030425645

出版日期／2016 年 8 月

1228 智库报告：2015 年中国智库报告——影响力排名与政策建议

著（编）者／上海社会科学院智库研究中心

研创机构／

出版社／上海社会科学院出版社

ISBN／9787552009040

出版日期／2016 年 10 月

1229 智库报告：服务化——制造业的创新之路

（新开放论丛）

著（编）者／张幼文、徐明棋、周大鹏

研创机构／上海社会科学院世界经济研究所

出版社／上海社会科学院出版社

ISBN／9787552014488

出版日期／2016 年 7 月

1230 智库报告：国债期货市场——开放条件下的发展战略研究

（新开放论丛）

著（编）者／张幼文、徐明棋、周宇 等

研创机构／上海社会科学院国际金融货币研究中心

出版社／上海社会科学院出版社

ISBN／9787552016154

出版日期／2016 年 10 月

1231 智库研究报告

著（编）者／智库研究报告编委会
研创机构／
出版社／武汉出版社
ISBN／9787558206863
出版日期／2016 年 9 月

1232 中等职业教育教师发展报告

著（编）者／天津职业技术师范大学
研创机构／
出版社／高等教育出版社
ISBN／9787040468595
出版日期／2016 年 12 月

1233 中东地区发展报告（2015～2016）:"一带一路"建设与中东
（教育部哲学社会科学系列发展报告）
著（编）者／刘中民、朱威烈、孙德刚
研创机构／上海外国语大学中东研究所
出版社／时事出版社
ISBN／9787802329737
出版日期／2016 年 6 月

1234 中东发展报告 No. 18（2015～2016）
（中东黄皮书，皮书序列号：PSN Y‑1998‑004‑1/1）
著（编）者／杨光、王林聪
研创机构／中国社会科学院西亚非洲研究所
出版社／社会科学文献出版社
ISBN／9787509798959
出版日期／2016 年 10 月

1235 中共十八大以来中国周边外交研究报告
著（编）者／石源华
研创机构／复旦大学国际问题研究院韩国朝鲜研究中心
出版社／社会科学文献出版社
ISBN／9787509786147
出版日期／2016 年 11 月

1236　中国（福建）自由贸易试验区发展报告（2015～2016）
（福建自贸区蓝皮书，皮书序列号：PSN B－2016－531－1/1）
著（编）者／黄茂兴、王珍珍、俞姗、邹文杰、余兴、戴双兴、施志源
研创机构／福建师范大学经济学院
出版社／社会科学文献出版社
ISBN／9787509788967
出版日期／2016 年 4 月

1237　中国（上海）自由贸易试验区海关监管与制度改革发展报告
著（编）者／干春晖
研创机构／上海海关学院
出版社／法律出版社
ISBN／9787511898821
出版日期／2016 年 9 月

1238　中国"三农"互联网金融发展报告（2016）
（"三农"互联网金融蓝皮书，皮书序列号：PSN B－2016－560－1/1）
著（编）者／李勇坚、王弢
研创机构／中国社会科学院财经战略研究院
出版社／社会科学文献出版社
ISBN／9787509795446
出版日期／2016 年 8 月

1239　中国"一带一路"投资安全报告（2015～2016）
著（编）者／曹卫东、邹统钎、梁昊光
研创机构／北京第二外国语学院
出版社／社会科学文献出版社
ISBN／9787509788431
出版日期／2016 年 3 月

1240　中国 100 强产业园区持续发展指数报告
（2016 中国产业园区持续发展蓝皮书）
著（编）者／同济大学发展研究院
研创机构／
出版社／同济大学出版社
ISBN／9787560866031
出版日期／2016 年 12 月

1241 中国 IT 产业发展报告（2015～2016）

著（编）者／李颖

研创机构／工业和信息化部软件服务业司

出版社／人民出版社

ISBN／9787010164557

出版日期／2016 年 7 月

1242 中国 P2P 借贷服务行业发展报告 2016

著（编）者／零壹研究院

研创机构／

出版社／中国经济出版社

ISBN／9787513642491

出版日期／2016 年 7 月

1243 中国 P2P 企业投资价值评价报告

著（编）者／中国互联网金融企业评价课题组

研创机构／

出版社／中国金融出版社

ISBN／9787504987341

出版日期／2016 年 12 月

1244 中国 P2P 网络借贷发展研究报告（2015）

著（编）者／袁善祥、牟善海

研创机构／

出版社／现代出版社

ISBN／9787514346251

出版日期／2016 年 2 月

1245 中国 SUV 市场发展报告（2015～2016）

（SUV 蓝皮书，皮书序列号：PSN B－2016－571－1/1）

著（编）者／靳军、杨洪、苗宇

研创机构／汽车评价网、深圳市航盛电子股份有限公司

出版社／社会科学文献出版社

ISBN／9787509796733

出版日期／2016 年 9 月

1246 中国－阿拉伯国家经贸发展报告（2016）
（中阿蓝皮书，皮书序列号：PSN B－2016－598－1/1）
著（编）者／张廉、段庆林、王林聪、杨巧红
研创机构／宁夏社会科学院
出版社／社会科学文献出版社
ISBN／9787520101622
出版日期／2016 年 12 月

1247 中国保理产业发展报告（2015）
著（编）者／中国银行业协会保理专业委员会
研创机构／
出版社／中国金融出版社
ISBN／9787504987792
出版日期／2016 年 12 月

1248 中国保险市场发展分析（2016）
（保险蓝皮书）
著（编）者／寇业富、陈辉、张宁
研创机构／保险数据文献中心
出版社／中国经济出版社
ISBN／9787513644495
出版日期／2016 年 11 月

1249 中国保险业发展报告：2016
著（编）者／孙祁祥、郑伟 等
研创机构／北京大学经济学院
出版社／北京大学出版社
ISBN／9787301273579
出版日期／2016 年 8 月

1250 中国博士后发展报告 2015
（中国博士后发展蓝皮书·系列报告）
著（编）者／王修来
研创机构／南京军区总医院博士后科研工作站
出版社／中国人事出版社
ISBN／9787512911277
出版日期／2016 年 11 月

1251 中国财产保险重大灾因分析报告：2014

著（编）者／郭生臣、王和、张孝礼、李秀芳

研创机构／中国人民财产保险股份有限公司、中国保险学会

出版社／首都经济贸易大学出版社

ISBN／9787563825554

出版日期／2016 年 8 月

1252 中国财富管理报告：2015

著（编）者／庄毓敏

研创机构／中国人民大学财政金融学院

出版社／中国人民大学出版社

ISBN／9787300220901

出版日期／2016 年 1 月

1253 中国餐饮产业发展报告（2016）

（餐饮产业蓝皮书，皮书序列号：PSN B－2009－151－1/1）

著（编）者／邢颖、于干千

研创机构／世界中餐业联合会、普洱学院

出版社／社会科学文献出版社

ISBN／9787509793381

出版日期／2016 年 6 月

1254 中国餐饮产业发展报告：2016

著（编）者／中国烹饪协会、姜俊贤

研创机构／

出版社／中共中央党校出版社

ISBN／9787503558436

出版日期／2016 年 5 月

1255 中国产业安全指数研究

著（编）者／李孟刚

研创机构／北京交通大学中国产业安全研究中心

出版社／社会科学文献出版社

ISBN／9787509785454

出版日期／2016 年 3 月

1256 **中国产业发展报告：2016 年——面向"十三五"的产业经济研究**
著（编）者／国家发展和改革委员会产业经济与技术经济研究所
研创机构／
出版社／经济科学出版社
ISBN／9787514168945
出版日期／2016 年 4 月

1257 **中国产业发展年度分析报告：2015——供给改革的视角**
著（编）者／芮明杰、王小沙
研创机构／复旦大学、上海市产业发展研究和评估中心
出版社／上海财经大学出版社
ISBN／9787564223441
出版日期／2016 年 1 月

1258 **中国产业竞争力报告（2016）No.6**
（产业蓝皮书，皮书序列号：PSN B－2010－175－1/1）
著（编）者／张其仔、郭朝先、白玫、邓洲、胡文龙、张航燕
研创机构／中国社会科学院工业经济研究所
出版社／社会科学文献出版社
ISBN／9787520101912
出版日期／2016 年 12 月

1259 **中国产业外资控制报告（2015～2016）**
（北京交通大学北京产业安全与发展研究基地系列丛书）
著（编）者／卜伟、李文兴
研创机构／北京交通大学经济管理学院
出版社／社会科学文献出版社
ISBN／9787520101929
出版日期／2016 年 12 月

1260 **中国产业转移年度报告：2015～2016**
著（编）者／工业和信息化部产业政策司、工业和信息化部电子科学技术情
报研究所
研创机构／
出版社／电子工业出版社
ISBN／9787121288821
出版日期／2016 年 6 月

1261 中国场外交易市场发展报告（2014~2015）

（资本市场蓝皮书，皮书序列号：PSN B－2009－153－1/1）

著（编）者／高峦、邓向荣、杨寿岭、韩家清

研创机构／天津产权交易中心

出版社／社会科学文献出版社

ISBN／9787509788219

出版日期／2016 年 3 月

1262 中国场外金融衍生产品市场发展报告：2015 年度

著（编）者／中国银行间市场交易商协会

研创机构／

出版社／中国金融出版社

ISBN／9787504985965

出版日期／2016 年 7 月

1263 中国超大城市农民工问题研究

著（编）者／冯虹

研创机构／北京工业大学

出版社／社会科学文献出版社

ISBN／9787509785911

出版日期／2016 年 3 月

1264 中国城市地价报告蓝皮书 2015

著（编）者／国土资源部土地利用管理司、中国土地勘测规划院

研创机构／

出版社／地质出版社

ISBN／9787116082526

出版日期／2016 年 4 月

1265 中国城市儿童网络安全研究报告：互联网＋时代儿童在线风险及对策

著（编）者／张海波、"儿童与媒介"课题组

研创机构／中国青少年宫协会儿童媒介素养教育研究中心

出版社／南方日报出版社

ISBN／9787549114221

出版日期／2016 年 9 月

1266 中国城市发展报告：2015

著（编）者／《中国城市发展报告》编委会

研创机构／

出版社／中国城市出版社

ISBN／9787507430738

出版日期／2016 年 6 月

1267 中国城市发展报告 No. 9

（城市蓝皮书，皮书序列号：PSN B – 2007 – 091 – 1/1）

著（编）者／潘家华、单菁菁、李国庆、武占云

研创机构／中国社会科学院城市发展与环境研究所

出版社／社会科学文献出版社

ISBN／9787509797846

出版日期／2016 年 9 月

1268 中国城市公用事业发展报告：2015

（中国城市科学研究系列报告）

著（编）者／王俊豪 等

研创机构／浙江财经大学

出版社／中国建筑工业出版社

ISBN／9787112190928

出版日期／2016 年 1 月

1268 中国城市管理报告（2015～2016）

（城市管理蓝皮书，皮书序列号：PSN B – 2013 – 336 – 1/1）

著（编）者／刘林、刘承水

研创机构／北京城市学院

出版社／社会科学文献出版社

ISBN／9787509788752

出版日期／2016 年 5 月

1270 中国城市规划发展报告：2015～2016

（中国城市科学研究系列报告）

著（编）者／中国城市科学研究会

研创机构／

出版社／中国建筑工业出版社

ISBN／9787112195251

出版日期／2016 年 8 月

1271 中国城市轨道交通年度报告：2015

著（编）者／中国城市轨道交通年度报告课题组

研创机构／

出版社／北京交通大学出版社

ISBN／9787512129740

出版日期／2016 年 7 月

1272 中国城市基本公共服务力评价（2016）

（公共服务蓝皮书，皮书序列号：PSN B－2011－214－1/1）

著（编）者／钟君、刘志昌、吴正杲、李慎明、邓纯东、李崇富、程恩富、

　　　　　　侯惠勤、辛向阳、易定宏、刘须宽、罗紫罗兰

研创机构／中国社会科学院马克思主义研究院

出版社／社会科学文献出版社

ISBN／9787520101493

出版日期／2016 年 12 月

1273 中国城市家庭住房消费调查报告（2015）

著（编）者／周京奎 等

研创机构／南开大学

出版社／经济科学出版社

ISBN／9787514165999

出版日期／2016 年 3 月

1274 中国城市家庭住房消费调查报告（2016）

著（编）者／周京奎 等

研创机构／南开大学

出版社／经济科学出版社

ISBN／9787514174397

出版日期／2016 年 12 月

1275 中国城市竞争力报告：No. 14——新引擎：多中心群网化城市体系

著（编）者／倪鹏飞、侯庆虎、李超、张洋子、沈建法、林祖嘉、刘成昆

研创机构／中国社会科学院

出版社／中国社会科学出版社

ISBN／9787516182444

出版日期／2016 年 5 月

1276　**中国城市竞争力专题报告（1973～2015）**
（城市竞争力蓝皮书，皮书序列号：PSN B－2003－021－1/1）
著（编）者／李小林、倪鹏飞、李新玉、王海波，中国人民对外友好协会国
　　　　　际友好城市交流中心、中国社会科学院城市与竞争力研究中心
　　　　　联合研究组
研创机构／中国社会科学院财经战略研究院
出版社／社会科学文献出版社
ISBN／9787509783382
出版日期／2016 年 1 月

1277　**中国城市可持续发展绿皮书（2014～2015）：中国 35 个大中城市可持续发展**
评估
著（编）者／诸大建、何芳、霍佳震 等
研创机构／同济大学
出版社／同济大学出版社
ISBN／9787560865980
出版日期／2016 年 11 月

1278　**中国城市客运发展报告：2015**
著（编）者／交通运输部
研创机构／
出版社／人民交通出版社
ISBN／9787114131592
出版日期／2016 年 7 月

1279　**中国城市流通竞争力报告：2015～2016**
著（编）者／中国国际电子商务中心内贸信息中心、首都经济贸易大学中国
　　　　　流通研究院
研创机构／
出版社／中国经济出版社
ISBN／9787513643887
出版日期／2016 年 9 月

1280　**中国城市农产品流通发展报告：2015**
著（编）者／北京物资学院城市农产品流通研究所、全国城市农贸中心
研创机构／
出版社／中国社会科学出版社
ISBN／9787516176580
出版日期／2016 年 9 月

1281 中国城市群发展报告：2016

著（编）者／刘士林、刘新静

研创机构／上海交通大学城市科学研究院

出版社／东方出版中心

ISBN／9787547309445

出版日期／2016 年 4 月

1282 中国城市文化发展指数（2016）

（中国人民大学研究报告系列）

著（编）者／王琪延、徐玲

研创机构／中国人民大学

出版社／中国人民大学出版社

ISBN／9787300235165

出版日期／2016 年 11 月

1283 中国城市政府公共服务能力评估报告（2016）

（城市政府能力蓝皮书，皮书序列号：PSN B - 2013 - 338 - 1/1）

著（编）者／何艳玲、陈铮、叶林、蒋绚、郑跃平、起晓星

研创机构／中山大学政治与公共事务管理学院

出版社／社会科学文献出版社

ISBN／9787509788769

出版日期／2016 年 4 月

1284 中国城市质量发展报告

著（编）者／中国质量认证中心、质量管理评价与研究中心

研创机构／

出版社／中国质检出版社、中国标准出版社

ISBN／9787502642440

出版日期／2016 年 8 月

1285 中国城市治理蓝皮书（2015～2016）

（城市学文库·蓝皮书）

著（编）者／杭州国际城市学研究中心、浙江省城市治理研究中心

研创机构／

出版社／浙江人民出版社

ISBN／9787213076565

出版日期／2016 年 10 月

1286 中国城投行业发展报告（2016）

（城投蓝皮书，皮书序列号：PSN B - 2016 - 514 - 1/1）

著（编）者／王晨艳、丁伯康、全国城投公司协作联络会、中国城市投资
网、江苏现代资产投资管理顾问有限公司

研创机构／

出版社／社会科学文献出版社

ISBN／9787509797327

出版日期／2016 年 11 月

1287 中国城乡发展一体化指数（2014）

著（编）者／朱钢、张海鹏、陈方

研创机构／中国社会科学院农村发展研究所

出版社／社会科学文献出版社

ISBN／9787509794074

出版日期／2016 年 8 月

1288 中国城乡困难家庭社会政策支持系统建设项目数据分析报告（2014 上下）

著（编）者／王杰秀

研创机构／民政部政策研究中心

出版社／中国社会出版社

ISBN／9787508752761

出版日期／2016 年 6 月

1289 中国城乡一体化发展报告·北京卷（2015～2016）

（城乡一体化蓝皮书，皮书序列号：PSN B - 2012 - 258 - 2/2）

著（编）者／张宝秀、黄序、张景秋、孟斌、北京联合大学应用文理学院、
北京联合大学北京学研究基地

研创机构／

出版社／社会科学文献出版社

ISBN／9787509791967

出版日期／2016 年 5 月

1290 中国城镇化 2014 年度报告：转型、改革与创新

（城市化与社会变革丛书）

著（编）者／李铁、国家发改委城市和小城镇改革发展中心课题组

研创机构／

出版社／中国发展出版社

ISBN／9787517704478

出版日期／2016 年 3 月

1291 中国城镇家庭消费报告：2016

［教育部哲学社会科学系列发展报告（培育项目）］

著（编）者／符国群、彭泗清

研创机构／北京大学光华管理学院

出版社／北京大学出版社

ISBN／9787301276082

出版日期／2016 年 10 月

1292 中国出版传媒产业安全报告（2015～2016）

（产业安全蓝皮书，皮书序列号：PSN B－2014－384－13/14）

著（编）者／北京印刷学院文化产业安全研究院

研创机构／

出版社／社会科学文献出版社

ISBN／9787509788028

出版日期／2016 年 3 月

1293 中国出版业素质升级研究报告

著（编）者／王关义 等

研创机构／北京印刷学院

出版社／中国财政经济出版社

ISBN／9787509568439

出版日期／2016 年 10 月

1294 中国出版业转型与升级战略研究报告

著（编）者／王关义 等

研创机构／北京印刷学院

出版社／中国财政经济出版社

ISBN／9787509567234

出版日期／2016 年 4 月

1295 中国出境旅游发展年度报告：2016

著（编）者／中国旅游研究院

研创机构／

出版社／旅游教育出版社

ISBN／9787563734238

出版日期／2016 年 6 月

1296　中国出口贸易壁垒监测与分析报告：2015

（中国产业与流通系列研究报告·2015）

著（编）者／中国人民大学商学院贸易经济系、王亚星

研创机构／

出版社／中国经济出版社

ISBN／9787513643528

出版日期／2016 年 11 月

1297　中国传媒产业发展报告（2016）

（传媒蓝皮书，皮书序列号：PSN B - 2005 - 035 - 1/1）

著（编）者／崔保国

研创机构／清华大学新闻与传播学院传媒经济与管理研究中心

出版社／社会科学文献出版社

ISBN／9787509790700

出版日期／2016 年 5 月

1298　中国传媒投资发展报告（2016）

（中国建投研究丛书·报告系列）

著（编）者／张向东、谭云明

研创机构／中国建投投资有限责任公司、建投华文传媒投资有限责任公司

出版社／社会科学文献出版社

ISBN／9787509794340

出版日期／2016 年 8 月

1299　中国创客教育蓝皮书（基础教育版）

著（编）者／梁森山

研创机构／

出版社／人民邮电出版社

ISBN／9787115433404

出版日期／2016 年 10 月

1300　中国创新发展研究报告：2016

著（编）者／朱云鹏、易昌良

研创机构／安徽大学创新管理研究中心、中国发展改革研究院

出版社／经济科学出版社

ISBN／9787514169911

出版日期／2016 年 6 月

1301　中国创新设计发展报告（2016）

（设计产业蓝皮书，皮书序列号：PSN B－2016－581－2/2）

著（编）者／王晓红、张立群、于炜

研创机构／中国创新设计产业战略联盟

出版社／社会科学文献出版社

ISBN／9787509799529

出版日期／2016 年 11 月

1302　中国创业发展研究报告（2015～2016）

（创业蓝皮书，皮书序列号：PSN B－2016－577－1/1）

著（编）者／黄群慧、赵卫星、钟宏武

研创机构／中国社会科学院研究生院、中星责任云（北京）管理顾问有限公司

出版社／社会科学文献出版社

ISBN／9787509793060

出版日期／2016 年 11 月

1303　中国创业风险投资发展报告：2016

著（编）者／胡志坚、张晓原、张志宏、房汉廷、武夷山、沈文京、郭戎、张明喜

研创机构／中国科学技术发展战略研究院、科学技术部科研条件与财务司、中南财经政法大学、中国科技大学

出版社／经济管理出版社

ISBN／9787509645543

出版日期／2016 年 10 月

1304　中国创业投资行业发展报告：2016

著（编）者／徐晓波、沈志群、王丽、胡芳日

研创机构／国家发展和改革委员会财政金融司、中国投资协会股权和创业投资专业委员会

出版社／企业管理出版社

ISBN／9787516414347

出版日期／2016 年 12 月

1305　中国创意产业发展报告：2016

著（编）者／张京成

研创机构／中国创意产业研究中心

出版社／中国经济出版社

ISBN／9787513642019

出版日期／2016 年 5 月

1306 中国创造力研究进展报告：第 1 卷

著（编）者／胡卫平

研创机构／中国基础教育质量监测协同创新中心

出版社／陕西师范大学出版社

ISBN／9787561384831

出版日期／2016 年 5 月

1307 中国慈善发展报告（2016）

（慈善蓝皮书，皮书序列号：PSN B – 2009 – 142 – 1/1）

著（编）者／杨团

研创机构／中国社会科学院社会政策研究中心

出版社／社会科学文献出版社

ISBN／9787509791769

出版日期／2016 年 6 月

1308 中国促进国际法治报告（2015 年）

著（编）者／曾令良、冯洁菡

研创机构／武汉大学法学院国际法研究所、武汉大学人权研究院

出版社／社会科学文献出版社

ISBN／9787509789261

出版日期／2016 年 6 月

1309 中国村镇银行发展报告

（国家智库报告"三农"）

著（编）者／杜晓山、孙同全、张睿、蒋勇

研创机构／中国社会科学院农村发展研究所

出版社／中国社会科学出版社

ISBN／9787516194584

出版日期／2016 年 12 月

1310 中国大城市道路交通发展研究报告之二

著（编）者／公安部道路交通安全研究中心

研创机构／

出版社／中国建筑工业出版社

ISBN／9787112193820

出版日期／2016 年 8 月

1311 中国大米产业报告：2015

　　著（编）者／谷秀娟、马松林、马强、刘清娟

　　研创机构／河南工业大学

　　出版社／中国农业出版社

　　ISBN／9787109214293

　　出版日期／2016 年 3 月

1312 **中国大数据技术与产业发展报告**

　　（中国计算机学会文集）

　　著（编）者／中国计算机学会大数据专家委员会

　　研创机构／

　　出版社／机械工业出版社

　　ISBN／9787111537793

　　出版日期／2016 年 5 月

1313 **中国大学及学科专业评价咨询报告（2016～2017）**

　　（大学评价与求学人才丛书）

　　著（编）者／邱均平、赵蓉英、柴雯、董克

　　研创机构／武汉大学

　　出版社／科学出版社

　　ISBN／9787030471413

　　出版日期／2016 年 1 月

1314 **中国大学生思想政治教育发展报告：2015**

　　（教育部哲学社会科学系列发展报告）

　　著（编）者／沈壮海、王培刚、段立国 等

　　研创机构／武汉大学人文社会科学研究院

　　出版社／北京师范大学出版社

　　ISBN／9787303202539

　　出版日期／2016 年 4 月

1315 **中国大学生思想政治教育年度质量报告：2015**

　　著（编）者／北京化工大学全国大学生思想政治教育发展研究中心

　　研创机构／

　　出版社／光明日报出版社

　　ISBN／9787519402686

　　出版日期／2016 年 5 月

1316 中国道德状况报告（2016 年）
著（编）者／王泽应、向玉乔
研创机构／湖南师范大学
出版社／中国社会科学出版社
ISBN／9787516195307
出版日期／2016 年 12 月

1317 中国道路运输发展报告：2015
著（编）者／交通运输部
研创机构／
出版社／人民交通出版社
ISBN／9787114131608
出版日期／2016 年 6 月

1318 中国低碳发展报告（2015~2016）
（低碳发展蓝皮书，皮书序列号：PSN B - 2011 - 223 - 1/1）
著（编）者／《中国低碳发展报告》编写组、齐晔、张希良
研创机构／清华大学能源环境经济研究所、清华 - 布鲁金斯公共政策研究中心
出版社／社会科学文献出版社
ISBN／9787509787953
出版日期／2016 年 3 月

1319 中国低碳经济发展报告（2016）
（低碳经济蓝皮书，皮书序列号：PSN B - 2011 - 194 - 1/1）
著（编）者／薛进军、赵忠秀、戴彦德、王波、孙永平、郭琳
研创机构／日本名古屋大学经济学院附属国际经济政策研究中心
出版社／社会科学文献出版社
ISBN／9787509798065
出版日期／2016 年 11 月

1320 中国低碳生态城市发展报告：2016
（中国城市科学研究系列报告）
著（编）者／中国城市科学研究会
研创机构／
出版社／中国建筑工业出版社
ISBN／9787112196043
出版日期／2016 年 8 月

1321 中国地方法治发展报告 No. 2（2016）

（地方法治蓝皮书，皮书序列号：PSN B – 2015 – 442 – 2/5）

著（编）者／李林、田禾、吕艳滨

研创机构／中国社会科学院法学研究所

出版社／社会科学文献出版社

ISBN／9787509787960

出版日期／2016 年 3 月

1322 中国地方立法发展报告：2015

（区域法治与地方立法研究文丛）

著（编）者／石佑启、潘高峰、朱最新

研创机构／广东外语外贸大学

出版社／广东教育出版社

ISBN／9787554813843

出版日期／2016 年 10 月

1323 中国地方政府资信评级研究

（中财 – 鹏元地方财政投融资研究所系列研究报告）

著（编）者／马海涛、温来成

研创机构／中财 – 鹏元地方财政投融资研究所

出版社／中国财政经济出版社

ISBN／9787509566978

出版日期／2016 年 5 月

1324 中国第三部门观察报告（2016）

著（编）者／康晓光、冯利

研创机构／中国人民大学非营利组织研究所、公域合力管理咨询有限责任
公司

出版社／社会科学文献出版社

ISBN／9787509788370

出版日期／2016 年 3 月

1325 中国电力行业年度发展报告：2016

著（编）者／中国电力企业联合会

研创机构／

出版社／中国市场出版社

ISBN／9787509215210

出版日期／2016 年 9 月

1326 中国电力技术经济发展研究报告（2016）

著（编）者／电力规划设计总院、电力工程造价与定额管理总站、水电水利
规划设计总院、可再生资源定额站

研创机构／

出版社／中国电力出版社

ISBN／9787519800147

出版日期／2016 年 11 月

1327 中国电影、电视剧和话剧发展研究报告（2015 年卷）

著（编）者／周斌、上海影视戏剧理论研究会、复旦大学电影艺术研究中心

研创机构／

出版社／复旦大学出版社

ISBN／9787309123043

出版日期／2016 年 5 月

1328 中国电影产业市场蓝皮书（2015）

著（编）者／侯光明、吴曼芳

研创机构／北京电影学院理事会、北京电影学院

出版社／中国电影出版社

ISBN／9787106044824

出版日期／2016 年 7 月

1329 中国电影观众满意度调查报告

著（编）者／中国电影艺术研究中心、中国电影资料馆

研创机构／

出版社／中国广播影视出版社

ISBN／9787504376084

出版日期／2016 年 1 月

1330 中国电子商务立法研究报告

著（编）者／全国人大财政经济委员会电子商务法起草组

研创机构／全国人大财政经济委员会

出版社／中国财政经济出版社

ISBN／9787509566459

出版日期／2016 年 3 月

1331 中国电子政务发展报告（2015～2016）
（电子政务蓝皮书，皮书序列号：PSN B - 2003 - 022 - 1/1）
著（编）者／李季、杜平、王益民、于施洋
研创机构／国家信息中心、国家行政学院电子政务研究中心
出版社／社会科学文献出版社
ISBN／9787509794852
出版日期／2016 年 7 月

1332 中国－东盟合作发展报告（2015～2016）
著（编）者／陆建人
研创机构／中国社会科学院
出版社／中国社会科学出版社
ISBN／9787516192047
出版日期／2016 年 11 月

1333 中国－东盟互联互通研究
（云南大学周边外交研究中心智库报告）
著（编）者／杨祥章 等
研创机构／云南大学周边外交研究中心
出版社／社会科学文献出版社
ISBN／9787509797853
出版日期／2016 年 10 月

1334 中国－东盟环境展望报告 1：共同迈向绿色发展
著（编）者／中国－东盟环境保护合作中心
研创机构／
出版社／中国环境科学出版社
ISBN／9787511129024
出版日期／2016 年 9 月

1335 中国－东盟能源资源合作研究
（云南大学周边外交研究中心智库报告）
著（编）者／李涛、陈茵、罗圣荣
研创机构／云南大学国际关系研究院
出版社／社会科学文献出版社
ISBN／9787509797549
出版日期／2016 年 12 月

1336 中国动画电影发展报告：2015

著（编）者／《中国动画电影发展报告（2015）》编委会

研创机构／

出版社／中国广播影视出版社

ISBN／9787504376541

出版日期／2016 年 4 月

1337 中国动漫产业发展报告（2016）

（动漫蓝皮书，皮书序列号：PSN B－2011－198－1／2）

著（编）者／卢斌、牛兴侦、郑玉明

研创机构／北京电影学院中国动画研究院、北京电影学院现代创意媒体学院

出版社／社会科学文献出版社

ISBN／9787509797556

出版日期／2016 年 10 月

1338 中国都市经济研究报告 2015：北京市房地产行业发展研究

著（编）者／张辉 等

研创机构／北京大学经济学院

出版社／北京大学出版社

ISBN／9787301273685

出版日期／2016 年 10 月

1339 中国都市外来务工人员子女学前教育发展研究报告

著（编）者／陆建非

研创机构／上海师范大学

出版社／上海教育出版社

ISBN／9787544468411

出版日期／2016 年 5 月

1340 中国对冲基金报告：2016

著（编）者／张维、严伟祥、李志斌、陶可

研创机构／南京审计大学

出版社／经济科学出版社

ISBN／9787514169539

出版日期／2016 年 5 月

1341 中国对外经济发展研究报告：2015

著（编）者／毕吉耀、丁刚、吴润生 等

研创机构／国家发展和改革委员会对外经济研究所

出版社／电子工业出版社

ISBN／9787121285127

出版日期／2016 年 5 月

1342 中国对外贸易报告（2015）

（国家智库报告）

著（编）者／宋泓、东艳 等

研创机构／中国社会科学院

出版社／中国社会科学出版社

ISBN／9787516184134

出版日期／2016 年 8 月

1343 中国对外贸易可持续发展报告：气候变化篇

著（编）者／曲如晓、蔡宏波

研创机构／北京师范大学

出版社／经济科学出版社

ISBN／9787514166491

出版日期／2016 年 4 月

1344 中国对外农业投资合作分析报告（2015 年度）：总篇

著（编）者／农业部国际合作司、农业部对外经济合作中心

研创机构／

出版社／中国农业出版社

ISBN／9787109213289

出版日期／2016 年 7 月

1345 中国对外农业投资合作分析报告（2015 年度）：地方篇

著（编）者／农业部国际合作司、农业部对外经济合作中心

研创机构／

出版社／中国农业出版社

ISBN／9787109213272

出版日期／2016 年 5 月

1346 中国对外投资季度报告（2016 年第 1 季度）

（国家智库报告）

著（编）者／张金杰、王永中、王碧珺 等

研创机构／国际投资研究室

出版社／中国社会科学出版社

ISBN／9787516186855

出版日期／2016 年 8 月

1347 中国对外投资季度报告（2015 年第 4 季度及全年回顾和展望）

（国家智库报告）

著（编）者／王碧珺、王永中 等

研创机构／中国社会科学院世界经济与政治研究所

出版社／中国社会科学出版社

ISBN／9787516178706

出版日期／2016 年 3 月

1348 中国发展报告：2016

（中国人民大学研究报告系列）

著（编）者／袁卫、彭非

研创机构／

出版社／中国人民大学出版社

ISBN／9787300237381

出版日期／2016 年 12 月

1349 中国发展动力研究报告

著（编）者／李佐军、魏云、田惠敏、赵西君

研创机构／国务院发展研究中心资源与环境政策研究所、北京城乡创新发展
博士研究会、中国科学院中国现代化研究中心

出版社／社会科学文献出版社

ISBN／9787509787366

出版日期／2016 年 3 月

1350 中国法治发展报告 No. 14（2016）

（法治蓝皮书，皮书序列号：PSN B－2004－027－1/5）

著（编）者／李林、田禾、吕艳滨

研创机构／中国社会科学院法学研究所

出版社／社会科学文献出版社

ISBN／9787509787977

出版日期／2016 年 3 月

1351 中国法治实施报告：2015

著（编）者／中国行为法学会、中南大学

研创机构／

出版社／法律出版社

ISBN／9787511892515

出版日期／2016 年 3 月

1352 中国法治政府评估报告（2016）

（法治政府蓝皮书，皮书序列号：PSN B－2016－576－2/2）

著（编）者／中国政法大学法治政府研究院

研创机构／

出版社／社会科学文献出版社

ISBN／9787509798966

出版日期／2016 年 10 月

1353 中国翻译人才现状及需求调研报告

（中国翻译研究院系列报告）

著（编）者／全国翻译人才分类调研课题组

研创机构／

出版社／外文出版社

ISBN／9787119105918

出版日期／2016 年 12 月

1354 中国反腐倡廉建设报告 No. 6

（反腐倡廉蓝皮书，皮书序列号：PSN B－2012－259－1/1）

著（编）者／中国社会科学院中国廉政研究中心、张英伟、孙壮志、蒋来用

研创机构／

出版社／社会科学文献出版社

ISBN／9787520102063

出版日期／2016 年 12 月

1355 中国反垄断行政执法报告：2008～2015

著（编）者／林文

研创机构／金诚同达（上海）律师事务所

出版社／知识产权出版社

ISBN／9787513045179

出版日期／2016 年 10 月

1356 中国反贫困发展报告（2016）：社会组织参与扶贫专题

著（编）者／武汉大学、中国国际扶贫中心

研创机构／

出版社／华中科技大学出版社

ISBN／9787568002806

出版日期／2016 年 11 月

1357 中国房地产发展报告 No. 13（2016）

（房地产蓝皮书，皮书序列号：PSN B－2004－028－1／1）

著（编）者／李春华、王业强、尚教蔚、董昕

研创机构／中国社会科学院城市发展与环境研究所

出版社／社会科学文献出版社

ISBN／9787509790717

出版日期／2016 年 5 月

1358 中国房地产金融报告 2016

著（编）者／房地产金融市场分析小组

研创机构／

出版社／中国金融出版社

ISBN／9787504988324

出版日期／2016 年 12 月

1359 中国房地产投资收益率分析报告（2016）

著（编）者／中国房地产估价师与房地产经纪人学会

研创机构／

出版社／中国建筑工业出版社

ISBN／9787112202867

出版日期／2016 年 12 月

1360 中国房地产投资收益率分析报告（2015）

著（编）者／中国房地产估价师与房地产经纪人学会

研创机构／

出版社／中国建筑工业出版社

ISBN／9787112189137

出版日期／2016 年 1 月

1361　中国非处方药行业发展蓝皮书（2015）

著（编）者／中国非处方药物协会

研创机构／

出版社／化学工业出版社

ISBN／9787122267924

出版日期／2016 年 6 月

1362　中国非传统安全研究报告（2015～2016）

（非传统安全蓝皮书，皮书序列号：PSN B－2012－273－1/1）

著（编）者／余潇枫、魏志江、樊守政、王蔚、谢贵平

研创机构／浙江大学非传统安全与和平发展研究中心、中国－上海合作组织
　　　　　国际司法交流合作培训基地、塔里木大学非传统安全与边疆民族
　　　　　发展研究院

出版社／社会科学文献出版社

ISBN／9787509792650

出版日期／2016 年 6 月

1363　中国非寿险市场发展研究报告（2015）

著（编）者／吴焰

研创机构／中国人民保险集团股份有限公司

出版社／中国经济出版社

ISBN／9787513645454

出版日期／2016 年 11 月

1364　中国非物质文化遗产保护发展报告（2016）

（非物质文化遗产蓝皮书，皮书序列号：PSN B－2016－586－2/2）

著（编）者／宋俊华、刘晓春、陈志勇、李惠

研创机构／中山大学中国非物质文化遗产研究中心

出版社／社会科学文献出版社

ISBN／9787509799550

出版日期／2016 年 11 月

1365　中国扶贫开发报告（2016）

（扶贫蓝皮书，皮书序列号：PSN B－2016－599－1/1）

著（编）者／李培林、魏后凯、黄承伟、王萍萍、吴国宝

研创机构／中国社会科学院农村与发展研究所、国务院扶贫开发领导小组

出版社／社会科学文献出版社

ISBN／9787509797860

出版日期／2016 年 12 月

1366 **中国服务设计发展报告：2016——基于现代服务业的中国设计产业研究**

著（编）者／胡鸿

研创机构／北京工业大学工业设计系

出版社／电子工业出版社

ISBN／9787121296987

出版日期／2016 年 8 月

1367 **中国服务外包发展报告 2016**

著（编）者／商务部中国服务外包研究中心

研创机构／

出版社／中国商务出版社

ISBN／9787510317101

出版日期／2016 年 11 月

1368 **中国服务外包竞争力报告（2015～2016）**

（服务外包蓝皮书，皮书序列号：PSN B – 2011 – 216 – 1/2）

著（编）者／刘春生、王力、黄育华

研创机构／中国社会科学院金融研究所、特华博士后科研工作站

出版社／社会科学文献出版社

ISBN／9787520101936

出版日期／2016 年 12 月

1369 **中国富硒农业发展蓝皮书 2016**

著（编）者／中国富硒农业产业技术创新联盟

研创机构／

出版社／中国农业大学出版社

ISBN／9787565517365

出版日期／2016 年 11 月

1370 **中国改革跟踪报告：2016**

著（编）者／张林山、李晓琳 等

研创机构／国家发展和改革委员会

出版社／中国言实出版社

ISBN／9787517104681

出版日期／2016 年 1 月

1371 中国改革民意调查报告：2015

著（编）者／李建新、胡杰成 等

研创机构／国家发展和改革委员会经济体制与管理研究所

出版社／中国财政经济出版社

ISBN／9787509566091

出版日期／2016 年 3 月

1372 中国高被引分析报告（2013）

著（编）者／中国科学技术信息研究所

研创机构／

出版社／科学技术文献出版社

ISBN／9787518908264

出版日期／2016 年 1 月

1373 中国高等教育透明度指数报告：2015

（国家智库报告）

著（编）者／张起、田禾、吕艳滨

研创机构／中国社会科学院法学研究所

出版社／中国社会科学出版社

ISBN／9787516176207

出版日期／2016 年 2 月

1374 中国高等教育舆情报告：2016

（高教舆情蓝皮书）

著（编）者／王保华、李磊磊

研创机构／国家教育行政学院

出版社／高等教育出版社

ISBN／9787040465921

出版日期／2016 年 10 月

1375 中国高等教育质量报告：2014 年度

著（编）者／教育部高等教育教学评估中心

研创机构／

出版社／教育科学出版社

ISBN／9787504198334

出版日期／2016 年 3 月

1376 **中国高等职业教育改革与发展报告**

著（编）者／《中国高等职业教育改革与发展报告》年度文件资料汇编编
写组

研创机构／

出版社／高等教育出版社

ISBN／9787040466331

出版日期／2016 年 10 月

1377 **中国高校党的建设报告：2011~2015**

著（编）者／周良书

研创机构／北京师范大学

出版社／光明日报出版社

ISBN／9787519402198

出版日期／2016 年 4 月

1378 **中国高职院校排名研究年度报告（首卷）**

（中国高职院校排名研究系列丛书）

著（编）者／成都奇点开放教育研究院、周源、陈国荣

研创机构／

出版社／南京大学出版社

ISBN／9787305180361

出版日期／2016 年 12 月

1379 **中国高中阶段教育发展报告：2015**

著（编）者／霍益萍、朱益明

研创机构／华东师范大学

出版社／华东师范大学出版社

ISBN／9787567557352

出版日期／2016 年 11 月

1380 **中国工程教育发展报告：2014**

著（编）者／中国工程教育委员会

研创机构／

出版社／高等教育出版社

ISBN／9787040454499

出版日期／2016 年 6 月

1381 中国工程教育质量报告：2014 年度——面向工业界 面向世界 面向未来

著（编）者／教育部高等教育教学评估中心

研创机构／

出版社／教育科学出版社

ISBN／9787519103149

出版日期／2016 年 3 月

1382 中国工程造价咨询行业发展报告：2015 版

著（编）者／中国建设工程造价管理协会、武汉理工大学、中国建设银行

研创机构／

出版社／中国建筑工业出版社

ISBN／9787112190492

出版日期／2016 年 3 月

1383 中国工业发展报告（2016）

著（编）者／中国社会科学院工业经济研究所

研创机构／

出版社／经济管理出版社

ISBN／9787509647363

出版日期／2016 年 12 月

1384 中国工业节能进展报告：2015

著（编）者／国瑞沃德（北京）低碳经济技术中心

研创机构／

出版社／中国科学技术出版社

ISBN／9787504670649

出版日期／2016 年 4 月

1385 中国工业经济运行年度报告（2015～2016）

（国家智库报告）

著（编）者／中国社会科学院工业经济研究所工业经济形势分析课题组

研创机构／

出版社／中国社会科学出版社

ISBN／9787516178423

出版日期／2016 年 3 月

1386 中国工业经济运行夏季报告（2016）

（国家智库报告）

著（编）者／中国社会科学院工业经济研究所工业经济形势分析课题组

研创机构／

出版社／中国社会科学出版社

ISBN／9787516187456

出版日期／2016 年 8 月

1387 中国公共关系发展报告（2016）

（公共关系蓝皮书，皮书序列号：PSN B – 2016 – 579 – 1/1）

著（编）者／柳斌杰、王大平、董关鹏

研创机构／中国公共关系协会

出版社／社会科学文献出版社

ISBN／9787509796740

出版日期／2016 年 11 月

1388 中国公共文化投入增长测评报告（2016）

（文化蓝皮书，皮书序列号：PSN B – 2014 – 435 – 10/10）

著（编）者／王亚南、方彧、刘婷、魏海燕、向勇、祁述裕、张晓明

研创机构／云南省社会科学院文化开发研究中心

出版社／社会科学文献出版社

ISBN／9787509788387

出版日期／2016 年 4 月

1389 中国公共文化政策研究实验基地观察报告（2015～2016）

著（编）者／傅才武

研创机构／武汉大学国家文化发展研究院

出版社／社会科学文献出版社

ISBN／9787509785942

出版日期／2016 年 1 月

1390 中国公路货运发展报告：2015～2016

（中国物流与采购联合会系列报告）

著（编）者／中国物流与采购联合会、中国物流学会

研创机构／

出版社／中国财富出版社

ISBN／9787504762955

出版日期／2016 年 10 月

1391 中国公民出境（城市）旅游消费市场调查报告（2015～2016）
著（编）者／世界旅游城市联合会
研创机构／
出版社／北京出版社
ISBN／9787200127119
出版日期／2016 年 12 月

1392 中国公民科学素质报告（2015～2016）
（公民科学素质蓝皮书，皮书序列号：PSN B－2014－379－1/1）
著（编）者／李群、陈雄、马宗文
研创机构／中国社会科学院数技经所
出版社／社会科学文献出版社
ISBN／9787509786666
出版日期／2016 年 1 月

1393 中国公司治理分类指数报告：No. 15（2016）
著（编）者／高明华、张惠琳 等
研创机构／北京师范大学
出版社／东方出版中心
ISBN／9787547310526
出版日期／2016 年 12 月

1394 中国公司治理与发展报告：2014
（教育部哲学社会科学系列发展报告）
著（编）者／李维安
研创机构／天津财经大学
出版社／北京大学出版社
ISBN／9787301269565
出版日期／2016 年 3 月

1395 中国公务员养老保险制度改革研究
著（编）者／龙玉其
研创机构／首都师范大学管理学院
出版社／社会科学文献出版社
ISBN／9787509780138
出版日期／2016 年 3 月

1396 中国公益慈善发展报告（2014）

（公益蓝皮书，皮书序列号：PSN B－2012－283－1/1）

著（编）者／朱健刚

研创机构／中山大学公益慈善研究中心

出版社／社会科学文献出版社

ISBN／9787509788912

出版日期／2016 年 4 月

1397 中国共青团发展报告（2015）

（共青团工作研究丛书）

著（编）者／吴庆 等

研创机构／中国青年政治学院

出版社／中国青年出版社

ISBN／9787515341446

出版日期／2016 年 4 月

1398 中国供销合作经济发展研究报告（2016 年）

著（编）者／周加来、于璐娜、刘从九、唐敏、计慧

研创机构／安徽财经大学

出版社／中国商业出版社

ISBN／9787504672995

出版日期／2016 年 6 月

1399 中国供应链管理蓝皮书（2016）

著（编）者／丁俊发

研创机构／

出版社／中国财富出版社

ISBN／9787504761194

出版日期／2016 年 4 月

1400 中国股票上市制度改革的基本方向

（国家智库报告）

著（编）者／张跃文、宣晓影 等

研创机构／中国社会科学院金融研究所

出版社／中国社会科学出版社

ISBN／9787516191231

出版日期／2016 年 11 月

1401 中国关中－天水经济区发展报告（2015）

（教育部哲学社会科学系列发展报告）

著（编）者／李忠民、王琴梅、姚宇

研创机构／陕西师范大学

出版社／中国人民大学出版社

ISBN／9787300239743

出版日期／2016 年 12 月

1402 中国管理发展报告（2016）

（管理蓝皮书，皮书序列号：PSN B－2014－416－1/1）

著（编）者／张晓东、张卫

研创机构／中国管理科学学会学术委员会、南京敏捷企业管理研究所

出版社／社会科学文献出版社

ISBN／9787509798393

出版日期／2016 年 10 月

1403 中国广播电影电视发展报告：2016

（广电蓝皮书）

著（编）者／国家新闻出版广电总局发展研究中心

研创机构／

出版社／中国广播电视出版社

ISBN／9787504377104

出版日期／2016 年 9 月

1404 中国广州城市建设与管理发展报告（2016）

（广州蓝皮书，皮书序列号：PSN B－2007－087－4/15）

著（编）者／董皞、陈小钢、李江涛、涂成林、王宏伟、孙玥

研创机构／广州大学广州发展研究院

出版社／社会科学文献出版社

ISBN／9787509793404

出版日期／2016 年 7 月

1405 中国广州科技创新发展报告（2016）

（广州蓝皮书，皮书序列号：PSN B－2006－065－2/15）

著（编）者／邹采荣、马正勇、陈爽、涂成林、邓佑满、丁旭光

研创机构／广州大学广州发展研究院

出版社／社会科学文献出版社

ISBN／9787509793411

出版日期／2016 年 7 月

1406 中国广州文化发展报告（2016）
（广州蓝皮书，皮书序列号：PSN B－2009－134－7/15）
著（编）者／徐俊忠、陆志强、顾涧清、贺忠、张其学
研创机构／广州大学广州发展研究院
出版社／社会科学文献出版社
ISBN／9787509792674
出版日期／2016 年 7 月

1407 中国国（境）外学历学位认证（可）报告（2015）
著（编）者／教育部留学服务中心
研创机构／
出版社／人民教育出版社
ISBN／9787107257841
出版日期／2016 年 7 月

1408 中国国际安全研究报告（2016）
（国际安全蓝皮书，皮书序列号：PSN B－2016－521－1/1）
著（编）者／刘慧、赵晓春
研创机构／国际关系学院国际战略与安全研究中心、中国政策科学研究会
出版社／社会科学文献出版社
ISBN／9787509793503
出版日期／2016 年 7 月

1409 中国国际传播发展报告（2016）
（国际传播蓝皮书，皮书序列号：PSN B－2014－408－1/1）
著（编）者／胡正荣、李继东、姬德强
研创机构／中国传媒大学国家传播创新研究中心
出版社／社会科学文献出版社
ISBN／9787520100212
出版日期／2016 年 12 月

1410 中国国际地位报告：2016
著（编）者／张幼文、黄仁伟、姚勤华、权衡、胡晓鹏
研创机构／上海社会科学院
出版社／人民出版社
ISBN／9787010167909
出版日期／2016 年 10 月

1411 中国国家竞争力报告：No. 2

著（编）者／倪鹏飞、李闽榕、王海波、魏婕

研创机构／中国社会科学院城市与竞争力研究中心、中智科学技术评价研究
中心、西南财经大学

出版社／广东经济出版社

ISBN／9787545447620

出版日期／2016 年 9 月

1412 中国海外投资国家风险评级报告（2016）

（国家智库报告）

著（编）者／中国社会科学院世界经济与政治研究所

研创机构／

出版社／中国社会科学出版社

ISBN／9787516177716

出版日期／2016 年 3 月

1413 中国海洋产业报告：2014～2015

（上海大学产业经济研究中心系列报告）

著（编）者／徐旭、陈秋玲、李俊阳、聂永有

研创机构／上海大学

出版社／上海大学出版社

ISBN／9787567123298

出版日期／2016 年 6 月

1414 中国海洋发展报告（2016）

著（编）者／国家海洋局海洋发展战略研究所课题组

研创机构／

出版社／海洋出版社

ISBN／9787502794262

出版日期／2016 年 5 月

1415 中国海洋经济发展报告：2016

著（编）者／国家发展和改革委员会、国家海洋局

研创机构／

出版社／海洋出版社

ISBN／9787502795764

出版日期／2016 年 9 月

1416 中国海洋文化发展报告（2015 年卷）

著（编）者／曲金良、赵成国、高乐华、刘家沂

研创机构／中国海洋大学文学与新闻传播学院

出版社／社会科学文献出版社

ISBN／9787509798072

出版日期／2016 年 9 月

1417 中国行政体制改革报告（2016）No. 5

（行政改革蓝皮书，皮书序列号：PSN B－2011－231－1／1）

著（编）者／魏礼群、汪玉凯

研创机构／中国行政体制改革研究会

出版社／社会科学文献出版社

ISBN／9787509789278

出版日期／2016 年 5 月

1418 中国合作经济发展研究报告（2016 年）

著（编）者／周加来、于璐娜、刘从九、唐敏、计慧

研创机构／安徽财经大学

出版社／中国商业出版社

ISBN／9787504494764

出版日期／2016 年 6 月

1419 中国红色旅游发展报告：2015

著（编）者／全国红色旅游工作协调小组办公室

研创机构／

出版社／中国旅游出版社

ISBN／9787503250965

出版日期／2016 年 4 月

1420 中国宏观经济 2015

著（编）者／宁吉喆

研创机构／国家统计局

出版社／中国统计出版社

ISBN／9787503777981

出版日期／2016 年 6 月

1421　中国宏观经济分析与预测（2015～2016）
（教育部哲学社会科学系列发展报告）
著（编）者／中国人民大学经济研究所
研创机构／
出版社／中国人民大学出版社
ISBN／9787300230443
出版日期／2016 年 6 月

1422　中国宏观经济与政策研究报告
（中国宏观经济丛书）
著（编）者／国家发展改革委宏观经济研究院
研创机构／
出版社／人民出版社
ISBN／9787010159003
出版日期／2016 年 3 月

1423　中国互联网＋发展研究报告（2015）
（互联网转型蓝皮书）
著（编）者／《中国互联网＋发展研究报告》研究组
研创机构／
出版社／科学出版社
ISBN／9787030465214
出版日期／2016 年 1 月

1424　中国互联网保险行业发展报告：2016
著（编）者／中国保险行业协会
研创机构／
出版社／中国财政经济出版社
ISBN／9787509570357
出版日期／2016 年 10 月

1425　中国互联网发展报告：2016
著（编）者／中国互联网协会、中国互联网络信息中心
研创机构／
出版社／电子工业出版社
ISBN／9787121291012
出版日期／2016 年 7 月

1426 中国互联网金融发展报告（2016）

（互联网金融蓝皮书，皮书序列号：PSN B – 2014 – 374 – 1/1）

著（编）者／李东荣、伍旭川

研创机构／乾元联合投资有限公司

出版社／社会科学文献出版社

ISBN／9787509795217

出版日期／2016 年 9 月

1427 中国互联网金融行业分析与评估（2016～2017）

（金融蓝皮书，皮书序列号：PSN B – 2016 – 585 – 7/7）

著（编）者／黄国平、伍旭川、胡志浩、蔡真

研创机构／中国社会科学院金融研究所

出版社／社会科学文献出版社

ISBN／9787509799277

出版日期／2016 年 12 月

1428 中国互联网金融与小微金融竞争力报告 2016

著（编）者／刘勇、唐颖、王鹏

研创机构／中关村互联网金融研究院、辽宁大学、对外经济贸易大学

出版社／中国财政经济出版社

ISBN／9787509566350

出版日期／2016 年 2 月

1429 中国互联网文化产业报告（2016）

著（编）者／陈少峰、王建平、李凤强

研创机构／北京大学、中国艺术节基金会

出版社／华文出版社

ISBN／9787507546132

出版日期／2016 年 10 月

1430 中国互联网医疗发展报告（2016）

（互联网医疗蓝皮书，皮书序列号：PSN B – 2016 – 567 – 1/1）

著（编）者／宫晓冬

研创机构／乾元联合投资有限公司

出版社／社会科学文献出版社

ISBN／9787509796214

出版日期／2016 年 9 月

1431 中国互联网站发展状况及其安全报告：2016

著（编）者／卢卫

研创机构／中国互联网协会

出版社／河海大学出版社

ISBN／9787563044481

出版日期／2016 年 6 月

1432 中国滑雪产业发展报告（2016）

（冰雪蓝皮书，皮书序列号：PSN B－2016－559－1/3）

著（编）者／孙承华、伍斌、魏庆华、张鸿俊、张冬青、于洋

研创机构／北京卡宾滑雪集团

出版社／社会科学文献出版社

ISBN／9787509794586

出版日期／2016 年 8 月

1433 中国环境经济发展研究报告（2016）：概览自然资源管理

著（编）者／宋马林、张宁

研创机构／安徽财经大学、江西财经大学

出版社／科学出版社

ISBN／9787030475800

出版日期／2016 年 4 月

1434 中国环境与发展国际合作委员会环境与发展政策研究报告（2015）：绿色转型的国家治理能力

著（编）者／中国环境与发展国际合作委员会秘书处

研创机构／

出版社／中国环境科学出版社

ISBN／9787511128218

出版日期／2016 年 6 月

1435 中国环境政策述评报告：2014 年度

著（编）者／夏光、俞海、原庆丹 等

研创机构／环保部环境与经济政策研究中心

出版社／中国环境科学出版社

ISBN／9787511128751

出版日期／2016 年 9 月

1436　中国环境质量综合评价报告：2014

著（编）者／袁晓玲、杨万平、刘伯龙 等

研创机构／西安交通大学

出版社／西安交通大学出版社

ISBN／9787560587929

出版日期／2016 年 7 月

1437　中国会计指数研究报告：2015

（中国人民大学研究报告系列）

著（编）者／王化成

研创机构／中国人民大学

出版社／中国人民大学出版社

ISBN／9787300225555

出版日期／2016 年 5 月

1438　中国货币政策执行报告：2015 年第三季度

著（编）者／中国人民银行货币政策分析小组

研创机构／

出版社／中国金融出版社

ISBN／9787504984234

出版日期／2016 年 3 月

1439　中国货币政策执行报告：2015 年第四季度

著（编）者／中国人民银行货币政策分析小组

研创机构／

出版社／中国金融出版社

ISBN／9787504986221

出版日期／2016 年 7 月

1440　中国基层科普发展报告（2015～2016）

（科普蓝皮书，皮书序列号：PSN B－2016－568－3/4）

著（编）者／赵立新、陈玲

研创机构／中国科普研究所

出版社／社会科学文献出版社

ISBN／9787509795224

出版日期／2016 年 9 月

1441 中国基层治理发展报告：2016

著（编）者／赵秀玲

研创机构／中国社会科学院政治学研究所

出版社／广东人民出版社

ISBN／9787218112114

出版日期／2016 年 10 月

1442 中国基金会发展报告（2015～2016）

（基金会蓝皮书，皮书序列号：PSN B－2013－368－1/1）

著（编）者／中国基金会发展报告课题组

研创机构／

出版社／社会科学文献出版社

ISBN／9787509788776

出版日期／2016 年 4 月

1443 中国基金会发展独立研究报告：2016

著（编）者／基金会中心网

研创机构／

出版社／北京联合出版公司

ISBN／9787550280861

出版日期／2016 年 7 月

1444 中国基金会透明度发展研究报告 2016

著（编）者／基金会中心网、清华大学廉政与治理研究中心

研创机构／

出版社／北京联合出版公司

ISBN／9787550280878

出版日期／2016 年 6 月

1445 中国纪录片发展报告（2016）

（纪录片蓝皮书，皮书序列号：PSN B－2011－222－1/1）

著（编）者／何苏六

研创机构／中国传媒大学中国纪录片研究中心

出版社／社会科学文献出版社

ISBN／9787509796757

出版日期／2016 年 9 月

1446　中国纪录片发展研究报告：2016

著（编）者／张同道、樊启鹏、喻溟、贺幸辉

研创机构／北京师范大学纪录片中心、北京国际纪实影像创意产业基地

出版社／中国广播影视出版社

ISBN／9787504376473

出版日期／2016 年 4 月

1447　中国技术性贸易措施年度报告（2016）

著（编）者／国家质量监督检验检疫总局

研创机构／

出版社／中国质检出版社

ISBN／9787502643645

出版日期／2016 年 12 月

1448　中国继续教育发展报告 2013

（国情教育研究书系）

著（编）者／赖立 等

研创机构／中国教育科学研究院

出版社／教育科学出版社

ISBN／9787519103002

出版日期／2016 年 12 月

1449　中国家庭发展报告：2016

著（编）者／国家卫生计生委家庭司

研创机构／

出版社／中国人口出版社

ISBN／9787510143205

出版日期／2016 年 5 月

1450　中国家庭教育蓝皮书（2015）

（中国家庭教育文库）

著（编）者／孙云晓

研创机构／中国青少年研究中心

出版社／教育科学出版社

ISBN／9787519108298

出版日期／2016 年 10 月

1451 中国家庭能源消费研究报告：2015

著（编）者／郑新业、魏楚、宋枫、谢伦裕 等

研创机构／中国人民大学

出版社／科学出版社

ISBN／9787030474735

出版日期／2016 年 4 月

1452 中国家庭农场发展报告（2016 年）

著（编）者／农业部农村经济体制与经营管理司、中国社会科学院农村发展
研究所

研创机构／

出版社／中国社会科学出版社

ISBN／9787516192740

出版日期／2016 年 11 月

1453 中国家庭幸福感热点问题调查报告：2014～2015 年

著（编）者／中国人口宣传教育中心、中国社会科学院人口与经济研究所

研创机构／

出版社／中国社会科学出版社

ISBN／9787516180457

出版日期／2016 年 5 月

1454 中国家族办公室研究报告

著（编）者／建信信托"中国家族办公室"课题组

研创机构／

出版社／社会科学文献出版社

ISBN／9787509799291

出版日期／2016 年 12 月

1455 中国建设教育发展年度报告：2015

著（编）者／中国建设教育协会、刘杰、王要武

研创机构／

出版社／中国建筑工业出版社

ISBN／9787112195114

出版日期／2016 年 8 月

1456 **中国建筑节能发展报告：2016 年——建筑节能运行管理**

著（编）者／住房和城乡建设部科技发展促进中心

研创机构／

出版社／中国建筑工业出版社

ISBN／9787112191994

出版日期／2016 年 3 月

1457 **中国建筑节能年度发展研究报告：2016**

（中国城市科学研究系列报告）

著（编）者／清华大学建筑节能研究中心

研创机构／

出版社／中国建筑工业出版社

ISBN／9787112192540

出版日期／2016 年 3 月

1458 **中国建筑施工行业信息化发展报告：2016——互联网应用与发展**

著（编）者／《中国建筑施工行业信息化发展报告》编委会

研创机构／

出版社／中国城市出版社

ISBN／9787507430721

出版日期／2016 年 6 月

1459 **中国建筑业改革与发展研究报告：2016——适应新常态与谋求新发展**

著（编）者／住房和城乡建设部建筑市场监管司、住房和城乡建设部政策研

究中心

研创机构／

出版社／中国建筑工业出版社

ISBN／9787112199105

出版日期／2016 年 10 月

1460 **中国建筑装饰行业发展报告（2016）**

（建筑装饰蓝皮书，皮书序列号：PSN B – 2016 – 553 – 1/1）

著（编）者／刘晓一、葛道顺、张玉峰

研创机构／中国建筑装饰协会研究分会

出版社／社会科学文献出版社

ISBN／9787509794098

出版日期／2016 年 7 月

1461 中国健康城市建设研究报告（2016）

（健康城市蓝皮书，皮书序列号：PSN B－2016－564－2/2）

著（编）者／王鸿春、解树江、盛继洪、王大树、张志辉

研创机构／中国城市报·中国健康城市研究院、中国医药卫生事业发展基金
会、首都社会经济发展研究所、北京健康城市建设促进会、北京
健康城市建设研究中心

出版社／社会科学文献出版社

ISBN／9787509796764

出版日期／2016年9月

1462 中国健康服务业发展报告：2015

著（编）者／郭清

研创机构／浙江中医药大学

出版社／人民卫生出版社

ISBN／9787117221047

出版日期／2016年3月

1463 中国僵尸企业研究报告

（国家智库报告）

著（编）者／聂辉华、江艇、张雨潇、方明月

研创机构／中国人民大学、首都经济贸易大学

出版社／中国社会科学出版社

ISBN／9787516191750

出版日期／2016年10月

1464 中国交通发展综合报告：2016

（教育部哲学社会科学系列发展报告·中国交通蓝皮书）

著（编）者／《中国交通发展综合报告》编委会

研创机构／

出版社／中国铁道出版社

ISBN／9787113224752

出版日期／2016年11月

1465 中国交通运输发展报告（2016）

著（编）者／国家发展和改革委员会

研创机构／

出版社／中国市场出版社

ISBN／9787509215357

出版日期／2016年12月

1466 中国交通运输服务发展报告（2015）

著（编）者／林晓言

研创机构／北京交通大学经济管理学院

出版社／社会科学文献出版社

ISBN／9787509797884

出版日期／2016 年 10 月

1467 中国焦炭市场发展报告：2016

（中国能源市场蓝皮书）

著（编）者／中国炼焦行业协会、太原钢铁（集团）有限公司、山西汾渭能
源开发咨询有限公司

研创机构／

出版社／中国经济出版社

ISBN／9787513641876

出版日期／2016 年 3 月

1468 中国教育发展报告（2016）

（教育蓝皮书，皮书序列号：PSN B－2006－047－1/2）

著（编）者／杨东平、杨旻、黄胜利

研创机构／21 世纪教育研究院

出版社／社会科学文献出版社

ISBN／9787509789285

出版日期／2016 年 4 月

1469 中国教育扶贫报告（2016）

（教育扶贫蓝皮书，皮书序列号：PSN B－2016－590－1/1）

著（编）者／司树杰、王文静、李兴洲

研创机构／北京师范大学中国教育扶贫研究中心

出版社／社会科学文献出版社

ISBN／9787520101035

出版日期／2016 年 12 月

1470 中国教育网络舆情发展报告：2015

（教育部哲学社会科学系列发展报告）

著（编）者／唐亚阳

研创机构／湖南商学院

出版社／北京师范大学出版社

ISBN／9787303205325

出版日期／2016 年 6 月

1471 中国教育信息化发展报告：2014

著（编）者／教育部教育信息化战略研究基地（华中）

研创机构／

出版社／人民教育出版社

ISBN／9787107311659

出版日期／2016 年 4 月

1472 中国教育信息化发展报告：2015

著（编）者／教育部教育信息化战略研究基地（华中）

研创机构／

出版社／人民教育出版社

ISBN／9787107313127

出版日期／2016 年 11 月

1473 中国教育装备行业蓝皮书 2016

著（编）者／王富

研创机构／

出版社／中国大百科全书出版社

ISBN／9787500099567

出版日期／2016 年 8 月

1474 中国秸秆产业蓝皮书

著（编）者／蒋泓峰

研创机构／

出版社／中国农业出版社

ISBN／9787109220447

出版日期／2016 年 8 月

1475 中国节能汽车发展报告（2015～2016）

（中国节能汽车蓝皮书，皮书序列号：PSN B - 2016 - 565 - 1/1）

著（编）者／中国汽车工程研究院股份有限公司

研创机构／

出版社／社会科学文献出版社

ISBN／9787509791486

出版日期／2016 年 9 月

1476 **中国金融风险报告（2016）**

（金融风险蓝皮书）

著（编）者／王曼怡、周晔

研创机构／首都经济贸易大学金融学院

出版社／首都经济贸易大学出版社

ISBN／9787563825820

出版日期／2016 年 11 月

1477 **中国金融风险与稳定报告：2016——改革与风险的平衡**

著（编）者／杨燕青、肖顺喜、李扬

研创机构／第一财经研究院、国家金融与发展实验室、东航金融

出版社／中国金融出版社

ISBN／9787504984142

出版日期／2016 年 3 月

1478 **中国金融监管报告（2016）**

（金融监管蓝皮书，皮书序列号：PSN B – 2012 – 281 – 1/1）

著（编）者／胡滨、尹振涛、郑联盛

研创机构／中国社会科学院金融研究所、中国社会科学院金融法律与金融监
管研究基地

出版社／社会科学文献出版社

ISBN／9787509791493

出版日期／2016 年 6 月

1479 **中国金融市场发展报告 2015**

著（编）者／中国人民银行上海总部、《中国金融市场发展报告》编写组

研创机构／

出版社／中国金融出版社

ISBN／9787504985316

出版日期／2016 年 5 月

1480 **中国金融稳定报告：2016**

著（编）者／中国金融稳定分析小组

研创机构／

出版社／中国金融出版社

ISBN／9787504985637

出版日期／2016 年 6 月

1481 中国金融业税制发展报告

（中国公共财政监测报告系列）

著（编）者／西南财经大学财政税务学院、尹音频 等

研创机构／

出版社／西南财经大学出版社

ISBN／9787550425514

出版日期／2016 年 7 月

1482 中国金融政策报告：2016

著（编）者／吴晓灵、何海峰

研创机构／清华大学国家金融研究院、中国社会科学院金融政策研究中心

出版社／中国金融出版社

ISBN／9787504985323

出版日期／2016 年 5 月

1483 中国金融职业教育年度发展报告

著（编）者／杨则文

研创机构／

出版社／中国财政经济出版社

ISBN／9787509566664

出版日期／2016 年 4 月

1484 中国金融中心指数（CDI CFCI）报告：第八期——走进西安

著（编）者／中国（深圳）综合开发研究院课题组

研创机构／

出版社／中国经济出版社

ISBN／9787513643948

出版日期／2016 年 11 月

1485 中国经济安全年度报告：监测预警 2016

（中国人民大学研究报告系列）

著（编）者／顾海兵

研创机构／中国人民大学经济学院

出版社／中国人民大学出版社

ISBN／9787300239170

出版日期／2016 年 12 月

1486　中国经济发展和体制改革报告 No. 7

（发展和改革蓝皮书，皮书序列号：PSN B – 2008 – 122 – 1/1）

著（编）者／邹东涛、王再文、孙凤仪、赵海然、蔡立雄

研创机构／中央财经大学中国发展和改革研究院

出版社／社会科学文献出版社

ISBN／9787509786130

出版日期／2016 年 1 月

1487　中国经济分析与展望（2015 ~ 2016）

（CCIEE 智库报告）

著（编）者／中国国际经济交流中心

研创机构／

出版社／社会科学文献出版社

ISBN／9787509787243

出版日期／2016 年 3 月

1488　中国经济规律研究报告（2015 年）

著（编）者／程恩富、宋冬林

研创机构／中国社会科学院、吉林财经大学

出版社／经济科学出版社

ISBN／9787514169430

出版日期／2016 年 5 月

1489　中国经济运行风险研究报告：2016

著（编）者／唐海燕、毕玉江 等

研创机构／上海立信会计学院中国立信风险管理研究院

出版社／立信会计出版社

ISBN／9787542952257

出版日期／2016 年 11 月

1490　中国经济增长报告（2015 ~ 2016）

（经济蓝皮书夏季号，皮书序列号：PSN B – 2010 – 176 – 1/1）

著（编）者／李扬、张平、刘霞辉、袁富华、张自然

研创机构／中国社会科学院经济研究所

出版社／社会科学文献出版社

ISBN／9787509797358

出版日期／2016 年 9 月

1491　中国经济增长报告：2016——中国经济面临新的机遇和挑战

（教育部哲学社会科学系列发展报告）

著（编）者／北京大学中国国民经济核算与经济增长研究中心、刘伟、许宪
　　　　　　春、蔡志洲

研创机构／北京大学中国国民经济核算与经济增长研究中心

出版社／北京大学出版社

ISBN／9787301275344

出版日期／2016 年 10 月

1492　中国经济增长质量发展报告：2016——各国经济增长质量及其对中国的启示

（中国经济增长质量报告系列）

著（编）者／任保平、魏婕、郭晗 等

研创机构／西北大学经济管理学院

出版社／中国经济出版社

ISBN／9787513643474

出版日期／2016 年 8 月

1493　中国精算与风险管理研究报告：2015

著（编）者／对外经济贸易大学保险学院

研创机构／

出版社／中国金融出版社

ISBN／9787504984159

出版日期／2016 年 5 月

1494　中国精准扶贫发展报告（2016）

（中国减贫研究书系·智库系列）

著（编）者／陆汉文、黄承伟、华中师范大学、全国扶贫培训宣传中心

研创机构／

出版社／社会科学文献出版社

ISBN／9787509798447

出版日期／2016 年 10 月

1495　中国竞争法律与政策研究报告：2015 年

著（编）者／中国世界贸易组织研究会竞争政策与法律专业委员会

研创机构／

出版社／法律出版社

ISBN／9787511890795

出版日期／2016 年 1 月

1496　中国竞争法与竞争政策发展研究报告：1980～2015

著（编）者／孙晋

研创机构／武汉大学

出版社／法律出版社

ISBN／9787511889881

出版日期／2016 年 8 月

1497　中国居民收入分配年度报告（2016）

著（编）者／国家发展和改革委员会就业和收入分配司、北京师范大学中国

　　　　　　收入分配研究院

研创机构／

出版社／社会科学文献出版社

ISBN／9787520102841

出版日期／2016 年 12 月

1498　中国军民融合发展报告 2016

（国防大学蓝皮书）

著（编）者／毕京京、肖冬松

研创机构／中国人民解放军陆军指挥学院

出版社／国防大学出版社

ISBN／9787562624240

出版日期／2016 年 10 月

1499　中国军事法治发展报告：2016 年

著（编）者／陈耿、傅达林、王卫军、谭正义

研创机构／解放军西安政治学院

出版社／法律出版社

ISBN／9787519702243

出版日期／2016 年 11 月

1500　中国开放褐皮书（2014～2015）：中国对外直接投资元年

著（编）者／综合开发研究院（中国·深圳）

研创机构／

出版社／中国经济出版社

ISBN／9787513639965

出版日期／2016 年 3 月

1501 中国开放型经济税收发展研究报告（2015～2016 年度）——税收服务"一带一路"战略问题研究

著（编）者／中国国际税收研究会

研创机构／

出版社／中国税务出版社

ISBN／9787567804838

出版日期／2016 年 11 月

1502 中国开放型经济税收发展研究报告（2016 年度）——中国自贸区税收问题研究

著（编）者／中国国际税收研究会

研创机构／

出版社／中国税务出版社

ISBN／9787567804845

出版日期／2016 年 11 月

1503 中国科技工作者论文发表情况调查报告

著（编）者／田德桥

研创机构／军事医学科学院生物工程研究所

出版社／中国科学技术出版社

ISBN／9787504672353

出版日期／2016 年 9 月

1504 中国科技人力资源发展研究报告：2014——科技人力资源与政策变迁

著（编）者／中国科协调研宣传部、中国科协创新战略研究院

研创机构／

出版社／中国科学技术出版社

ISBN／9787504671189

出版日期／2016 年 3 月

1505 中国科普能力评价报告（2016～2017）

（科普能力蓝皮书，皮书序列号：PSN B－2016－555－1/1）

著（编）者／李富强、李群、王宾、董全超、汤乐明、马宗文

研创机构／中国社会科学院数量经济与技术经济研究所

出版社／社会科学文献出版社

ISBN／9787509794869

出版日期／2016 年 8 月

1506 **中国科普人才发展报告（2015）**

（科普蓝皮书，皮书序列号：PSN B – 2016 – 512 – 2/4）

著（编）者／郑念、任嵘嵘、张利梅、王丽慧

研创机构／中国科普研究所

出版社／社会科学文献出版社

ISBN／9787509783566

出版日期／2016 年 4 月

1507 **中国科协科技期刊发展报告：2016**

著（编）者／中国科学技术协会

研创机构／

出版社／中国科学技术出版社

ISBN／9787504671011

出版日期／2016 年 7 月

1508 **中国科学技术发展报告：2014**

著（编）者／科学技术部

研创机构／

出版社／科学技术文献出版社

ISBN／9787518917839

出版日期／2016 年 7 月

1509 **中国科研信息化蓝皮书 2015**

著（编）者／中国科学院

研创机构／

出版社／科学出版社

ISBN／9787030477163

出版日期／2016 年 3 月

1510 **中国可再生能源产业发展报告：2016**

著（编）者／国家可再生能源中心

研创机构／

出版社／中国经济出版社

ISBN／9787513643443

出版日期／2016 年 9 月

1511　中国客车产业发展报告（2015～2016）
（客车蓝皮书，皮书序列号：PSN B－2013－361－1/1）
著（编）者／姚蔚
研创机构／方得网
出版社／社会科学文献出版社
ISBN／9787509797877
出版日期／2016 年 10 月

1512　中国跨国公司发展报告：2015
著（编）者／卢进勇、李建明、杨立强、刘辉群、郜志雄
研创机构／对外经济贸易大学
出版社／对外经济贸易大学出版社
ISBN／9787566315274
出版日期／2016 年 2 月

1513　中国跨境电子商务发展报告（2014～2015）
著（编）者／汤兵勇、熊励
研创机构／中国跨境电子商务应用联盟
出版社／化学工业出版社
ISBN／9787122257932
出版日期／2016 年 1 月

1514　中国跨境电子商务发展报告（2015～2016）
著（编）者／汤兵勇、熊励
研创机构／中国跨境电子商务应用联盟
出版社／化学工业出版社
ISBN／9787122286727
出版日期／2016 年 12 月

1515　中国跨境电子商务发展蓝皮书（2015）
著（编）者／广东省网商协会
研创机构／
出版社／广东经济出版社
ISBN／9787545444520
出版日期／2016 年 8 月

1516　中国矿产资源报告 2016

　　著（编）者／国土资源部

　　研创机构／

　　出版社／地质出版社

　　ISBN／9787116099593

　　出版日期／2016 年 9 月

1517　中国矿产资源发展报告（2015）

　　著（编）者／成金华、洪水峰

　　研创机构／中国地质大学

　　出版社／科学出版社

　　ISBN／9787030493491

　　出版日期／2016 年 8 月

1518　中国劳动保障发展报告（2016）

　　（劳动保障蓝皮书，皮书序列号：PSN B－2014－415－1/1）

　　著（编）者／刘燕斌、郑东亮、鲁士海、莫荣、金维刚

　　研创机构／中国劳动保障科学研究院

　　出版社／社会科学文献出版社

　　ISBN／9787509793749

　　出版日期／2016 年 9 月

1519　中国老年人营养与健康报告

　　著（编）者／中国发展研究基金会

　　研创机构／

　　出版社／中国发展出版社

　　ISBN／9787517704171

　　出版日期／2016 年 2 月

1520　中国老年宜居环境发展报告（2015）

　　（老龄蓝皮书，皮书序列号：PSN B－2013－320－1/1）

　　著（编）者／党俊武、周燕珉、伍小兰、林婧怡、魏彦彦

　　研创机构／中国老龄科学研究中心

　　出版社／社会科学文献出版社

　　ISBN／9787509781807

　　出版日期／2016 年 1 月

1521 中国冷链物流发展报告（2016）

著（编）者／中国物流与采购联合会冷链物流专业委员会、国家农产品现代
物流工程技术研究中心、冷链马甲

研创机构／

出版社／中国财富出版社

ISBN／9787504761934

出版日期／2016 年 6 月

1522 中国连锁品牌发展质量调研报告（2015）

著（编）者／周云、花涛、胡宝贵

研创机构／

出版社／中国轻工业出版社

ISBN／9787518408689

出版日期／2016 年 3 月

1523 中国连锁品牌发展质量调研报告（2016）

著（编）者／周云、花涛、胡宝贵

研创机构／

出版社／中国轻工业出版社

ISBN／9787501981939

出版日期／2016 年 12 月

1524 中国粮食发展报告：2015——中国的粮食安全

著（编）者／曹宝明、徐建玲

研创机构／南京财经大学粮食经济研究院

出版社／经济管理出版社

ISBN／9787509640876

出版日期／2016 年 3 月

1525 中国粮食发展报告 2016

著（编）者／国家粮食局

研创机构／

出版社／中国社会出版社

ISBN／9787508754895

出版日期／2016 年 11 月

1526 中国林改村庄观察报告

（厦门大学中国特色社会主义研究中心丛书）

著（编）者／贺东航

研创机构／厦门大学

出版社／中国社会科学出版社

ISBN／9787516173220

出版日期／2016 年 11 月

1527 中国林业产业行业信用体系调查研究报告：2014～2015

著（编）者／《中国林业产业行业信用体系调查研究报告》编委会

研创机构／

出版社／中国林业出版社

ISBN／9787503884849

出版日期／2016 年 8 月

1528 中国林业产业监测报告

著（编）者／国家林业局

研创机构／

出版社／中国林业出版社

ISBN／9787503887499

出版日期／2016 年 11 月

1529 中国林业大数据发展战略研究报告

（智慧林业丛书）

著（编）者／李世东 等

研创机构／国家林业局

出版社／中国林业出版社

ISBN／9787503887543

出版日期／2016 年 11 月

1530 中国林业发展报告：2016

著（编）者／国家林业局

研创机构／

出版社／中国林业出版社

ISBN／9787503887352

出版日期／2016 年 10 月

1531　中国林业信息化发展报告（2016）
著（编）者／《中国林业信息化发展报告 2016》编委会
研创机构／
出版社／中国林业出版社
ISBN／9787503887277
出版日期／2016 年 8 月

1532　中国林业知识产权年度报告：2015
著（编）者／国家林业局科技发展中心、国家林业局知识产权研究中心
研创机构／
出版社／中国林业出版社
ISBN／9787503884825
出版日期／2016 年 4 月

1533　中国零售业发展报告：2016
著（编）者／王耀
研创机构／中国商业联合会
出版社／中国统计出版社
ISBN／9787503779633
出版日期／2016 年 10 月

1534　中国领导科学研究年度报告（2015）
著（编）者／白占群、刘炳香
研创机构／
出版社／中共中央党校出版社
ISBN／9787503559327
出版日期／2016 年 1 月

1535　中国留学发展报告（2016）No. 5
（国际人才蓝皮书，皮书序列号：PSN B－2012－244－2/4）
著（编）者／王辉耀、苗绿
研创机构／中国与全球化智库（CCG）
出版社／社会科学文献出版社
ISBN／9787509799307
出版日期／2016 年 12 月

1536 中国流动人口发展分省报告 2015

著（编）者／国家卫生和计划生育委员会流动人口司

研创机构／

出版社／中国人口出版社

ISBN／9787510142215

出版日期／2016 年 3 月

1537 中国流动人口发展报告 2016

著（编）者／国家卫生和计划生育委员会流动人口司

研创机构／

出版社／中国人口出版社

ISBN／9787510146329

出版日期／2016 年 10 月

1538 中国流通发展报告（2015）

著（编）者／李金昌、朱发仓

研创机构／浙江财经大学

出版社／经济科学出版社

ISBN／9787514171655

出版日期／2016 年 8 月

1539 中国楼宇经济发展报告（2015）

著（编）者／夏效鸿

研创机构／杭州市政府

出版社／人民日报出版社

ISBN／9787511537430

出版日期／2016 年 4 月

1540 中国旅行服务业发展报告：2016

（中国旅游发展年度报告书系）

著（编）者／中国旅游研究院

研创机构／

出版社／旅游教育出版社

ISBN／9787563734313

出版日期／2016 年 6 月

1541 中国旅行社行业发展研究报告：2016

著（编）者／国家旅游局

研创机构／

出版社／中国旅游出版社

ISBN／9787503257230

出版日期／2016 年 12 月

1542 中国旅游安全报告（2016）

（旅游安全蓝皮书，皮书序列号：PSN B－2012－280－1/1）

著（编）者／郑向敏、谢朝武

研创机构／华侨大学旅游学院、中国旅游研究院旅游安全研究基地

出版社／社会科学文献出版社

ISBN／9787509792407

出版日期／2016 年 5 月

1543 中国旅游集团发展报告：2015——开放与共享：旅游集团成长的新谱系

（中国旅游发展年度报告书系）

著（编）者／中国旅游协会、中国旅游研究院

研创机构／

出版社／旅游教育出版社

ISBN／9787563734146

出版日期／2016 年 6 月

1544 中国旅游教育蓝皮书（2016）

著（编）者／中国旅游协会旅游教育分会

研创机构／

出版社／中国旅游出版社

ISBN／9787503256943

出版日期／2016 年 1 月

1545 中国旅游景区发展报告：2016

（中国旅游发展年度报告书系）

著（编）者／中国旅游研究院

研创机构／

出版社／旅游教育出版社

ISBN／9787563734177

出版日期／2016 年 6 月

1546 中国旅游业改革发展报告：2015

著（编）者／国家旅游局政策法规司、中国社会科学院旅游研究中心

研创机构／

出版社／中国旅游出版社

ISBN／9787503255533

出版日期／2016 年 2 月

1547 中国旅游住宿业发展报告 2016——度假租赁的兴起

（中国旅游发展年度报告书系）

著（编）者／中国旅游研究院

研创机构／

出版社／旅游教育出版社

ISBN／9787563734306

出版日期／2016 年 6 月

1548 中国履行《禁止化学武器公约》报告（2014）

著（编）者／国家履行《禁止化学武器公约》工作办公室

研创机构／

出版社／社会科学文献出版社

ISBN／9787509791028

出版日期／2016 年 12 月

1549 中国律师业务报告 2015

著（编）者／中华全国律师协会

研创机构／

出版社／北京大学出版社

ISBN／9787301272565

出版日期／2016 年 8 月

1550 中国绿色货运制度与政策框架研究报告

（交通运输发展及理论经典译丛）

著（编）者／亚洲清洁空气中心

研创机构／

出版社／中国财富出版社

ISBN／9787504761545

出版日期／2016 年 8 月

1551 中国绿色减贫指数报告 2016
（经济学学术前沿书系）
著（编）者／北京师范大学中国扶贫研究中心
研创机构／
出版社／经济日报出版社
ISBN／9787802579545
出版日期／2016 年 6 月

1552 中国绿色建筑 2016
（中国城市科学研究系列报告）
著（编）者／中国城市科学研究会
研创机构／
出版社／中国建筑工业出版社
ISBN／9787112192120
出版日期／2016 年 3 月

1553 中国贸易报告：后危机时期的发展（2016）
（国家智库报告）
著（编）者／宋泓 等
研创机构／
出版社／中国社会科学出版社
ISBN／9787516182703
出版日期／2016 年 5 月

1554 中国贸易运行监控报告：2016——积极适应外贸发展新形势
著（编）者／上海 WTO 事务咨询中心
研创机构／
出版社／上海人民出版社
ISBN／9787208141223
出版日期／2016 年 11 月

1555 中国媒介素养研究年度报告：2014
著（编）者／彭少健、王天德、吴吟
研创机构／浙江传媒学院
出版社／中国广播电视出版社
ISBN／9787504375032
出版日期／2016 年 1 月

1556 中国媒体发展研究报告：2014 年（媒体卷）

著（编）者／武汉大学媒体发展研究中心、武汉大学新闻与传播学院、武汉大学"社会转型与中国大众传媒改革"创新基地

研创机构／

出版社／武汉大学出版社

ISBN／9787307175860

出版日期／2016 年 3 月

1557 中国媒体关注度报告：2016

著（编）者／国家语言资源监测与研究有声媒体中心

研创机构／

出版社／中国传媒大学出版社

ISBN／9787565718656

出版日期／2016 年 12 月

1558 中国煤炭工业发展报告（2016）

（煤炭蓝皮书，皮书序列号：PSN B – 2008 – 123 – 1/1）

著（编）者／岳福斌

研创机构／中央财经大学中国煤炭经济研究院

出版社／社会科学文献出版社

ISBN／9787520100199

出版日期／2016 年 12 月

1559 中国煤炭工业科学技术发展报告：2011～2015

著（编）者／中国煤炭工业协会、神华集团有限责任公司

研创机构／

出版社／煤炭工业出版社

ISBN／9787502052577

出版日期／2016 年 4 月

1560 中国煤炭市场发展报告：2016

（中国煤炭市场蓝皮书）

著（编）者／中国（太原）煤炭交易中心、山西汾渭能源开发咨询有限公司

研创机构／

出版社／中国经济出版社

ISBN／9787513642538

出版日期／2016 年 5 月

1561　中国美育发展报告（2011~2015）

著（编）者／美育学刊杂志社、美育与文化传播协同创新中心

研创机构／

出版社／上海三联书店

ISBN／9787542657299

出版日期／2016 年 11 月

1562　中国棉纺织行业 2015 年度发展研究报告

著（编）者／中国棉纺织行业协会

研创机构／

出版社／中国纺织出版社

ISBN／9787518024346

出版日期／2016 年 6 月

1563　中国棉花产业发展研究报告（2016）

著（编）者／周加来、刘从九、唐敏、刘克曼

研创机构／安徽财经大学

出版社／中国商业出版社

ISBN／9787504494757

出版日期／2016 年 6 月

1564　中国民办教育发展报告：2014

著（编）者／周海涛、钟秉林

研创机构／北京师范大学

出版社／北京师范大学出版社

ISBN／9787303174546

出版日期／2016 年 2 月

1565　中国民间外交发展报告：2016

著（编）者／吴建民、于洪君、共识网民间外交报告课题组成员

研创机构／外交部外交政策咨询委员会、全国政协外委会、共识网民间外交
　　　　　报告课题组

出版社／中央编译出版社

ISBN／9787511729880

出版日期／2016 年 5 月

1566 中国民生调查（2015）

著（编）者／国务院发展研究中心课题组

研创机构／国务院发展研究中心

出版社／中国发展出版社

ISBN／9787517704591

出版日期／2016 年 2 月

1567 中国民俗文化发展报告：2015

著（编）者／张士闪、李松、王学文、王加华

研创机构／山东大学、中国书法家协会创作委员会

出版社／山东大学出版社

ISBN／9787560756288

出版日期／2016 年 9 月

1568 中国民营经济发展报告：2014～2015

著（编）者／中华全国工商业联合会、王钦敏、全哲洙

研创机构／

出版社／中华工商联合出版社

ISBN／9787515815763

出版日期／2016 年 3 月

1569 中国民政发展报告：2015～2016

（民政蓝皮书）

著（编）者／民政部政策研究中心、王杰秀

研创机构／

出版社／中国社会出版社

ISBN／9787508754031

出版日期／2016 年 6 月

1570 中国民族地区发展问题调研报告：Ⅲ

著（编）者／阎占定、张瑞敏、张燚 等

研创机构／中南民族大学马克思主义学院、新疆昌吉吉木萨尔县政协

出版社／世界图书广东出版公司

ISBN／9787519217501

出版日期／2016 年 8 月

1571 中国民族地区金融发展报告
著（编）者／冯彦明
研创机构／中央民族大学
出版社／中国金融出版社
ISBN／9787504987112
出版日期／2016 年 11 月

1572 中国民族发展报告（2016）
（民族发展蓝皮书，皮书序列号：PSN B－2006－070－1/1）
著（编）者／王延中、方勇、尹虎彬、陈建樾
研创机构／中国社会科学院民族学与人类学研究所
出版社／社会科学文献出版社
ISBN／9787509799376
出版日期／2016 年 10 月

1573 中国民族经济发展报告（2015）
著（编）者／李曦辉
研创机构／中央民族大学发展规划处
出版社／社会科学文献出版社
ISBN／9787509787984
出版日期／2016 年 4 月

1574 中国奶产品质量安全研究报告：2015 年度
著（编）者／王加启、郑楠
研创机构／中国农业科学院北京畜牧兽医研究所
出版社／中国农业科学技术出版社
ISBN／9787511625229
出版日期／2016 年 3 月

1575 中国男装产业发展报告：2016
著（编）者／中国常熟男装指数编制发布中心
研创机构／
出版社／中国纺织出版社
ISBN／9787518025756
出版日期／2016 年 5 月

1576 中国南南合作发展报告：中国对发展中国家的援助与合作

著（编）者／李荣林

研创机构／南开大学南南合作研究中心

出版社／五洲传播出版社

ISBN／9787508535012

出版日期／2016 年 8 月

1577 中国能效投资进展报告：2014

著（编）者／中能世通（北京）投资咨询服务中心、中国能源研究会能效与
投资评估专业委员会

研创机构／

出版社／中国科学技术出版社

ISBN／9787504671615

出版日期／2016 年 5 月

1578 中国能源报告：2016——能源市场研究

著（编）者／魏一鸣、廖华、糖葆君、郝宇 等

研创机构／北京理工大学管理与经济学院、北京理工大学能源与环境政策研
究中心

出版社／科学出版社

ISBN／9787030504630

出版日期／2016 年 11 月

1579 中国能源发展报告（2016）

（能源蓝皮书，皮书序列号：PSN B－2006－049－1/1）

著（编）者／崔民选、王军生、陈义和

研创机构／中国社会科学院工业经济研究所

出版社／社会科学文献出版社

ISBN／9787509799734

出版日期／2016 年 12 月

1580 中国能源法研究报告：2015

著（编）者／中国能源法研究会

研创机构／

出版社／立信会计出版社

ISBN／9787542952004

出版日期／2016 年 7 月

1581 **中国能源国际合作报告：2015/2016——"一带一路"能源投资**
（中国人民大学研究报告系列）
著（编）者 / 许勤华、刘旭、中国人民大学国际能源战略研究中心
研创机构 /
出版社 / 中国人民大学出版社
ISBN / 9787300232829
出版日期 / 2016 年 9 月

1582 **中国能源集团 500 强发展报告：2016**
（国家能源局软科学项目）
著（编）者 / 中国能源集团 500 强研究课题组
研创机构 /
出版社 / 中国金融出版社
ISBN / 9787504987570
出版日期 / 2016 年 11 月

1583 **中国农产品加工业重点行业研究报告（2016）**
著（编）者 / 农业部农产品加工局、农业部规划设计院
研创机构 /
出版社 / 中国农业出版社
ISBN / 9787109225404
出版日期 / 2016 年 12 月

1584 **中国农产品贸易发展报告：2016**
著（编）者 / 农业部农产品贸易办公室、农业部农业贸易促进中心
研创机构 /
出版社 / 中国农业出版社
ISBN / 9787109220904
出版日期 / 2016 年 9 月

1585 **中国农产品期货市场发展路径研究**
（传统农区工业化与社会转型丛书）
著（编）者 / 蔡胜勋
研创机构 / 河南大学经济学院金融系
出版社 / 社会科学文献出版社
ISBN / 9787509758274
出版日期 / 2016 年 3 月

1586 **中国农村发展报告：2016——聚焦农村全面建成小康社会**

著（编）者／潘后凯、潘晨光

研创机构／中国社会科学院

出版社／中国社会科学出版社

ISBN／9787516186411

出版日期／2016 年 7 月

1587 **中国农村发展研究报告 No. 9**

著（编）者／李周、魏后凯

研创机构／中国社会科学院农村发展研究所

出版社／社会科学文献出版社

ISBN／9787509786680

出版日期／2016 年 5 月

1588 **中国农村教育发展报告：2013**

（国情教育研究书系）

著（编）者／杨润勇 等

研创机构／中国教育科学研究院

出版社／教育科学出版社

ISBN／9787519106478

出版日期／2016 年 9 月

1589 **中国农村教育发展报告：2015**

（教育部哲学社会科学系列发展报告）

著（编）者／邬志辉、秦玉友 等

研创机构／东北师范大学农村教育研究所

出版社／北京师范大学出版社

ISBN／9787303208197

出版日期／2016 年 7 月

1590 **中国农村金融发展报告：2015**

著（编）者／张承惠、郑醒尘 等

研创机构／国务院发展研究中心金融所

出版社／中国发展出版社

ISBN／9787517704942

出版日期／2016 年 6 月

1591 中国农村经济形势分析与预测（2015～2016）
（农村绿皮书，皮书序列号：PSN G－1998－003－1/1）
著（编）者／魏后凯、杜志雄、黄秉信、李国祥、孙同全
研创机构／中国社会科学院农村发展研究所
出版社／社会科学文献出版社
ISBN／9787509790038
出版日期／2016 年 4 月

1592 中国农村贫困监测报告 2016
著（编）者／国家统计局住户调查办公室
研创机构／
出版社／中国统计出版社
ISBN／9787503780912
出版日期／2016 年 12 月

1593 中国农村普惠金融研究报告 2015：互联网与农商银行
（农商银行发展联盟系列丛书）
著（编）者／吴红军、何广文、金军、张正平、李春荣
研创机构／《金融时报》、中国农业大学经济管理学院金融系
出版社／中国金融出版社
ISBN／9787504984258
出版日期／2016 年 3 月

1594 中国农村土地市场发展报告（2015～2016）
（土地市场蓝皮书，皮书序列号：PSN B－2016－526－1/1）
著（编）者／李光荣、王力、胡春梅
研创机构／中国社会科学院金融研究所、特华博士后科研工作站
出版社／社会科学文献出版社
ISBN／9787509788615
出版日期／2016 年 3 月

1595 中国农村信息化发展报告：2014～2015
著（编）者／李道亮
研创机构／中国农业大学信息与电气工程学院
出版社／电子工业出版社
ISBN／9787121282584
出版日期／2016 年 4 月

1596　中国农村研究报告：2015

著（编）者／农业部农村经济研究中心

研创机构／

出版社／中国财政经济出版社

ISBN／9787509568903

出版日期／2016 年 8 月

1597　中国农机市场发展报告：2015～2016

著（编）者／中国农业机械流通协会

研创机构／

出版社／中国财富出版社

ISBN／9787504761408

出版日期／2016 年 9 月

1598　中国农民专业合作社发展报告：2014

著（编）者／农业部农村经济体制与经营管理司

研创机构／

出版社／中国农业出版社

ISBN／9787109214019

出版日期／2016 年 4 月

1599　中国农民专业合作社发展报告：2015

著（编）者／农业部农村经济体制与经营管理司、农业部农村合作经济经营
　　　　　　管理总站、农业部管理干部学院、中国农村合作经济管理学会

研创机构／

出版社／中国农业出版社

ISBN／9787109221239

出版日期／2016 年 10 月

1600　中国农药发展报告：2015

著（编）者／农业部种植业管理司、农业部农药检定所

研创机构／

出版社／中国农业出版社

ISBN／9787109224087

出版日期／2016 年 12 月

1601 **中国农业保险发展报告：2015**
著（编）者／项俊波、中国保监会财产保险监管部、南开大学农业保险研究中心
研创机构／
出版社／南开大学出版社
ISBN／9787310050635
出版日期／2016 年 2 月

1602 **中国农业产业技术发展报告：2015 年度**
著（编）者／农业部科技教育司、财政部教科文司
研创机构／
出版社／中国农业出版社
ISBN／9787109220737
出版日期／2016 年 9 月

1603 **中国农业电子商务发展蓝皮书（2015）**
著（编）者／中国农业科学院农业信息研究所
研创机构／
出版社／中国农业科学技术出版社
ISBN／9787511625342
出版日期／2016 年 4 月

1604 **中国农业展望报告（2016～2025）**
著（编）者／农业部市场预警专家委员会
研创机构／
出版社／中国农业科学技术出版社
ISBN／9787511625748
出版日期／2016 年 4 月

1605 **中国农用地质量发展研究报告：2015**
著（编）者／国土资源部农用地质量与监控重点实验室
研创机构／
出版社／中国农业大学出版社
ISBN／9787565515453
出版日期／2016 年 4 月

1606　中国女性生活状况报告 No. 10（2016）

（女性生活蓝皮书，皮书序列号：PSN B－2006－071－1/1）

著（编）者／韩湘景

研创机构／《中国妇女》杂志社、华坤女性生活调查中心、华坤女性消费指
　　　　　导中心

出版社／社会科学文献出版社

ISBN／9787509797570

出版日期／2016 年 10 月

1607　中国票据市场发展报告：2014～2015

（票据蓝皮书）

著（编）者／中国银行业协会

研创机构／

出版社／中国财政经济出版社

ISBN／9787509563946

出版日期／2016 年 4 月

1608　中国品牌战略发展报告（2016）

（品牌蓝皮书，皮书序列号：PSN B－2016－580－1/2）

著（编）者／汪同三、品牌中国战略规划院

研创机构／中国社会科学院数量经济与技术经济研究所、品牌中国战略规划院

出版社／社会科学文献出版社

ISBN／9787509798980

出版日期／2016 年 11 月

1609　中国普通高校创新能力监测报告

（国家创新调查制度系列报告）

著（编）者／教育部、科学技术部

研创机构／

出版社／科学技术文献出版社

ISBN／9787518922574

出版日期／2016 年 12 月

1610　中国企业"走出去"语言服务蓝皮书（2016）

（语言服务智库研究报告系列）

著（编）者／王立非

研创机构／对外经济贸易大学

出版社／对外经济贸易大学出版社

ISBN／9787566315793

出版日期／2016 年 4 月

1611 中国企业成长调查研究报告：2016
（中国人民大学研究报告系列）
著（编）者／伊志宏、刘军、中国人民大学企业创新与竞争力研究中心
研创机构／
出版社／中国人民大学出版社
ISBN／9787300231020
出版日期／2016 年 8 月

1612 中国企业创新能力评价报告 2016
（国家创新调查制度系列报告）
著（编）者／中国科学技术发展战略研究院、中央财经大学经济学院
研创机构／
出版社／科学技术文献出版社
ISBN／9787518922536
出版日期／2016 年 12 月

1613 中国企业的全球战略——新兴经济体对外直接投资的动因与效应
（新开放论丛）
著（编）者／李珮璘
研创机构／上海社会科学院世界经济研究所
出版社／上海社会科学院出版社
ISBN／9787552014433
出版日期／2016 年 7 月

1614 中国企业发展报告：2016
著（编）者／国务院发展研究中心企业研究所
研创机构／
出版社／中国发展出版社
ISBN／9787517704775
出版日期／2016 年 3 月

1615 中国企业扶贫研究报告（2016）
（企业扶贫蓝皮书，皮书序列号：PSN B－2016－593－1/1）
著（编）者／钟宏武、汪杰、丁亚冬、黄晓娟
研创机构／中国社会科学院经济学部企业社会责任研究中心
出版社／社会科学文献出版社
ISBN／9787509799758
出版日期／2016 年 12 月

1616 **中国企业公益研究报告（2016）**

（企业公益蓝皮书，皮书序列号：PSN B－2015－501－1/1）

著（编）者／邓国胜、钟宏武、汪杰、黄晓娟

研创机构／中国社会科学院经济学部企业社会责任研究中心

出版社／社会科学文献出版社

ISBN／9787509799574

出版日期／2016 年 12 月

1617 **中国企业公众透明度报告（2015~2016）No. 2**

（社会责任管理蓝皮书，皮书序列号：PSN B－2015－440－1/2）

著（编）者／黄速建、熊梦、王晓光、肖红军

研创机构／中国企业管理研究会社会责任专业委员会、中国工业经济联合会
中国工业企业社会责任研究智库、北京融智企业社会责任研究所

出版社／社会科学文献出版社

ISBN／9787509785492

出版日期／2016 年 1 月

1618 **中国企业国际化生存报告（2007~2009）：金融危机前后的突变**

著（编）者／王益民、綦建红

研创机构／

出版社／中国财政经济出版社

ISBN／9787509570975

出版日期／2016 年 12 月

1619 **中国企业基金会发展研究报告 2016**

著（编）者／明善道

研创机构／

出版社／北京联合出版公司

ISBN／9787550280885

出版日期／2016 年 6 月

1620 **中国企业集团财务公司行业发展报告（2016）**

著（编）者／中国财务公司协会、中国社会科学院金融研究所

研创机构／

出版社／社会科学文献出版社

ISBN／9787509790724

出版日期／2016 年 5 月

1621 中国企业健康指数报告：2016

著（编）者／吴晓波、周伟华、陈学军

研创机构／浙江大学管理学院

出版社／浙江大学出版社

ISBN／9787308158930

出版日期／2016 年 6 月

1622 中国企业劳动关系状况报告：2015

著（编）者／黄海嵩

研创机构／中国企业联合会

出版社／企业管理出版社

ISBN／9787516412657

出版日期／2016 年 5 月

1623 中国企业培训蓝皮书 Ⅷ

著（编）者／陈奎伟、陈欣、武朝锁、潘少宝

研创机构／

出版社／鹭江出版社

ISBN／9787545912326

出版日期／2016 年 9 月

1624 中国企业品牌竞争力指数报告：2013～2014

著（编）者／中国市场学会品牌管理专业委员会、张世贤、杨世伟、赵宏大、
李海鹏

研创机构／中国社会科学院工业经济研究所、中国市场学会

出版社／经济管理出版社

ISBN／9787509645918

出版日期／2016 年 11 月

1625 中国企业全球化报告（2016）

（企业国际化蓝皮书，皮书序列号：PSN B－2014－427－1/1）

著（编）者／王辉耀、苗绿

研创机构／中国与全球化智库（CCG）

出版社／社会科学文献出版社

ISBN／9787509775165

出版日期／2016 年 11 月

1626 **中国企业全球营商环境指数报告：2015**

著（编）者／洪俊杰

研创机构／对外经贸大学国际经贸学院

出版社／中国商务出版社

ISBN／9787510315336

出版日期／2016 年 7 月

1627 **中国企业社会责任报告：2015**

著（编）者／中国企业社会责任报告评级专家委员会、李杨、钟宏武、魏紫
川、张蒽、王梦娟、林旭、方小静 等

研创机构／

出版社／经济管理出版社

ISBN／9787509641361

出版日期／2016 年 1 月

1628 **中国企业社会责任研究报告（2016）**

（企业社会责任蓝皮书，皮书序列号：PSN B－2009－149－1/2）

著（编）者／黄群慧、钟宏武、张蒽、翟利峰、李杨、王志敏、冯丽、贾晶、
高小璇

研创机构／中国社会科学院经济学部企业社会责任研究中心

出版社／社会科学文献出版社

ISBN／9787509798294

出版日期／2016 年 10 月

1629 **中国企业信用发展报告：2015**

著（编）者／中国合作贸易企业协会、中国企业改革与发展研究会

研创机构／

出版社／中国经济出版社

ISBN／9787513641197

出版日期／2016 年 1 月

1630 **中国企业"走出去"面临的法规环境**

（国家智库报告）

著（编）者／钟飞腾

研创机构／中国社会科学院亚太与全球战略研究院大国关系室

出版社／中国社会科学出版社

ISBN／9787516188347

出版日期／2016 年 10 月

1631　中国气象发展报告：2016

著（编）者／中国气象局发展研究中心气象发展报告编写组

研创机构／

出版社／气象出版社

ISBN／9787502964467

出版日期／2016 年 10 月

1632　中国汽车安全发展报告（2016）

（汽车安全蓝皮书，皮书序列号：PSN B－2014－385－1/1）

著（编）者／中国汽车技术研究中心

研创机构／

出版社／社会科学文献出版社

ISBN／9787509794364

出版日期／2016 年 7 月

1633　中国汽车产业发展报告（2016）

（汽车蓝皮书，皮书序列号：PSN B－2008－124－1/1）

著（编）者／国务院发展研究中心产业经济研究部、中国汽车工程学会、大
　　　　　　众汽车集团（中国）

研创机构／

出版社／社会科学文献出版社

ISBN／9787509796108

出版日期／2016 年 8 月

1634　中国汽车产业基地发展报告：2016

著（编）者／中国汽车产业基地峰会、中国汽车技术研究中心

研创机构／

出版社／北京理工大学出版社

ISBN／9787568231411

出版日期／2016 年 10 月

1635　中国汽车产业知识产权发展报告（2016）

（汽车知识产权蓝皮书，皮书序列号：PSN B－2016－594－1/1）

著（编）者／中国汽车工程研究院股份有限公司、中国汽车工程学会、重庆
　　　　　　长安汽车股份有限公司

研创机构／

出版社／社会科学文献出版社

ISBN／9787509775813

出版日期／2016 年 12 月

1636 **中国汽车电子商务发展报告（2016）**

（汽车电子商务蓝皮书，皮书序列号：PSN B – 2015 – 485 – 1/1）

著（编）者／中华全国工商业联合会汽车经销商商会、北京易观智库网络科

技有限公司

研创机构／

出版社／社会科学文献出版社

ISBN／9787509797587

出版日期／2016 年 10 月

1637 **中国汽车工业发展年度报告（2016）**

（汽车工业蓝皮书，皮书序列号：PSN B – 2015 – 463 – 1/2）

著（编）者／中国汽车工业协会、中国汽车技术研究中心、丰田汽车公司

研创机构／

出版社／社会科学文献出版社

ISBN／9787509789650

出版日期／2016 年 4 月

1638 **中国汽车技术发展报告：2016**

著（编）者／中国汽车工程学会、丰田汽车公司

研创机构／

出版社／北京理工大学出版社

ISBN／9787568228824

出版日期／2016 年 8 月

1639 **中国汽车零部件产业发展报告（2015～2016）**

（汽车工业蓝皮书，皮书序列号：PSN B – 2016 – 515 – 2/2）

著（编）者／中国汽车工业协会、中国汽车工程研究院

研创机构／

出版社／社会科学文献出版社

ISBN／9787509782903

出版日期／2016 年 10 月

1640 **中国汽车物流发展报告：2016**

著（编）者／中国物流与采购联合会汽车物流分会

研创机构／

出版社／中国财富出版社

ISBN／9787504760081

出版日期／2016 年 11 月

1641 中国汽车营销蓝皮书（2016）

著（编）者／中国国际贸易促进委员会汽车行业分会、中国国际商会汽车行
业商会、中国市场学会（汽车）营销专家委员会、搜狐汽车事
业部

研创机构／

出版社／电子工业出版社

ISBN／9787121296567

出版日期／2016 年 8 月

1642 中国氢能产业基础设施发展蓝皮书（2016）

著（编）者／中国标准化研究院、全国氢能标准化技术委员会

研创机构／

出版社／中国标准出版社

ISBN／9787506684583

出版日期／2016 年 10 月

1643 中国区域创新创业报告：2016

（新结构经济学丛书）

著（编）者／张晓波、李钰、杨奇明

研创机构／北京大学国家发展研究院、龙信数据有限公司、浙江理工大学经
济管理学院

出版社／北京大学出版社

ISBN／9787301278369

出版日期／2016 年 12 月

1644 中国区域创新能力监测报告（2015）

著（编）者／科学技术部

研创机构／

出版社／科学技术文献出版社

ISBN／9787518910359

出版日期／2016 年 2 月

1645 中国区域创新能力评价报告：2016

（国家创新调查制度系列报告）

著（编）者／中国科技发展战略研究小组、中国科学院大学中国创新创业管
理研究中心

研创机构／

出版社／科学技术文献出版社

ISBN／9787518920723

出版日期／2016 年 11 月

1646 中国区域金融稳定报告：2016

著（编）者／中国人民银行上海总部金融稳定分析小组

研创机构／

出版社／中国金融出版社

ISBN／9787504986665

出版日期／2016 年 8 月

1647 中国区域经济发展报告（2015～2016）

（区域蓝皮书，皮书序列号：PSN B－2004－034－1/1）

著（编）者／赵弘、游霭琼、杨维凤、王德利

研创机构／北京市社会科学院

出版社／社会科学文献出版社

ISBN／9787509790878

出版日期／2016 年 6 月

1648 中国区域经济转型研究

（河南省社会科学院学术书系·文库）

著（编）者／安晓明

研创机构／河南省社会科学院农村发展研究所

出版社／社会科学文献出版社

ISBN／9787509785096

出版日期／2016 年 3 月

1649 中国区域科技进步评价报告 2015

（国家创新调查制度系列报告）

著（编）者／中国科学技术发展战略研究院

研创机构／

出版社／科学技术文献出版社

ISBN／9787518910366

出版日期／2016 年 2 月

1650 中国区域旅游发展年度报告：2015～2016

（中国旅游发展年度报告书系）

著（编）者／中国旅游研究院

研创机构／

出版社／旅游教育出版社

ISBN／9787563734221

出版日期／2016 年 6 月

1651 中国区域文化产业发展报告（2015）
（上海研究院智库丛书）
著（编）者／李炎、胡洪斌
研创机构／云南大学文化发展研究院
出版社／社会科学文献出版社
ISBN／9787509791790
出版日期／2016 年 10 月

1652 中国全面小康发展报告：临安样本
著（编）者／赖惠能
研创机构／《小康》杂志社
出版社／红旗出版社
ISBN／9787505139411
出版日期／2016 年 11 月

1653 中国人才制度分析报告
（国家智库报告·人才研究）
著（编）者／中国社会科学院人事教育局
研创机构／
出版社／中国社会科学出版社
ISBN／9787516178263
出版日期／2016 年 5 月

1654 中国人才资源统计报告：2014
著（编）者／中共中央组织部
研创机构／
出版社／党建读物出版社
ISBN／9787509907658
出版日期／2016 年 9 月

1655 中国人口较少民族经济社会发展追踪调研报告
著（编）者／杨筑慧
研创机构／中央民族大学
出版社／学苑出版社
ISBN／9787507750423
出版日期／2016 年 9 月

1656　中国人口老龄化和老龄事业发展报告 2015

（中国人民大学研究报告系列）

著（编）者／孙鹃娟、杜鹏

研创机构／中国人民大学

出版社／中国人民大学出版社

ISBN／9787300238302

出版日期／2016 年 12 月

1657　中国人口与劳动问题报告 No. 17

（人口与劳动绿皮书，皮书序列号：PSN G－2000－012－1/1）

著（编）者／蔡昉、张车伟

研创机构／中国社会科学院人口与劳动经济研究所

出版社／社会科学文献出版社

ISBN／9787509798287

出版日期／2016 年 10 月

1658　中国人类发展报告 2016——通过社会创新促进包容性的人类发展

著（编）者／联合国开发计划署驻华代表处、国务院发展研究中心

研创机构／

出版社／中译出版社

ISBN／9787500145448

出版日期／2016 年 8 月

1659　中国人力资源发展报告（2016）

（人力资源蓝皮书，皮书序列号：PSN B－2012－287－1/1）

著（编）者／余兴安、李维平

研创机构／中国人事科学研究院

出版社／社会科学文献出版社

ISBN／9787509799314

出版日期／2016 年 11 月

1660　中国人力资源法律审计报告 2016——聚焦靠前就业管制

（中国人民大学研究报告系列）

著（编）者／杨伟国、代懋

研创机构／中国人民大学

出版社／中国人民大学出版社

ISBN／9787300234618

出版日期／2016 年 12 月

1661　中国人力资源服务产业园发展报告（2016）
　　著（编）者／莫荣、陈元春
　　研创机构／人力资源和社会保障部
　　出版社／中国劳动社会保障出版社
　　ISBN／9787516728833
　　出版日期／2016 年 12 月

1662　中国人力资源服务业发展报告（2016）
　　（人力资源服务业蓝皮书）
　　著（编）者／《中国人力资源服务业发展报告》编委会、孙建立
　　研创机构／
　　出版社／中国人事出版社
　　ISBN／9787512911444
　　出版日期／2016 年 12 月

1663　中国人力资源服务业蓝皮书 2015
　　著（编）者／萧鸣政、李栋、萧平、王周谊
　　研创机构／北京大学人力资源开发与管理研究中心
　　出版社／人民出版社
　　ISBN／9787010159287
　　出版日期／2016 年 4 月

1664　中国人民大学国民经济学发展报告（2015）
　　著（编）者／国民经济管理系
　　研创机构／
　　出版社／中国人民大学出版社
　　ISBN／9787300229539
　　出版日期／2016 年 5 月

1665　中国人民大学中国法律发展报告：2015——中国法治评估指标
　　著（编）者／朱景文
　　研创机构／中国人民大学法学院
　　出版社／中国人民大学出版社
　　ISBN／9787300229010
　　出版日期／2016 年 6 月

1666　中国人民公安大学智库建设研究报告

著（编）者／中国人民公安大学

研创机构／

出版社／中国人民公安大学出版社

ISBN／9787565325670

出版日期／2016 年 4 月

1667　中国人民生活发展指数检测报告（2016）

（民生指数报告）

著（编）者／王亚南、祁述裕、张继焦、朱岚、刘婷、方彧

研创机构／云南省社会科学院文化研究中心、国家行政学院社会和文化教研部、中国社会科学院民族学与人类学研究所民族社会研究室、中国老龄科学研究中心老龄战略研究所

出版社／社会科学文献出版社

ISBN／9787509790304

出版日期／2016 年 5 月

1668　中国人权事业发展报告 No. 6（2016）

（人权蓝皮书，皮书序列号：PSN B－2011－215－1/1）

著（编）者／中国人权研究会、李君如、常健

研创机构／

出版社／社会科学文献出版社

ISBN／9787509796474

出版日期／2016 年 9 月

1668　中国人事科学研究报告：2015 年卷

著（编）者／中国人事科学研究院

研创机构／

出版社／中国人事出版社

ISBN／9787512911062

出版日期／2016 年 7 月

1670　中国融资担保业统计分析报告：2014

著（编）者／中国融资担保业协会

研创机构／

出版社／中国金融出版社

ISBN／9787504983718

出版日期／2016 年 4 月

1671 中国融资租赁行业 2015 年度报告

著（编）者 / 中国融资租赁三十人论坛、零壹融资租赁研究中心

研创机构 /

出版社 / 中国经济出版社

ISBN / 9787513639569

出版日期 / 2016 年 1 月

1672 中国融资租赁业发展报告（2015～2016）

（融资租赁蓝皮书，皮书序列号：PSN B – 2015 – 443 – 1/1）

著（编）者 / 李光荣、王力、黄育华、祝玉坤

研创机构 / 中国社会科学院金融研究所、特华博士后科研工作站

出版社 / 社会科学文献出版社

ISBN / 9787509794371

出版日期 / 2016 年 8 月

1673 中国入境旅游发展年度报告：2016

（中国旅游发展年度报告书系）

著（编）者 / 中国旅游研究院

研创机构 /

出版社 / 旅游教育出版社

ISBN / 9787563734283

出版日期 / 2016 年 6 月

1674 中国森林可持续经营状况简要报告（2016）

著（编）者 / 国家林业局

研创机构 /

出版社 / 中国林业出版社

ISBN / 9787503888762

出版日期 / 2016 年 12 月

1675 中国商标战略年度发展报告：2015

著（编）者 / 国家工商行政管理总局商标局、商标评审委员会

研创机构 /

出版社 / 中国工商出版社

ISBN / 9787802158504

出版日期 / 2016 年 4 月

1676 中国商务中心区发展报告 No. 2（2015）

（商务中心区蓝皮书，皮书序列号：PSN B－2015－444－1/1）

著（编）者／李国红、单菁菁、郭亮、武占云、龙永图、魏后凯

研创机构／中国商务区联盟、中国社会科学院城市发展与环境研究所

出版社／社会科学文献出版社

ISBN／9787509785973

出版日期／2016 年 1 月

1677 中国商业保理行业发展报告 2011～2015

著（编）者／中国服务贸易协会商业保理专业委员会、商务部国际贸易经济
合作研究院信用研究所、商务部国际贸易经济合作研究院信用
研究所、商业保理专委会悦达保理研究院

研创机构／

出版社／中国商务出版社

ISBN／9787510317576

出版日期／2016 年 12 月

1678 中国商业发展报告（2016～2017）

（流通蓝皮书，皮书序列号：PSN B－2009－152－1/2）

著（编）者／荆林波、王雪峰、林诗慧、李晓怡、赵京桥、张家敏、中国社
会科学院财经战略研究院、冯氏集团利丰研究中心

研创机构／中国社会科学院中国社会科学评价中心、冯氏集团利丰研究中心

出版社／社会科学文献出版社

ISBN／9787509792414

出版日期／2016 年 7 月

1679 中国商业银行黄金业务发展报告（2015～2016）

（黄金市场蓝皮书，皮书序列号：PSN B－2016－524－1/1）

著（编）者／平安银行

研创机构／

出版社／社会科学文献出版社

ISBN／9787509787250

出版日期／2016 年 3 月

1680 中国商业银行竞争力报告 2016

著（编）者／王松奇、刘煜辉、欧明刚

研创机构／中国社会科学院金融研究所

出版社／中国金融出版社

ISBN／9787504983015

出版日期／2016 年 12 月

1681 中国上市公司发展报告（2016）

（中国上市公司蓝皮书，皮书序列号：PSN B – 2014 – 414 – 1/1）

著（编）者／张平、王宏森、张磊、张鹏

研创机构／中国社会科学院上市公司研究中心

出版社／社会科学文献出版社

ISBN／9787509796498

出版日期／2016 年 10 月

1682 中国上市公司会计投资者保护评价报告（2015）

（会计与投资者保护系列丛书）

著（编）者／谢志华

研创机构／北京工商大学

出版社／经济科学出版社

ISBN／9787514169904

出版日期／2016 年 7 月

1683 中国上市公司人力资本竞争力审计报告：2015

著（编）者／杨伟国、陈玉杰

研创机构／中国人民大学劳动人事学院

出版社／中国人民大学出版社

ISBN／9787300224671

出版日期／2016 年 2 月

1684 中国上市公司社会责任能力成熟度报告（2016）No. 2

（社会责任管理蓝皮书，皮书序列号：PSN B – 2015 – 507 – 2/2）

著（编）者／肖红军、王晓光、李伟阳、中国企业管理研究会社会责任专业
委员会、北京融智企业社会责任研究院

研创机构／

出版社／社会科学文献出版社

ISBN／9787520101547

出版日期／2016 年 12 月

1685 中国上市公司治理评价研究报告：2015

著（编）者／李维安 等

研创机构／天津财经大学

出版社／商务印书馆

ISBN／9787100124119

出版日期／2016 年 8 月

1686 **中国少数民族地区经济发展报告：2015——"一带一路"与民族地区的发展**

著（编）者／郑长德

研创机构／西南民族大学中国西部民族经济研究中心

出版社／中国经济出版社

ISBN／9787513640497

出版日期／2016 年 1 月

1687 **中国少数民族地区经济发展报告：2016——"五个发展"理念与民族地区经济发展**

著（编）者／郑长德

研创机构／西南民族大学中国西部民族经济研究中心

出版社／中国经济出版社

ISBN／9787513644525

出版日期／2016 年 9 月

1688 **中国少数民族非物质文化遗产发展报告（2016）**

（少数民族非遗蓝皮书，皮书序列号：PSN B – 2015 – 467 – 1/1）

著（编）者／肖远平（彝）、柴立（满）、王伟杰

研创机构／贵州民族大学南方少数民族非物质文化遗产研究基地

出版社／社会科学文献出版社

ISBN／9787509791806

出版日期／2016 年 8 月

1689 **中国少数民族事业发展报告：2015**

著（编）者／丁宏

研创机构／中央民族大学少数民族事业发展协同创新中心

出版社／知识产权出版社

ISBN／9787513042208

出版日期／2016 年 6 月

1690 **中国奢侈品消费者行为报告：2015**

著（编）者／洪俊杰、张梦霞

研创机构／对外经济贸易大学

出版社／经济管理出版社

ISBN／9787509642894

出版日期／2016 年 4 月

1691 中国社会保险发展年度报告：2015

著（编）者／人力资源和社会保障部社会保险事业管理中心

研创机构／

出版社／中国劳动社会保障出版社

ISBN／9787516726655

出版日期／2016 年 7 月

1692 中国社会保险管理服务发展报告：2014～2015

（社会保险管理服务蓝皮书）

著（编）者／孟昭喜、傅志明

研创机构／中国社会保险学会、山东工商学院管理学院

出版社／中国劳动社会保障出版社

ISBN／9787516728796

出版日期／2016 年 12 月

1693 中国社会保障发展报告：2016

著（编）者／郑功成

研创机构／中国社会保障学会

出版社／人民出版社

ISBN／9787010157870

出版日期／2016 年 2 月

1694 中国社会保障发展指数报告 2013～2015

著（编）者／褚福灵

研创机构／中央财经大学

出版社／经济科学出版社

ISBN／9787514176445

出版日期／2016 年 12 月

1695 中国社会道德发展研究报告 2015

（中国人民大学研究报告系列）

著（编）者／葛晨虹、鄯爱红

研创机构／中国人民大学

出版社／中国人民大学出版社

ISBN／9787300238289

出版日期／2016 年 12 月

1696 **中国社会发展年度报告：2015**

著（编）者／李汉林

研创机构／中国社会科学院

出版社／中国社会科学出版社

ISBN／9787516178317

出版日期／2016 年 6 月

1697 **中国社会福利发展报告：2014**

（《社会福利》书丛）

著（编）者／杨巧赞

研创机构／《社会福利》杂志社

出版社／中国社会出版社

ISBN／9787508752396

出版日期／2016 年 1 月

1698 **中国社会公共安全研究报告（2016 年第 1 期第 8 辑）**

著（编）者／杜志淳、张明军、雷丽萍

研创机构／华东政法大学

出版社／中央编译出版社

ISBN／9787511731593

出版日期／2016 年 10 月

1699 **中国社会公共安全研究报告（2016 年第 2 期第 9 辑）**

著（编）者／杜志淳、张明军、雷丽萍

研创机构／华东政法大学

出版社／中央编译出版社

ISBN／9787511732071

出版日期／2016 年 12 月

1700 **中国社会管理创新报告 No. 4**

（社会管理蓝皮书，皮书序列号：PSN B － 2012 － 300 － 1/1）

著（编）者／连玉明、朱颖慧

研创机构／北京国际城市发展研究院

出版社／社会科学文献出版社

ISBN／9787509796221

出版日期／2016 年 11 月

1701 中国社会体育指导员发展报告（1994～2014）

（群众体育蓝皮书，皮书序列号：PSN B‐2016‐520‐3/3）

著（编）者／刘国永、王欢、范广升、邱汝、姚家新、杨光宇、王旭光

研创机构／国家体育总局、北京体育大学

出版社／社会科学文献出版社

ISBN／9787509787991

出版日期／2016 年 4 月

1702 中国社会体制改革报告 No. 4（2016）

（社会体制蓝皮书，皮书序列号：PSN B‐2013‐330‐1/1）

著（编）者／龚维斌、赵秋雁

研创机构／国家行政学院社会治理研究中心、北京师范大学中国社会管理研
究院

出版社／社会科学文献出版社

ISBN／9787509790045

出版日期／2016 年 4 月

1703 中国社会心态研究报告（2016）

（社会心态蓝皮书，皮书序列号：PSN B‐2011‐199‐1/1）

著（编）者／王俊秀、陈满琪

研创机构／中国社会科学院社会学研究所

出版社／社会科学文献出版社

ISBN／9787509786949

出版日期／2016 年 12 月

1704 中国社会舆情与危机管理报告（2016）

（舆情蓝皮书，皮书序列号：PSN B‐2011‐235‐1/1）

著（编）者／谢耘耕

研创机构／上海交通大学舆情研究实验室、社会调查中心、危机管理研究中心

出版社／社会科学文献出版社

ISBN／9787509796504

出版日期／2016 年 9 月

1705 中国社会政策进步指数报告（2016）

著（编）者／王振耀、高华俊、柳永法

研创机构／北京师范大学中国公益研究院

出版社／社会科学文献出版社

ISBN／9787509799772

出版日期／2016 年 12 月

1706　中国社会组织发展舆情报告：2014～2015

著（编）者／詹成付

研创机构／民间组织管理局

出版社／中国社会出版社

ISBN／9787508752020

出版日期／2016 年 3 月

1707　中国社会组织评估发展报告（2016）

（社会组织蓝皮书，皮书序列号：PSN B － 2013 － 366 － 2/2）

著（编）者／徐家良

研创机构／上海交通大学、民政部民间组织管理局、民政部民间组织服务中心

出版社／社会科学文献出版社

ISBN／9787520101554

出版日期／2016 年 12 月

1708　中国社会组织响应自然灾害研究

著（编）者／韩俊魁、赵小平

研创机构／北京师范大学哲学与社会学学院、国家卫生计生委流动人口服务
　　　　　　中心

出版社／社会科学文献出版社

ISBN／9787509785515

出版日期／2016 年 2 月

1709　中国社群生态报告

著（编）者／杨洋、贾勇、裴学亮

研创机构／

出版社／哈尔滨工业大学出版社

ISBN／9787560364346

出版日期／2016 年 12 月

1710　中国审计研究报告 2016

著（编）者／审计署审计科研所

研创机构／

出版社／中国时代经济出版社

ISBN／9787511926210

出版日期／2016 年 10 月

1711　中国生产资料流通发展报告：2015～2016

著（编）者／中国物流与采购联合会、中国物流学会

研创机构／

出版社／中国财富出版社

ISBN／9787504762573

出版日期／2016 年 8 月

1712　中国生命教育发展蓝皮书（2015）

著（编）者／中国陶行知研究会生命教育专业委员会

研创机构／

出版社／东北师范大学出版社

ISBN／9787568114417

出版日期／2016 年 6 月

1713　中国生态产业发展蓝皮书 2015

著（编）者／吴海兵

研创机构／

出版社／民主与建设出版社

ISBN／9787513910316

出版日期／2016 年 3 月

1714　中国生态城市建设发展报告（2016）

（生态城市绿皮书，皮书序列号：PSN G－2012－269－1/1）

著（编）者／刘举科、孙伟平、胡文臻、曾刚、常国华、钱国权、康玲芬、
王伟光、张广智、陆大道、李景源、阎晓辉

研创机构／中国社会科学院哲学研究所社会发展研究中心、甘肃省城市发展
研究院、兰州城市学院

出版社／社会科学文献出版社

ISBN／9787509797006

出版日期／2016 年 9 月

1715　中国生态文明建设发展报告：2015

（教育部哲学社会科学系列发展报告）

著（编）者／严耕、吴明红、樊阳程、陈伟

研创机构／北京林业大学人文社会科学学院

出版社／北京大学出版社

ISBN／9787301274903

出版日期／2016 年 9 月

1716 中国生物产业发展报告：**2015**

著（编）者／国家发展和改革委员会高技术产业司、中国生物工程学会

研创机构／

出版社／化学工业出版社

ISBN／9787122276643

出版日期／2016 年 11 月

1717 中国省域成人教育竞争力报告：**2006～2010**

（职业与成人教育竞争力研究丛书）

著（编）者／陈衍、房薇、于海波

研创机构／吉林省职业教育研究中心

出版社／中国人民大学出版社

ISBN／9787300226354

出版日期／2016 年 4 月

1718 中国省域经济综合竞争力发展报告（**2014～2015**）

（中国省域竞争力蓝皮书，皮书序列号：PSN B－2007－088－1/1）

著（编）者／李建平、李闽榕、高燕京、李建建、苏宏文、黄茂兴

研创机构／全国经济综合竞争力研究中心福建师范大学分中心

出版社／社会科学文献出版社

ISBN／9787509787694

出版日期／2016 年 2 月

1719 中国省域贸易便利化调查报告 **2016**

著（编）者／崔鑫生

研创机构／对外经济贸易大学公共管理学院

出版社／对外经济贸易大学出版社

ISBN／9787566316721

出版日期／2016 年 9 月

1720 中国食品安全风险治理体系与治理能力考察报告

著（编）者／吴林海、王晓莉、尹世久、张晓莉 等

研创机构／江南大学

出版社／中国社会科学出版社

ISBN／9787516196847

出版日期／2016 年 12 月

1721 "中国式离婚" 调查报告
著（编）者／林建军
研创机构／中华女子学院
出版社／法律出版社
ISBN／9787511874047
出版日期／2016 年 7 月

1722 中国书画产业报告：2016
著（编）者／陈少峰、夏鹏程、李凤强
研创机构／北京大学文化产业研究院 等
出版社／华文出版社
ISBN／9787507546026
出版日期／2016 年 10 月

1723 中国书业年度报告（2015～2016）
著（编）者／伍旭升
研创机构／中国出版传媒商报社
出版社／商务印书馆
ISBN／9787100124812
出版日期／2016 年 9 月

1724 中国输血行业发展报告（2016）
（输血服务蓝皮书，皮书序列号：PSN B－2016－582－1/1）
著（编）者／朱永明、耿鸿武、刘嘉馨、王乃红
研创机构／中国输血协会
出版社／社会科学文献出版社
ISBN／9787509798997
出版日期／2016 年 12 月

1725 中国数字化城市管理发展报告（2015）
著（编）者／中国城市科学研究会、住房和城乡建设部城市建设司
研创机构／
出版社／中国建材工业出版社
ISBN／9787516015254
出版日期／2016 年 6 月

1726 中国水产科学发展报告（2011～2015）

著（编）者／中国水产科学研究院

研创机构／

出版社／中国农业出版社

ISBN／9787109222878

出版日期／2016 年 12 月

1727 中国水处理行业可持续发展战略研究报告：膜工业卷（Ⅱ）

（中国人民大学研究报告系列）

著（编）者／郑祥、魏源送、王志伟、李锋民

研创机构／中国人民大学、中国科学院生态环境研究中心、中国海洋大学、

上海财经大学

出版社／中国人民大学出版社

ISBN／9787300229317

出版日期／2016 年 5 月

1728 中国水处理行业可持续发展战略研究报告：再生水卷

（中国人民大学研究报告系列）

著（编）者／郑祥、魏源送、张振兴、李锋民

研创机构／中国人民大学、中国科学院生态环境研究中心、中国海洋大学

出版社／中国人民大学出版社

ISBN／9787300224312

出版日期／2016 年 3 月

1729 中国水利风景区发展报告（2016）

（水利风景区蓝皮书，皮书序列号：PSN B－2015－480－1/1）

著（编）者／谢祥财、兰思仁、汪升华、李房英、李灵军

研创机构／福建农林大学

出版社／社会科学文献出版社

ISBN／9787509793428

出版日期／2016 年 5 月

1730 中国税收季度报告：2016·1

著（编）者／国家税务总局

研创机构／

出版社／中国税务出版社

ISBN／9787567804234

出版日期／2016 年 4 月

1731 中国税收季度报告：2016·2
著（编）者／国家税务总局
研创机构／
出版社／中国税务出版社
ISBN／9787567804357
出版日期／2016 年 8 月

1732 中国税收季度报告：2016·3
著（编）者／国家税务总局
研创机构／
出版社／中国税务出版社
ISBN／9787567804814
出版日期／2016 年 11 月

1733 中国税收季度报告：2015·4
著（编）者／国家税务总局
研创机构／
出版社／中国税务出版社
ISBN／9787567803732
出版日期／2016 年 2 月

1734 中国税收研究报告：2014 年
著（编）者／国家税务总局税收科学研究所
研创机构／
出版社／中国财政经济出版社
ISBN／9787509566206
出版日期／2016 年 6 月

1735 中国司法公开新媒体应用研究报告（2015）
著（编）者／支振锋
研创机构／中国社会科学院
出版社／中国社会科学出版社
ISBN／9787516177730
出版日期／2016 年 3 月

1736　中国司法文明指数报告：2015

著（编）者／张保生、张中、吴洪淇 等

研创机构／中国政法大学

出版社／中国政法大学出版社

ISBN／9787562065913

出版日期／2016 年 1 月

1737　中国私募基金投资年度报告：2016——私募新模式·德邦新观点·市场新趋势

著（编）者／德邦证券股份有限公司

研创机构／

出版社／江苏人民出版社

ISBN／9787214181060

出版日期／2016 年 6 月

1738　中国苏州发展报告：2015

（苏州蓝皮书）

著（编）者／周乃翔、徐美健

研创机构／中共江苏省委、苏州市政府

出版社／古吴轩出版社

ISBN／9787554606179

出版日期／2016 年 1 月

1739　中国诉讼法治发展报告：2015

著（编）者／卞建林

研创机构／中国政法大学

出版社／中国政法大学出版社

ISBN／9787562069041

出版日期／2016 年 7 月

1740　中国遂宁·绿色发展报告丛书

著（编）者／遂宁日报报业集团

研创机构／

出版社／四川大学出版社

ISBN／9787561497944

出版日期／2016 年 8 月

1741 中国陶瓷产业发展报告（2016）

（中国陶瓷产业蓝皮书，皮书序列号：PSN B – 2016 – 573 – 1/1）

著（编）者 / 左和平、黄速建、刘建丽、章立东

研创机构 / 中国社会科学院工业经济研究所、江西景德镇陶瓷大学中国陶瓷
产业发展研究中心

出版社 / 社会科学文献出版社

ISBN / 9787509797389

出版日期 / 2016 年 10 月

1742 中国特殊教育发展报告：2014 年

著（编）者 / 刘全礼 等

研创机构 / 北京联合大学

出版社 / 中国轻工业出版社

ISBN / 9787518409488

出版日期 / 2016 年 6 月

1743 中国特殊教育发展报告 2013

（国情教育研究书系）

著（编）者 / 彭霞光 等

研创机构 / 中国教育科学研究院

出版社 / 教育科学出版社

ISBN / 9787519107116

出版日期 / 2016 年 12 月

1744 中国体外诊断产业发展蓝皮书

著（编）者 / 宋海波 等

研创机构 /

出版社 / 上海科学技术出版社

ISBN / 9787547832455

出版日期 / 2016 年 1 月

1745 中国体育社会组织发展报告（2016）

（群众体育蓝皮书，皮书序列号：PSN B – 2016 – 519 – 2/3）

著（编）者 / 刘国永、裴立新、范广升、邱汝、杨光宇

研创机构 / 国家体育总局

出版社 / 社会科学文献出版社

ISBN / 9787509794388

出版日期 / 2016 年 8 月

1746 中国天然气发展报告：2016

著（编）者／国家能源局石油天然气司、国务院发展研究中心资源与环境政策研究所、国土资源部油气资源战略研究中心

研创机构／

出版社／石油工业出版社

ISBN／9787518316779

出版日期／2016 年 12 月

1747 中国投资发展报告（2016）

（中国建投研究丛书·报告系列）

著（编）者／中国建银投资有限责任公司投资研究院

研创机构／

出版社／社会科学文献出版社

ISBN／9787509788653

出版日期／2016 年 3 月

1748 中国投资银行竞争力研究报告：2016

著（编）者／孙国茂

研创机构／济南大学金融研究院

出版社／中国金融出版社

ISBN／9787504986474

出版日期／2016 年 8 月

1749 中国图书的世界影响力年度研究报告：1949～2015

著（编）者／何明星

研创机构／北京师范大学

出版社／新华出版社

ISBN／9787516626979

出版日期／2016 年 7 月

1750 中国图书馆事业发展报告：农村图书馆卷

著（编）者／韩永进

研创机构／国家图书馆

出版社／国家图书馆出版社

ISBN／9787501357123

出版日期／2016 年 3 月

1751 中国土地整治发展研究报告 No. 3

（土地整治蓝皮书，皮书序列号：PSN B – 2014 – 401 – 1/1）

著（编）者／国土资源部土地整治中心

研创机构／

出版社／社会科学文献出版社

ISBN／9787509794128

出版日期／2016 年 7 月

1752 中国土地政策研究报告（2017）

（土地政策蓝皮书，皮书序列号：PSN B – 2015 – 506 – 1/1）

著（编）者／高延利、李宪文、唐健、王庆日

研创机构／中国土地勘测规划院

出版社／社会科学文献出版社

ISBN／9787520100175

出版日期／2016 年 12 月

1753 中国外包品牌发展报告：2015

著（编）者／李钢、宋东今

研创机构／《中国服务外包》杂志社

出版社／中国商务出版社

ISBN／9787510314759

出版日期／2016 年 4 月

1754 中国外交与北京对外交流研究报告：2014

著（编）者／北京对外交流与外事管理研究基地

研创机构／

出版社／世界知识出版社

ISBN／9787501252886

出版日期／2016 年 9 月

1755 中国外商投资发展报告：2016——供给侧改革与外商直接投资

著（编）者／郭桂霞、李丽 等

研创机构／对外经济贸易大学

出版社／对外经济贸易大学出版社

ISBN／9787566316998

出版日期／2016 年 10 月

1756 中国网络空间安全发展报告（2016）

（网络空间安全蓝皮书，皮书序列号：PSN B‒2015‒466‒1/1）

著（编）者／惠志斌、覃庆玲

研创机构／上海社会科学院信息研究所、中国信息通信研究院安全研究所

出版社／社会科学文献出版社

ISBN／9787509799000

出版日期／2016 年 11 月

1757 中国网络社会研究报告：2016

（中国人民大学研究报告系列）

著（编）者／刘少杰、王建民

研创机构／中国人民大学、中央财经大学

出版社／中国人民大学出版社

ISBN／9787300235349

出版日期／2016 年 11 月

1758 中国文化"走出去"年度研究报告（2015 卷）

（中国文化"走出去"研究丛书）

著（编）者／张西平

研创机构／北京外国语大学

出版社／北京大学出版社

ISBN／9787301271179

出版日期／2016 年 8 月

1759 中国文化产业发展报告（2015~2016）

（文化蓝皮书，皮书序列号：PSN B‒2002‒019‒1/10）

著（编）者／张晓明、王家新、章建刚

研创机构／中国社会科学院文化研究中心

出版社／社会科学文献出版社

ISBN／9787509786697

出版日期／2016 年 2 月

1760 中国文化产业年度发展报告：2016

（教育部哲学社会科学系列发展报告）

著（编）者／叶郎

研创机构／北京大学

出版社／北京大学出版社

ISBN／9787301277294

出版日期／2016 年 11 月

1761 中国文化发展报告（2015～2016）

（文化建设蓝皮书，皮书序列号：PSN B－2014－392－1/1）

著（编）者／江畅、孙伟平、戴茂堂、阮航、湖北大学高等人文研究院、中
华文化发展湖北省协同创新中心

研创机构／

出版社／社会科学文献出版社

ISBN／9787509792421

出版日期／2016 年 6 月

1762 中国文化发展指数报告

著（编）者／王永章、胡惠林、王婧

研创机构／上海交通大学、中华文化促进会

出版社／上海人民出版社

ISBN／9787208137523

出版日期／2016 年 6 月

1763 中国文化翻译出版与国际传播调研报告：1949～2014

著（编）者／何明星

研创机构／北京外国语大学中国海外汉学研究中心

出版社／新华出版社

ISBN／9787516626986

出版日期／2016 年 7 月

1764 中国文化旅游发展报告：2015

著（编）者／河南文化旅游研究院（河南大学）、中国旅游研究院

研创机构／

出版社／中国旅游出版社

ISBN／9787503255199

出版日期／2016 年 2 月

1765 中国文化贸易研究报告（2014～2015）

（上海研究院智库丛书）

著（编）者／魏鹏举、李兵

研创机构／中央财经大学文化创意研究院、中央财经大学国际经济与贸易
学院

出版社／社会科学文献出版社

ISBN／9787509789858

出版日期／2016 年 7 月

1766 **中国文化品牌发展报告（2016）**

（文化品牌蓝皮书，皮书序列号：PSN B – 2012 – 277 – 1/1）

著（编）者／欧阳友权、禹建湘

研创机构／中南大学中国文化品牌研究中心

出版社／社会科学文献出版社

ISBN／9787509788929

出版日期／2016 年 5 月

1767 **中国文化企业报告：2016**

著（编）者／陈少峰、张立波、王建平

研创机构／中国海洋大学、北京大学

出版社／清华大学出版社

ISBN／9787302452270

出版日期／2016 年 12 月

1768 **中国文化企业发展报告（2015）**

（文化发展智库报告系列）

著（编）者／张晓明、史东辉

研创机构／中国社会科学院文化研究中心、上海大学经济学院城市经济研究所

出版社／社会科学文献出版社

ISBN／9787509787670

出版日期／2016 年 6 月

1769 **中国文化企业境外投资经营报告**

著（编）者／吴承忠、何勤

研创机构／

出版社／对外经济贸易大学出版社

ISBN／9787566315878

出版日期／2016 年 6 月

1770 **中国文化市场发展报告：2015**

著（编）者／李季、吴良顺

研创机构／北京大学光华管理学院

出版社／经济科学出版社

ISBN／9787514167917

出版日期／2016 年 6 月

1771 中国文化投资报告（2015）

（上海研究院智库丛书）

著（编）者／刘德良

研创机构／北京新元文智咨询服务有限公司

出版社／社会科学文献出版社

ISBN／9787509787663

出版日期／2016 年 6 月

1772 中国文化消费报告（2015）

（上海研究院智库丛书）

著（编）者／吕炜

研创机构／东北财经大学

出版社／社会科学文献出版社

ISBN／9787509788400

出版日期／2016 年 6 月

1773 中国文化消费需求景气评价报告（2016）

（文化蓝皮书，皮书序列号：PSN B – 2011 – 236 – 4/10）

著（编）者／王亚南、张晓明、祁述裕、向勇、刘婷、赵娟、魏海燕

研创机构／云南省社会科学院文化开发研究中心

出版社／社会科学文献出版社

ISBN／9787509788660

出版日期／2016 年 4 月

1774 中国文化消费指数报告：2016

著（编）者／中国人民大学创意产业技术研究院、彭翊

研创机构／

出版社／人民出版社

ISBN／9787010164588

出版日期／2016 年 10 月

1775 中国文化遗产事业发展报告（2015～2016）

（文化遗产蓝皮书，皮书序列号：PSN B – 2008 – 119 – 1/1）

著（编）者／苏杨、张颖岚、王宇飞、卓杰、王蕾、陈晨

研创机构／国务院发展研究中心

出版社／社会科学文献出版社

ISBN／9787509796528

出版日期／2016 年 8 月

1776 **中国文化志愿服务发展报告（2016）**

（文化志愿服务蓝皮书，皮书序列号：PSN B－2016－596－1/1）

著（编）者 / 张永新、良警宇

研创机构 / 文化部公共文化司、中央民族大学民族学与社会学学院

出版社 / 社会科学文献出版社

ISBN / 9787509798409

出版日期 / 2016 年 11 月

1777 **中国文情报告（2015～2016）**

（文学蓝皮书，皮书序列号：PSN B－2011－221－1/1）

著（编）者 / 白烨

研创机构 / 中国社会科学院文学研究所

出版社 / 社会科学文献出版社

ISBN / 9787509790052

出版日期 / 2016 年 5 月

1778 **中国物流发展报告（2015～2016）**

著（编）者 / 中国物流与采购联合会、中国物流学会

研创机构 /

出版社 / 中国财富出版社

ISBN / 9787504761460

出版日期 / 2016 年 6 月

1779 **中国物流科技发展报告：2015～2016**

著（编）者 / 上海海事大学、中国物流与采购联合会

研创机构 /

出版社 / 上海浦江教育出版社有限公司

ISBN / 9787811214758

出版日期 / 2016 年 1 月

1780 **中国西北发展报告（2016）**

（西北蓝皮书，皮书序列号：PSN B－2012－261－1/1）

著（编）者 / 高建龙、王磊

研创机构 / 新疆社会科学院

出版社 / 社会科学文献出版社

ISBN / 9787509787359

出版日期 / 2016 年 3 月

1781 中国西部大开发发展报告（2016）
（教育部哲学社会科学系列发展报告）
著（编）者／董雪兵、周谷平、姚引妹、陈健、袁清
研创机构／浙江大学中国西部发展研究院
出版社／中国人民大学出版社
ISBN／9787300238807
出版日期／2016 年 12 月

1782 中国稀土资源开发管理研究报告
著（编）者／方一平、张福良、李晓宇 等
研创机构／中国地质调查局发展研究中心
出版社／地质出版社
ISBN／9787116096486
出版日期／2016 年 2 月

1783 中国县域经济发展报告：2016
（中国社会科学院财经战略研究院报告）
著（编）者／吕风勇、邹琳华
研创机构／中国社会科学院财经战略研究院
出版社／广东经济出版社
ISBN／9787545449969
出版日期／2016 年 10 月

1784 中国现代服务业发展研究报告：2015
著（编）者／陈章龙
研创机构／南京财经大学
出版社／南京大学出版社
ISBN／9787305177446
出版日期／2016 年 12 月

1785 中国现代化报告：2016——服务业现代化研究
著（编）者／何传启、中共现代化战略研究课题组、中国科学院中国现代化
科学研究中心
研创机构／
出版社／北京大学出版社
ISBN／9787301271483
出版日期／2016 年 6 月

1786　**中国现代物流发展报告：2016**

（教育部哲学社会科学系列发展报告）

著（编）者／国家发展和改革委员会经济运行调节局、南开大学现代物流研究中心

研创机构／

出版社／北京大学出版社

ISBN／9787301276334

出版日期／2016 年 10 月

1787　**中国乡村发展研究报告——农村空心化及其整治策略**

（中国科学院地理科学与资源研究所战略研究系列报告）

著（编）者／刘彦随、龙花楼、陈玉福、王介勇

研创机构／中国科学院地理科学与资源研究所

出版社／科学出版社

ISBN／9787030326188

出版日期／2016 年 1 月

1788　**中国乡村社区环境调研报告**

著（编）者／王宝刚

研创机构／中国建设科技集团城镇规划设计研究院

出版社／中国建筑工业出版社

ISBN／9787112200276

出版日期／2016 年 11 月

1789　**中国消费者权益保护年度报告（2015 工商行政管理卷）**

著（编）者／国家工商行政管理总局

研创机构／

出版社／中国工商出版社

ISBN／9787802158429

出版日期／2016 年 4 月

1790　**中国小城镇和村庄建设发展报告 2014～2015**

著（编）者／中国城市科学研究会、住房和城乡建设部村镇建设司

研创机构／

出版社／中国城市出版社

ISBN／9787507429404

出版日期／2016 年 3 月

1791 中国小额贷款公司行业发展报告 2005～2016

著（编）者／中国小额贷款公司协会

研创机构／

出版社／中国经济出版社

ISBN／9787513644136

出版日期／2016 年 9 月

1792 中国小浆果产业发展报告

著（编）者／李亚东

研创机构／

出版社／中国农业出版社

ISBN／9787109218864

出版日期／2016 年 11 月

1793 中国小微企业成长报告（2016）

著（编）者／张玉明

研创机构／山东大学

出版社／经济科学出版社

ISBN／9787514173123

出版日期／2016 年 12 月

1794 中国西藏发展报告（2016）

（西藏蓝皮书）

著（编）者／房灵敏、白玛朗杰

研创机构／

出版社／西藏藏文古籍出版社

ISBN／9787805898476

出版日期／2016 年 1 月

1795 中国新材料产业发展报告：2015

著（编）者／国家发展和改革委员会高技术产业司、工业和信息化部原材料

工业司、中国材料研究学会

研创机构／

出版社／化学工业出版社

ISBN／9787122270405

出版日期／2016 年 8 月

1796　**中国新城新区发展报告：2016**

著（编）者／冯奎、郑明媚、闫学东

研创机构／国家发改委城市和小城镇改革发展中心、智慧城市发展联盟、北京交通大学

出版社／企业管理出版社

ISBN／9787516413074

出版日期／2016 年 7 月

1797　**中国新媒体发展报告 No. 7（2016）**

（新媒体蓝皮书，皮书序列号：PSN B－2010－169－1/1）

著（编）者／唐绪军、吴信训、黄楚新

研创机构／中国社会科学院新闻与传播研究所

出版社／社会科学文献出版社

ISBN／9787509791820

出版日期／2016 年 6 月

1798　**中国新媒体社会责任研究报告（2016）**

（新媒体社会责任蓝皮书，皮书序列号：PSN B－2014－423－1/1）

著（编）者／钟瑛、余红、陈海、余秀才、芦何秋

研创机构／华中科技大学新闻与信息传播学院、华中科技大学－湖北晴彩视讯科技有限公司新媒体联合实验室、中国网络传播学会

出版社／社会科学文献出版社

ISBN／9787509798386

出版日期／2016 年 12 月

1799　**中国新能源发电分析报告：2016**

（能源与电力分析年度报告系列）

著（编）者／国网能源研究院

研创机构／

出版社／中国电力出版社

ISBN／9787512398207

出版日期／2016 年 9 月

1800　**中国新能源汽车产业发展报告（2016）**

（新能源汽车蓝皮书，皮书序列号：PSN B－2013－347－1/1）

著（编）者／中国汽车技术研究中心、日产（中国）投资有限公司、东风汽车有限公司

研创机构／

出版社／社会科学文献出版社

ISBN／9787509794890

出版日期／2016 年 7 月

1801 中国新能源汽车产业调研报告：2016

（新能源汽车产业蓝皮书）

著（编）者 / 新华社瞭望智库

研创机构 /

出版社 / 新华出版社

ISBN / 9787516623640

出版日期 / 2016 年 2 月

1802 中国新三板发展报告（2016）

著（编）者 / 张跃文、刘平安、胡洁

研创机构 / 中国社会科学院金融研究所金融研究室、北京金长川资本管理有限
公司、中国社会科学院数量经济与技术经济研究所数量金融研究室

出版社 / 社会科学文献出版社

ISBN / 9787509795873

出版日期 / 2016 年 8 月

1803 中国新三板公司投资者保护评价报告 2016

（会计与投资者保护系列丛书）

著（编）者 / 谢志华

研创机构 / 北京工商大学

出版社 / 经济科学出版社

ISBN / 9787514175646

出版日期 / 2016 年 12 月

1804 中国新三板市场发展报告（2016）

（新三板蓝皮书，皮书序列号：PSN B – 2016 – 533 – 1/1）

著（编）者 / 王力、刘坤、王子松

研创机构 / 中国社会科学院金融研究所、特华博士后科研工作站

出版社 / 社会科学文献出版社

ISBN / 9787509788547

出版日期 / 2016 年 6 月

1805 中国新闻业年度观察报告：2016

（新闻业观察报告蓝皮书系列）

著（编）者 / 张志安

研创机构 / 中山大学

出版社 / 人民日报出版社

ISBN / 9787511536952

出版日期 / 2016 年 8 月

1806 中国新型城镇化健康发展报告（2016）

（城镇化蓝皮书，皮书序列号：PSN B – 2014 – 396 – 1/1）

著（编）者／张占斌、刘瑞、黄锟

研创机构／国家行政学院

出版社／社会科学文献出版社

ISBN／9787509795231

出版日期／2016 年 8 月

1807 中国新兴媒体融合发展报告（2015 ~ 2016）

著（编）者／新华社新媒体中心

研创机构／

出版社／新华出版社

ISBN／9787516628430

出版日期／2016 年 10 月

1808 中国信托行业研究报告（2016）

（中国建投研究丛书·报告系列）

著（编）者／中建投信托研究中心

研创机构／

出版社／社会科学文献出版社

ISBN／9787509796535

出版日期／2016 年 9 月

1809 中国信托业发展报告：2015 ~ 2016

著（编）者／中国信托业协会

研创机构／

出版社／中国金融出版社

ISBN／9787504986610

出版日期／2016 年 8 月

1810 中国信托业发展报告：2016

（中国人民大学中国财政金融政策研究中心系列报告）

著（编）者／中国人民大学信托与基金研究所

研创机构／

出版社／中国财富出版社

ISBN／9787504760647

出版日期／2016 年 3 月

1811 中国信托业市场报告（2015~2016）
（信托市场蓝皮书，皮书序列号：PSN B - 2014 - 371 - 1/1）
著（编）者／用益信托工作室
研创机构／
出版社／社会科学文献出版社
ISBN／9787509787021
出版日期／2016 年 1 月

1812 中国信息化形势分析与预测（2015~2016）
（信息化蓝皮书，皮书序列号：PSN B - 2010 - 168 - 1/1）
著（编）者／周宏仁、徐愈
研创机构／国家互联网信息办公室信息化发展局、国家信息化专家咨询委员
　　　　　会秘书处、中国网络空间研究院
出版社／社会科学文献出版社
ISBN／9787509787656
出版日期／2016 年 8 月

1813 中国信息化与工业化融合发展水平评估蓝皮书（2015 年）
（2015~2016 年中国工业和信息化发展系列蓝皮书）
著（编）者／中国电子信息产业发展研究院、卢山
研创机构／
出版社／人民出版社
ISBN／9787010165059
出版日期／2016 年 8 月

1814 中国星级饭店行业发展研究报告：2016
著（编）者／国家旅游局
研创机构／
出版社／中国旅游出版社
ISBN／9787503257223
出版日期／2016 年 12 月

1815 中国杏和李产业调查报告
著（编）者／王玉柱
研创机构／北京市农林科学院林果所
出版社／中国农业出版社
ISBN／9787109220645
出版日期／2016 年 11 月

1816 **中国休闲发展年度报告：2015～2016**

（中国旅游发展年度报告书系）

著（编）者／中国旅游研究院

研创机构／

出版社／旅游教育出版社

ISBN／9787563734290

出版日期／2016 年 6 月

1817 **中国休闲体育发展报告（2015～2016）**

（休闲体育蓝皮书，皮书序列号：PSN B－2016－516－1/1）

著（编）者／李相如、钟秉枢

研创机构／首都体育学院

出版社／社会科学文献出版社

ISBN／9787509797013

出版日期／2016 年 10 月

1818 **中国学生网络生活调研报告**

著（编）者／王珠珠 等

研创机构／中央电教馆

出版社／人民教育出版社

ISBN／9787107254543

出版日期／2016 年 11 月

1819 **中国学术热点趋势报告（2015～2016）**

著（编）者／中国十大学术热点研究课题组

研创机构／

出版社／上海人民出版社

ISBN／9787208141292

出版日期／2016 年 12 月

1820 **中国学位与研究生教育发展年度报告（2015）**

著（编）者／中国学位与研究生教育发展年度报告课题组、全国学位与研究
生教育数据中心

研创机构／

出版社／高等教育出版社

ISBN／9787040465471

出版日期／2016 年 10 月

1821　中国学校体育发展报告：2015

著（编）者／《中国学校体育发展报告》编写组

研创机构／

出版社／高等教育出版社

ISBN／9787040450576

出版日期／2016 年 4 月

1822　中国学校体育热点问题研究报告

著（编）者／李林 等

研创机构／首都体育学院

出版社／化学工业出版社

ISBN／9787122261359

出版日期／2016 年 3 月

1823　中国循环经济发展报告（2013～2015）

（中国社会科学院文库·经济研究系列）

著（编）者／齐建国、吴滨、彭绪庶、李文军、葛新权

研创机构／中国社会科学院数量经济与技术经济研究所、北京信息科技大学
　　　　　　经济管理学院

出版社／社会科学文献出版社

ISBN／9787509787342

出版日期／2016 年 4 月

1824　中国循环经济政策与法制发展报告：2015

著（编）者／李玉基、俞金香

研创机构／甘肃政法学院

出版社／中国社会科学出版社

ISBN／9787516160763

出版日期／2016 年 3 月

1825　中国研究机构创新能力监测报告：2015

（国家创新调查制度系列报告）

著（编）者／科学技术部

研创机构／

出版社／科学技术文献出版社

ISBN／9787518917860

出版日期／2016 年 7 月

1826 中国研究生教育及学科专业评价报告：2016~2017
（大学评价与求学成才丛书）
著（编）者／中国科学评价研究中心、中国科教评价网、邱均平、赵蓉英、
杨思路、董克 等
研创机构／武汉大学
出版社／科学出版社
ISBN／9787030497734
出版日期／2016 年 9 月

1827 中国研究生教育年度报告（2015）
著（编）者／中国研究生院院长联席会
研创机构／
出版社／高等教育出版社
ISBN／9787040472431
出版日期／2016 年 12 月

1828 中国研究生教育研究进展报告：2016
著（编）者／中国学位与研究生教育学会进展报告编写组
研创机构／
出版社／中国科学技术出版社
ISBN／9787504672520
出版日期／2016 年 10 月

1829 中国研究生教育质量年度报告：2015
著（编）者／研究生教育质量报告编研组
研创机构／
出版社／中国科学技术出版社
ISBN／9787504670076
出版日期／2016 年 1 月

1830 中国研究生教育质量年度报告：2016
著（编）者／研究生教育质量报告编研组
研创机构／
出版社／中国科学技术出版社
ISBN／9787504672490
出版日期／2016 年 10 月

1831 中国盐业发展报告：2015

著（编）者／《中国盐业发展报告》编写组

研创机构／

出版社／经济管理出版社

ISBN／9787509642351

出版日期／2016 年 1 月

1832 中国燕麦荞麦产业"十二五"发展报告

著（编）者／任长忠、胡新中

研创机构／

出版社／陕西科学技术出版社

ISBN／9787536968097

出版日期／2016 年 2 月

1833 中国养老金发展报告（2016）——"第二支柱"年金制度全面深化改革

著（编）者／郑秉文

研创机构／中国社会科学院

出版社／经济管理出版社

ISBN／9787509647141

出版日期／2016 年 12 月

1834 中国养老金发展报告（2015）——"第三支柱"商业养老保险顶层设计

著（编）者／郑秉文

研创机构／中国社会科学院

出版社／经济管理出版社

ISBN／9787509641217

出版日期／2016 年 3 月

1835 中国养老金融发展报告（2016）

（养老金融蓝皮书，皮书序列号：PSN B – 2016 – 583 – 1/1）

著（编）者／中国养老金融 50 人论坛、董克用、姚余栋、孙博

研创机构／

出版社／社会科学文献出版社

ISBN／9787509799321

出版日期／2016 年 11 月

1836 中国药品流通行业发展报告（2016）

（药品流通蓝皮书，皮书序列号：PSN B – 2014 – 429 – 1/1）

著（编）者／佘鲁林、温再兴、朱恒鹏、唐民皓、付明仲

研创机构／中国医药商业协会、中国社会科学院经济研究所公共政策研究中心

出版社／社会科学文献出版社

ISBN／9787509795248

出版日期／2016 年 8 月

1837 中国医改发展报告（2015）

著（编）者／中国医学科学院《中国医改发展报告》编写委员会

研创机构／

出版社／中国协和医科大学出版社

ISBN／9787567902954

出版日期／2016 年 12 月

1838 中国医疗保险发展宏观分析报告

著（编）者／中国医疗保险研究会

研创机构／

出版社／中国劳动社会保障出版社

ISBN／9787516728185

出版日期／2016 年 10 月

1839 中国医务人员从业状况调查报告

（中国科协国家级科技思想库建设丛书）

著（编）者／张新庆

研创机构／北京协和医学院基础学院

出版社／中国科学技术出版社

ISBN／9787504670045

出版日期／2016 年 5 月

1840 中国医药卫生体制改革报告（2015～2016）

（医改蓝皮书，皮书序列号：PSN B – 2014 – 432 – 1/1）

著（编）者／文学国、房志武

研创机构／上海研究院

出版社／社会科学文献出版社

ISBN／9787509796184

出版日期／2016 年 11 月

1841 中国医药物流发展报告：2015

著（编）者／中国物流与采购联合会医药物流分会

研创机构／

出版社／中国财富出版社

ISBN／9787504760661

出版日期／2016 年 4 月

1842 中国医院竞争力报告（2016）

（医院蓝皮书，皮书序列号：PSN B－2016－528－1/1）

著（编）者／庄一强、曾益新、廖新波、王兴琳

研创机构／香港艾力彼医院管理研究中心

出版社／社会科学文献出版社

ISBN／9787509788059

出版日期／2016 年 3 月

1843 中国宜居城市研究报告

著（编）者／张文忠、余建辉、湛东升、马仁锋 等

研创机构／中国科学院地理科学与资源研究所

出版社／科学出版社

ISBN／9787030485397

出版日期／2016 年 7 月

1844 中国移动互联网发展报告（2016）

（移动互联网蓝皮书，皮书序列号：PSN B－2012－282－1/1）

著（编）者／官建文、唐胜宏、许丹丹

研创机构／人民网研究院

出版社／社会科学文献出版社

ISBN／9787509791523

出版日期／2016 年 6 月

1845 中国移动互联网发展状况及其安全报告：2016

著（编）者／卢卫、杨一心、严寒冰、曹华平、金红

研创机构／中国互联网协会

出版社／河海大学出版社

ISBN／9787563044832

出版日期／2016 年 7 月

1846 **中国艺术发展报告：2015**

著（编）者／中国文学艺术界联合会

研创机构／

出版社／中国文联出版社

ISBN／9787519011826

出版日期／2016 年 4 月

1847 **中国艺术品金融 2015 年度研究报告**

（人大重阳学术作品系列）

著（编）者／庄毓敏、陆华强、黄隽

研创机构／中国人民大学

出版社／中国金融出版社

ISBN／9787504982575

出版日期／2016 年 3 月

1848 **中国艺术学年度报告（2015 ~ 2016）**

著（编）者／王一川、陈旭光、彭锋、唐金楠

研创机构／北京大学艺术学院

出版社／社会科学文献出版社

ISBN／9787509797396

出版日期／2016 年 10 月

1849 **中国音乐产业发展报告：2015**

著（编）者／赵志安

研创机构／中国传媒大学

出版社／人民音乐出版社

ISBN／9787103051788

出版日期／2016 年 7 月

1850 **中国银行家调查报告：2015**

著（编）者／中国银行业协会、普华永道

研创机构／

出版社／中国金融出版社

ISBN／9787504983473

出版日期／2016 年 2 月

1851 中国银行间债券市场信用评级行业年度报告：2014

著（编）者／中国银行间市场交易商协会、《中国银行间债券市场信用评级
行业年度报告 2014)》编写组

研创机构／

出版社／中国金融出版社

ISBN／9787504982865

出版日期／2016 年 1 月

1852 中国银行卡产业发展报告 2016

著（编）者／葛华勇、时文朝

研创机构／中国银联

出版社／上海文化出版社

ISBN／9787553505374

出版日期／2016 年 1 月

1853 中国银行卡产业发展蓝皮书（2016）

著（编）者／中国银行业协会银行卡专业委员会

研创机构／

出版社／中国金融出版社

ISBN／9787504986467

出版日期／2016 年 10 月

1854 中国银行业发展报告：2016

著（编）者／中国银行业协会、行业发展研究委员会

研创机构／

出版社／中国金融出版社

ISBN／9787504987198

出版日期／2016 年 9 月

1855 中国银行业客服中心发展报告：2015

著（编）者／中国银行业协会客户服务委员会

研创机构／

出版社／中国金融出版社

ISBN／9787504986160

出版日期／2016 年 7 月

1856 中国银行业理财业务发展报告：2015
著（编）者／中国银行业协会理财业务专业委员会
研创机构／
出版社／中国金融出版社
ISBN／9787504986726
出版日期／2016 年 9 月

1857 中国印刷业发展报告（2016 版）
著（编）者／黄晓新、张羽玲
研创机构／中国新闻出版研究院
出版社／中国书籍出版社
ISBN／9787506856300
出版日期／2016 年 12 月

1858 中国影视舆情与风控报告（2016）
（影视风控蓝皮书，皮书序列号：PSN B－2016－529－1/1）
著（编）者／司若、陈鹏、徐亚萍、陈锐
研创机构／中国传媒大学凤凰学院
出版社／社会科学文献出版社
ISBN／9787509789520
出版日期／2016 年 4 月

1859 中国应对气候变化的政策与行动：2015 年度报告
著（编）者／张勇
研创机构／国家发展和改革委员会
出版社／中国环境科学出版社
ISBN／9787511128157
出版日期／2016 年 6 月

1860 中国应急管理报告（2016）
（应急管理蓝皮书，皮书序列号：PSN B－2016－562－1/1）
著（编）者／宋英华、纪家琪、陈惠霞、文学国、庄越
研创机构／武汉理工大学应急管理研究中心
出版社／社会科学文献出版社
ISBN／9787509794616
出版日期／2016 年 9 月

1861 中国应急管理报告：2016

著（编）者／洪毅

研创机构／国家行政学院

出版社／国家行政学院出版社

ISBN／9787515018935

出版日期／2016 年 11 月

1862 中国应急教育与校园安全发展报告：2016

（中国应急管理学会蓝皮书系列）

著（编）者／高山、冯周卓

研创机构／中国应急管理学会校园安全专委会、中南大学

出版社／科学出版社

ISBN／9787030480576

出版日期／2016 年 6 月

1863 中国邮轮产业发展报告（2016）

（邮轮绿皮书，皮书序列号：PSN G – 2014 – 419 – 1/1）

著（编）者／汪泓、钱永昌、叶欣梁、史健勇、夏雨、郑炜航、邱羚

研创机构／上海国际邮轮经济研究中心

出版社／社会科学文献出版社

ISBN／9787509797907

出版日期／2016 年 10 月

1864 中国油气产业发展分析与展望报告蓝皮书：2015～2016

著（编）者／彭元正、董秀成

研创机构／中国石油企业协会、中国石油大学中国油气产业发展研究中心

出版社／中国石化出版社

ISBN／9787511438775

出版日期／2016 年 3 月

1865 中国油气改革报告

著（编）者／范必 等

研创机构／国务院研究室综合研究一司

出版社／人民出版社

ISBN／9787010162584

出版日期／2016 年 8 月

1866 **中国与葡语国家关系发展报告·巴西（2014）**

（葡语国家蓝皮书，皮书序列号：PSN B – 2016 – 563 – 2/2）

著（编）者／张曙光、宋雅楠

研创机构／对外经济贸易大学区域国别研究所葡语国家研究中心

出版社／社会科学文献出版社

ISBN／9787509779293

出版日期／2016 年 8 月

1867 **中国与世界经济发展报告（2017）**

（经济信息绿皮书，皮书序列号：PSN G – 2003 – 023 – 1/1）

著（编）者／杜平、马忠玉、祝宝良、张亚雄

研创机构／国家信息中心

出版社／社会科学文献出版社

ISBN／9787520100144

出版日期／2016 年 12 月

1868 **中国语言生活状况报告：2016**

著（编）者／教育部语言文字信息管理司

研创机构／

出版社／商务印书馆

ISBN／9787100122610

出版日期／2016 年 5 月

1869 **中国语言文字政策研究发展报告：2015**

（中国语言文字蓝皮书）

著（编）者／教育部语言文字信息管理司、国家语言文字政策研究中心

研创机构／

出版社／商务印书馆

ISBN／9787100117661

出版日期／2016 年 1 月

1870 **中国远程高等教育发展研究报告：2015**

著（编）者／杨志坚

研创机构／国家开放大学

出版社／中央广播电视大学出版社

ISBN／9787304082208

出版日期／2016 年 11 月

1871 中国再生资源行业发展报告：2015~2016

著（编）者／中国物资再生协会

研创机构／

出版社／中国财富出版社

ISBN／9787504761804

出版日期／2016 年 8 月

1872 中国在线旅游研究报告：2015

著（编）者／李宏

研创机构／首都师范大学

出版社／旅游教育出版社

ISBN／9787563733675

出版日期／2016 年 6 月

1873 中国增值税改革影响与展望（2015）

（中国人民大学研究报告系列）

著（编）者／中国人民大学财税研究所、中国人民大学财政金融政策研究中心

研创机构／

出版社／中国人民大学出版社

ISBN／9787300221977

出版日期／2016 年 1 月

1874 中国债券市场发展报告（2015~2016）

（债券市场蓝皮书，皮书序列号：PSN B - 2016 - 572 - 1/1）

著（编）者／杨农、吴志红、邵滨鸿

研创机构／中国银行间市场交易商协会

出版社／社会科学文献出版社

ISBN／9787509788530

出版日期／2016 年 10 月

1875 中国战略报告：第二辑

著（编）者／门洪华、蒲晓宇

研创机构／中共中央党校、美国内华达大学政治学系

出版社／格致出版社、上海人民出版社

ISBN／9787543226081

出版日期／2016 年 7 月

1876　中国战略报告：第三辑

著（编）者／门洪华、李放、肖晞

研创机构／中共中央党校、中国社会科学杂志社、吉林大学

出版社／格致出版社、上海人民出版社

ISBN／9787543226272

出版日期／2016 年 5 月

1877　中国战略性大宗商品发展报告：2016

著（编）者／仰炬、孙海鸣

研创机构／上海对外经贸大学

出版社／经济管理出版社

ISBN／9787509641798

出版日期／2016 年 4 月

1878　中国战略性新兴产业发展报告：2017

著（编）者／中国工程科技发展战略研究院

研创机构／

出版社／科学出版社

ISBN／9787030503732

出版日期／2016 年 11 月

1879　中国长三角区域发展报告：2015 ~ 2016

［教育部哲学社会科学系列发展报告（培育项目）］

著（编）者／刘志彪、吴福象 等

研创机构／南京大学长三角区域发展研究中心

出版社／中国人民大学出版社

ISBN／9787300233482

出版日期／2016 年 10 月

1880　中国证据法治发展报告：2014

著（编）者／张保生、常林

研创机构／中国政法大学证据科学研究院

出版社／中国政法大学出版社

ISBN／9787562065982

出版日期／2016 年 5 月

1881 中国证券业发展报告：2016
著（编）者／中国证券业协会
研创机构／
出版社／中国财政经济出版社
ISBN／9787509567166
出版日期／2016 年 5 月

1882 中国政府信息公开第三方评估报告（2015）
（国家智库报告·法治指数与法治国情）
著（编）者／中国社会科学院法学研究所
研创机构／
出版社／中国社会科学出版社
ISBN／9787516182185
出版日期／2016 年 5 月

1883 中国政治参与报告（2016）
（政治参与蓝皮书，皮书序列号：PSN B－2011－200－1/1）
著（编）者／房宁、周庆智
研创机构／中国社会科学院政治学研究所
出版社／社会科学文献出版社
ISBN／9787509795514
出版日期／2016 年 9 月

1884 中国政治发展进程：2016 年
著（编）者／上海社会科学院政治与公共管理研究所
研创机构／
出版社／时事出版社
ISBN／9787802329409
出版日期／2016 年 6 月

1885 中国支付清算发展报告（2016）
著（编）者／杨涛、程炼
研创机构／中国社会科学院金融研究所
出版社／社会科学文献出版社
ISBN／9787509791837
出版日期／2016 年 6 月

1886 中国支付清算行业运行报告（2016）

著（编）者／中国支付清算协会

研创机构／

出版社／中国金融出版社

ISBN／9787504985958

出版日期／2016 年 7 月

1887 中国支付体系发展报告（2015）

著（编）者／中国人民银行支付结算司

研创机构／

出版社／中国金融出版社

ISBN／9787504985804

出版日期／2016 年 11 月

1888 中国知识产权发展报告：2015

著（编）者／中国人民大学知识产权教学与研究中心、中国人民大学知识产权学院

研创机构／

出版社／清华大学出版社

ISBN／9787302441014

出版日期／2016 年 6 月

1889 中国知识产权蓝皮书（2014～2015）

著（编）者／吴汉东

研创机构／国家保护知识产权工作研究基地、国家知识产权战略研究基地、国家版权局国际版权研究基地

出版社／知识产权出版社

ISBN／9787513041379

出版日期／2016 年 4 月

1890 中国知识产权指数报告：2016

著（编）者／王正志

研创机构／高文律师事务所

出版社／中国财政经济出版社

ISBN／9787509570173

出版日期／2016 年 10 月

1891 中国织锦产业研究报告（2015）

著（编）者／周勤、侯赟慧 等

研创机构／东南大学

出版社／经济科学出版社

ISBN／9787514163230

出版日期／2016 年 4 月

1892 中国执业药师发展报告：2015

（执业药师蓝皮书）

著（编）者／中国药科大学国家执业药师发展研究中心

研创机构／

出版社／中国医药科技出版社

ISBN／9787506788694

出版日期／2016 年 11 月

1893 中国职业教育发展报告：2012

著（编）者／石伟平、臧志军

研创机构／华东师范大学职业教育与成人教育研究所

出版社／华东师范大学出版社

ISBN／9787567541375

出版日期／2016 年 3 月

1894 中国职业教育发展报告：2013

（国情教育研究书系）

著（编）者／中国教育科学研究院国际比较教育研究中心

研创机构／

出版社／教育科学出版社

ISBN／9787519104481

出版日期／2016 年 6 月

1895 中国职业教育发展报告：2015

著（编）者／杨进

研创机构／教育部职业技术教育中心研究所

出版社／高等教育出版社

ISBN／9787040465815

出版日期／2016 年 11 月

1896 中国职业教育改革 20 年（1980~2000）

　　著（编）者／中华职业教育社、天津职业技术师范大学

　　研创机构／

　　出版社／科学出版社

　　ISBN／9787030493231

　　出版日期／2016 年 9 月

1897 中国职业教育集团化办学发展报告：2015

　　著（编）者／中国职业技术教育学会

　　研创机构／

　　出版社／语文出版社

　　ISBN／9787518702954

　　出版日期／2016 年 12 月

1898 中国制冷行业战略发展研究报告

　　著（编）者／中国制冷学会

　　研创机构／

　　出版社／中国建筑工业出版社

　　ISBN／9787112192533

　　出版日期／2016 年 4 月

1899 中国制造 2025 蓝皮书（2016）

　　著（编）者／国家制造强国建设战略咨询委员会

　　研创机构／

　　出版社／电子工业出版社

　　ISBN／9787121296420

　　出版日期／2016 年 8 月

1900 中国制造业发展研究报告（2015）

　　（教育部哲学社会科学系列发展报告）

　　著（编）者／李廉水、巩在武、余菜花

　　研创机构／中国制造业发展研究院

　　出版社／北京大学出版社

　　ISBN／9787301269602

　　出版日期／2016 年 3 月

1901 中国智慧博物馆蓝皮书（2016）

著（编）者／中国博物馆协会登记著录专业委员会

研创机构／

出版社／红旗出版社

ISBN／9787505137950

出版日期／2016 年 12 月

1902 中国智慧城市发展报告（2015）

著（编）者／中国城市科学研究会、住房城乡建设部城乡规划司、住房城乡

建设部城市建设司

研创机构／

出版社／中国建材工业出版社

ISBN／9787516015247

出版日期／2016 年 6 月

1903 中国智慧城市发展报告（2015）

著（编）者／解树江、叶中华

研创机构／中国城市报社

出版社／中国金融出版社

ISBN／9787504984791

出版日期／2016 年 5 月

1904 中国智慧互联投资发展报告（2016）

（中国建投研究丛书・报告系列）

著（编）者／建投华科智慧互联研究中心

研创机构／

出版社／社会科学文献出版社

ISBN／9787509790731

出版日期／2016 年 5 月

1905 中国智慧医疗健康发展报告：2015

（中国人工智能学会系列研究报告）

著（编）者／孙金立、周平、张龙方、王枞、董宇、栾冠楠

研创机构／第四军医大学图书馆 等

出版社／北京邮电大学出版社

ISBN／9787563547654

出版日期／2016 年 9 月

1906 **中国智能机器人产业发展研究报告：2015**

（中国人工智能协会系列研究报告）

著（编）者／张新钰

研创机构／中国人工智能学会

出版社／北京邮电大学出版社

ISBN／9787563547647

出版日期／2016 年 12 月

1907 **中国中部经济发展报告：2015**

著（编）者／南昌大学中国中部经济社会发展研究中心

研创机构／

出版社／经济科学出版社

ISBN／9787514168655

出版日期／2016 年 5 月

1908 **中国中部经济社会竞争力报告（2016）**

（中部竞争力蓝皮书，皮书序列号：PSN B－2012－276－1/1）

著（编）者／南昌大学中国中部经济社会发展研究中心

研创机构／

出版社／社会科学文献出版社

ISBN／9787520102001

出版日期／2016 年 12 月

1909 **中国中等职业学校毕业生就业状况分析报告：2015 年**

（中等职业学校职业指导丛书）

著（编）者／中等职业学校职业指导丛书编写组

研创机构／

出版社／北京理工大学出版社

ISBN／9787568225847

出版日期／2016 年 7 月

1910 **中国－中东欧经贸合作进展报告（2016）**

（国家智库报告）

著（编）者／陈新、杨成玉

研创机构／中国社会科学院

出版社／中国社会科学出版社

ISBN／9787516156421

出版日期／2016 年 12 月

1911 **中国中小城市发展报告（2016）**

（中小城市绿皮书，皮书序列号：PSN G－2010－161－1/1）

著（编）者／中国城市经济学会中小城市经济发展委员会、中国城镇化促进
会中小城市发展委员会、《中国中小城市发展报告》编纂委员
会、中小城市发展战略研究院

出版社／社会科学文献出版社

ISBN／9787509799031

出版日期／2016 年 11 月

1912 **中国中小企业 2016 蓝皮书**

著（编）者／李子彬、刘迎秋、李鲁阳、吕风勇、毛健、董涛

研创机构／中国中小企业协会、中国社会科学院、吉林大学

出版社／中国发展出版社

ISBN／9787517706076

出版日期／2016 年 11 月

1913 **中国中小企业发展报告：2016**

（教育部哲学社会科学系列发展报告）

著（编）者／林汉川、秦志辉、池仁勇、李安渝、李兴旺、黄鹏章

研创机构／对外经济贸易大学、工业和信息化部中小企业局、浙江工业大学
经贸管理学院

出版社／北京大学出版社

ISBN／9787301276167

出版日期／2016 年 10 月

1914 **中国中小企业景气指数研究报告：2016**

（中小企业研究文库）

著（编）者／池仁勇、刘道学、林汉川、秦志辉 等

研创机构／浙江工业大学中国中小企业研究院资料信息中心、国家工业与信息化
部中国中小企业发展促进中心、对外经济贸易大学申小企业研究中心

出版社／中国社会科学出版社

ISBN／9787516189047

出版日期／2016 年 9 月

1915 **中国中小微企业金融服务发展报告：2016**

（中央财经大学民泰金融研究所系列报告）

著（编）者／史建平

研创机构／中央财经大学

出版社／中国金融出版社

ISBN／9787504987082

出版日期／2016 年 9 月

1916 **中国中医药文化传播发展报告（2016）**

（中医文化蓝皮书，皮书序列号：PSN B – 2016 – 584 – 2/2）

著（编）者／毛嘉陵、侯胜田、高新军、张立军、唐远清、潘越

研创机构／北京中医药文化传播重点研究室、北京中医药大学中医药文化研
究与传播中心

出版社／社会科学文献出版社

ISBN／9787509793442

出版日期／2016 年 7 月

1917 **中国仲裁年度报告：2013～2014**

著（编）者／沈四宝、于健龙、中国仲裁法学研究会、上海大学 ADR 与仲裁研
究院、北京市华贸硅谷律师事务所、对外经贸大学仲裁与争议解
决研究中心

研创机构／澳门科技大学法学院、中国国际经济贸易仲裁委员会

出版社／法律出版社

ISBN／9787511891730

出版日期／2016 年 1 月

1918 **中国众筹行业发展报告：2016**

著（编）者／袁毅、杨勇、陈亮

研创机构／华东师范大学工商管理学院、上海众筹服务专业委员会、上海现
代服务业联合会

出版社／上海人民出版社

ISBN／9787208138407

出版日期／2016 年 6 月

1919 **中国众创空间行业发展蓝皮书（2016）：中国众创空间的现状与未来**

著（编）者／毛大庆、优客工场

研创机构／

出版社／浙江人民出版社

ISBN／9787213073939

出版日期／2016 年 5 月

1920 **中国周边安全形势评估（2016）**

（国际战略研究丛书）

著（编）者／张洁

研创机构／中国社会科学院亚太与全球战略研究院亚太安全与外交研究室

出版社／社会科学文献出版社

ISBN／9787509786468

出版日期／2016 年 1 月

1921 中国周边外交研究报告：2015~2016

著（编）者 / 石源华

研创机构 / 复旦大学

出版社 / 世界知识出版社

ISBN / 9787501253098

出版日期 / 2016 年 10 月

1922 中国住房发展报告：2015~2016

著（编）者 / 倪鹏飞、邹琳华、高广春、高培勇

研创机构 / 中国社会科学院财经战略研究院

出版社 / 广东经济出版社

ISBN / 9787545444117

出版日期 / 2016 年 3 月

1923 中国住房消费发展报告：1998~2015

著（编）者 / 周京奎 等

研创机构 / 南开大学

出版社 / 经济科学出版社

ISBN / 9787514166873

出版日期 / 2016 年 3 月

1924 中国注册会计师行业发展报告：2015

著（编）者 / 中国注册会计师协会

研创机构 /

出版社 / 立信会计出版社

ISBN / 9787542952967

出版日期 / 2016 年 12 月

1925 中国注册会计师行业发展报告 2015

著（编）者 / 中国注册会计师协会

研创机构 /

出版社 / 中国财政经济出版社

ISBN / 9787509571811

出版日期 / 2016 年 12 月

1926　中国注册税务师行业发展报告：2015

著（编）者／首都经济贸易大学财政税务学院、中国税收筹划研究会

研创机构／

出版社／首都经济贸易大学出版社

ISBN／9787563825561

出版日期／2016 年 9 月

1927　中国装备制造业发展报告（2016）

（装备制造业蓝皮书，皮书序列号：PSN B – 2015 – 505 – 1/1）

著（编）者／徐东华、史仲光、聂秀东、黄必烈

研创机构／机械工业经济管理研究院

出版社／社会科学文献出版社

ISBN／9787509799352

出版日期／2016 年 12 月

1928　中国资本市场法制发展报告：2015

著（编）者／中国证券监督管理委员会

研创机构／

出版社／法律出版社

ISBN／9787519702977

出版日期／2016 年 12 月

1929　中国资本市场研究报告：2016——股市危机与政府干预：让历史告诉未来

（教育部哲学社会科学系列发展报告）

著（编）者／吴晓求 等

研创机构／中国人民大学

出版社／中国人民大学出版社

ISBN／9787300227436

出版日期／2016 年 7 月

1930　中国资产管理行业发展报告（2016）

（资产管理蓝皮书，皮书序列号：PSN B – 2014 – 407 – 212）

著（编）者／智信资产管理研究院、郑智、张胜男、沈修远

研创机构／

出版社／社会科学文献出版社

ISBN／9787509792698

出版日期／2016 年 6 月

1931 中国资产托管行业发展报告（2016）

著（编）者／中国银行业协会托管业务专业委员会、中国资产托管行业发展
报告课题组

研创机构／

出版社／中国金融出版社

ISBN／9787504987310

出版日期／2016 年 10 月

1932 中国资产证券化市场发展报告：2016

著（编）者／冯光华 等

研创机构／中国银行间市场交易商协会

出版社／中国金融出版社

ISBN／9787504984388

出版日期／2016 年 3 月

1933 中国自驾游发展报告：2015～2016

著（编）者／中国旅游车船协会、刘汉奇、吴金梅、马聪玲

研创机构／中国旅游车船协会及自驾游与露营房车分会、中国社会科学院旅
游研究中心、中国社会科学院财经战略研究院

出版社／中国旅游出版社

ISBN／9787503256127

出版日期／2016 年 5 月

1934 中国自贸区发展报告（2016）

（自贸区蓝皮书，皮书序列号：PSN B－2016－558－1/1）

著（编）者／王力、黄育华、王吉培、李圣刚

研创机构／中国社会科学院金融研究所、特华博士后科研工作站

出版社／社会科学文献出版社

ISBN／9787509794418

出版日期／2016 年 7 月

1935 中国自由贸易试验区发展蓝皮书（2015～2016）

著（编）者／李善民

研创机构／中山大学

出版社／中山大学出版社

ISBN／9787306056627

出版日期／2016 年 8 月

1936 中国宗教报告（2015）

（宗教蓝皮书，皮书序列号：PSN B – 2008 – 117 – 1/1）

著（编）者／邱永辉

研创机构／中国社会科学院世界宗教研究所

出版社／社会科学文献出版社

ISBN／9787509787038

出版日期／2016 年 4 月

1937 中美关系战略报告：2015

著（编）者／吴心伯

研创机构／复旦大学国际问题研究院

出版社／时事出版社

ISBN／9787802329362

出版日期／2016 年 9 月

1938 中外合作办学发展报告：2010～2015

（厦门大学中外合作办学研究中心中外合作办学质量工程系列丛书）

著（编）者／林金辉

研创机构／厦门大学中外合作办学研究中心

出版社／厦门大学出版社

ISBN／9787561560099

出版日期／2016 年 5 月

1939 中外会展业动态评估研究报告（2016）

（会展蓝皮书，皮书序列号：PSN B – 2013 – 327 – 1/1）

著（编）者／张敏、任中峰、聂鑫焱、牛盼强

研创机构／上海会展研究院（SMI）

出版社／社会科学文献出版社

ISBN／9787520102018

出版日期／2016 年 12 月

1940 中亚俄罗斯经济发展研究报告：2015 年

著（编）者／李金叶 等

研创机构／新疆大学

出版社／经济科学出版社

ISBN／9787514174403

出版日期／2016 年 10 月

1941 中亚国家发展报告（2016）

（中亚黄皮书，皮书序列号：PSN Y – 2012 – 238 – 1/1）

著（编）者／孙力、吴宏伟、张宁、杨进

研创机构／中国社会科学院俄罗斯东欧中亚研究所

出版社／社会科学文献出版社

ISBN／9787509793091

出版日期／2016 年 7 月

1942 中央企业企业文化建设报告：2014 ~ 2015

（中央企业发展系列报告）

著（编）者／黎群、金思宇

研创机构／北京交通大学经济管理学院企业文化管理研究所

出版社／中国经济出版社

ISBN／9787513642514

出版日期／2016 年 7 月

1943 中印智库论坛报告（2016）

（中社智库年度报告）

著（编）者／李文、毛悦

研创机构／中国社会科学院

出版社／中国社会科学出版社

ISBN／9787516187388

出版日期／2016 年 8 月

1944 中原发展研究报告集：2016

著（编）者／耿明斋

研创机构／河南大学中原发展研究院

出版社／河南大学出版社

ISBN／9787564923044

出版日期／2016 年 7 月

1945 中原经济区财政发展报告：2015

（智库丛书）

著（编）者／耿明斋

研创机构／河南大学中原发展研究院

出版社／河南人民出版社

ISBN／9787215099197

出版日期／2016 年 3 月

1946 中原经济区发展指数报告（2016）
（中原发展研究院智库丛书）
著（编）者／耿明斋、张建秋、张国骁
研创机构／河南大学中原发展研究院
出版社／社会科学文献出版社
ISBN／9787509797419
出版日期／2016 年 10 月

1947 中原经济区金融发展指数报告：2014
著（编）者／李燕燕
研创机构／郑州大学
出版社／人民出版社
ISBN／9787010144153
出版日期／2016 年 8 月

1948 中原经济区金融竞争力报告（2016）
（中原发展研究院智库丛书）
著（编）者／耿明斋、李燕燕
研创机构／河南大学中原发展研究院、郑州大学商学院
出版社／社会科学文献出版社
ISBN／9787509797020
出版日期／2016 年 11 月

1949 中原经济区竞争力报告（2016）
（中原发展研究院智库丛书）
著（编）者／耿明斋、赵志亮、郑祖玄
研创机构／河南大学中原发展研究院
出版社／社会科学文献出版社
ISBN／9787509797426
出版日期／2016 年 9 月

1950 中原经济区农业产业结构调整优化路径研究
（工业化、城镇化和农业现代化协调发展研究丛书）
著（编）者／刘凌霄
研创机构／许昌学院
出版社／社会科学文献出版社
ISBN／9787509786475
出版日期／2016 年 2 月

1951 中原经济区农业发展报告：2016
（智库丛书）
著（编）者／耿明斋
研创机构／河南大学
出版社／河南人民出版社
ISBN／9787215099128
出版日期／2016 年 3 月

1952 珠海经济社会发展研究报告（2015）
著（编）者／蔡新华、曹诗友
研创机构／珠海市社会科学界联合会
出版社／社会科学文献出版社
ISBN／9787509787281
出版日期／2016 年 12 月

1953 转轨中的制度与经济增长：基于微观企业的视角
（中国财政金融政策研究中心系列研究报告）
著（编）者／马光荣
研创机构／中国人民大学财政金融学院
出版社／中国人民大学出版社
ISBN／9787300223353
出版日期／2016 年 2 月

1954 资本合作与南亚机会——海上丝绸之路金融合作发展报告（2016）
（华南金融研究书系）
著（编）者／任志宏、邓江年、刘佳宁
研创机构／广东省社会科学院
出版社／中国金融出版社
ISBN／9787504988461
出版日期／2016 年 12 月

索　引

深圳报业集团出版社

沈阳出版社

石油工业出版社

中国城市出版社

中国传媒大学出版社

中国大百科全书出版社

中国地质大学出版社

中国电力出版社

中国电影出版社

中国发展出版社

中国经济出版社

图书在版编目（CIP）数据

中国智库成果名录. No.1 / 谢曙光，王文军，蔡继辉主编. －－北京：社会科学文献出版社，2018.12

ISBN 978－7－5201－3326－5

Ⅰ.①中… Ⅱ.①谢… ②王… ③蔡… Ⅲ.①中国特色社会主义－社会主义建设模式－研究成果－中国－名录 Ⅳ.①D616－62

中国版本图书馆 CIP 数据核字（2018）第 193198 号

中国智库成果名录 No.1

主　　编／谢曙光　王文军　蔡继辉
副 主 编／丁阿丽　袁　翀　吴　丹

出 版 人／谢寿光
项目统筹／陈　青　吴　丹
责任编辑／吴　丹　陈　青

出　　版／社会科学文献出版社·皮书研究院（010）59367092
　　　　　　地址：北京市北三环中路甲 29 号院华龙大厦　邮编：100029
　　　　　　网址：www. ssap. com. cn
发　　行／市场营销中心（010）59367081　59367083
印　　装／三河市东方印刷有限公司

规　　格／开　本：787mm×1092mm　1/16
　　　　　　印　张：27.75　字　数：670 千字
版　　次／2018 年 12 月第 1 版　2018 年 12 月第 1 次印刷
书　　号／ISBN 978－7－5201－3326－5
定　　价／498.00 元

本书如有印装质量问题，请与读者服务中心（010－59367028）联系